子育て支援ガイドブック

「逆境を乗り越える」子育て技術

橋本和明 編

Ψ 金剛出版

子育て支援ガイドブック

「逆境を乗り越える」子育て技術

橋本和明
編

まえがき

橋本和明

　本書は子育てのマニュアル本ではない。子育てをしている人をいかに支援していくかという支援者のためのガイドブックである。なかでも，ある種の「逆境」の最中にあって子育てがさまざまな理由からうまくいかない人，もしくは子育てそのものが「逆境」になってしまっている人への支援のあり方に焦点を当てて，本書は書かれてある。
　そもそも〈子どもを育む〉ということは，子どもに愛情を注いでいくことを基本にしていることは誰も否定はしないだろう。しかし，その当たり前の前提が，貧困や親権をめぐる紛争，離婚といった問題があり，そのような苦しい状況のなかで子育てを行なわばならないとするならばどうであろうか。あるいは，子どもの側，もしくは親の側に障害があったり，実の親ではなく，里親のもとや施設で子どもを育てていかねばならない境遇に置かれた場合でも，通常と変わらない子育てが果たしてできるものなのだろうか。子育ては子どもに愛情を注ぐこと，言い換えれば，子どもとの情の通じ合いが重要なことは疑いもないと受け止めはできるものの，それができない，あるいはできなくなったケースはどうすればいいのだろうか。実際には，親（養育者）と子が互いに思いが届かず，関係が破綻の一途をたどるケースも臨床の現場ではしばしば見受けられる。そんな親子へのかかわりや支援をする際，「子育ては愛情！」「情の通じ合いを大切にしよう」といったことを主張してもなかなか通用しないし，相手に響かない。その場合，逆境を逆境として理解してくれている支援者の"子育て技術"が求められているように思える。

ただ，子育てについての技術と聞くと，人間的なぬくもりに欠け，どこか小手先だけの殺風景な親子のかかわりという印象を受ける人も多いかもしれない。しかし，本書で言うところの"子育て技術"とは，逆境のなかで苦悩する親（養育者）が手持ちの力を精一杯発揮し，できるところから手をつけ，できるところを少しずつでも増やしていき，そうすることで逆境をひとまず乗り越えていけるように手助けする工夫でありコツなのである。その意味で，本書は一般的な子育てのマニュアル本とは大きく異なる。

●

　さて，本書の構成について述べておきたい。本書は大きく5部構成になっている。
　第1部では，編著者である筆者が，総論的な位置づけとして，逆境を乗り越える子育てとその支援について執筆した。現代の子育てがどのような状況のなかで行なわれているのかなど，まさに親子が直面しやすい逆境について取り上げた。そして，そのような逆境を生き抜くための方策として，"レジリエンス（resilience）"という視点から支援のあり方を論じた。
　第2部では，「発達障害と子育て技術」をテーマとし，神尾陽子氏が乳幼児期の発達障害をもつ子どもに対する親の子育て支援を，篁倫子氏が学童期から思春期の発達障害をもつ子どもに対する親の子育て支援をそれぞれ執筆した。
　神尾氏は，子育て支援と発達障害支援のあり方について取り上げ，「その対象に重複する部分は大きいにもかかわらず，日本の縦割支援システムにおいては部署が違っていたり，専門家の訓練のバックグラウンドが異なっていたりするため，必ずしも十分とは言えない実態がある」と問題提起し，支援のあり方を再考する必要性を主張する。また，知的に遅れがない子どもの場合の相談では発達障害に気づいて診断を受けるのが遅れたりすることも多く，親も自分の育て方がよくないのではないかと思って相談につながらないことが多い。その際，子育て支援だけではなく，発達検査を実施してみるなどの発達障害支援も併行して行なうことが今後はますま

す必要であると指摘している。このような子育て支援と発達障害支援が表裏一体をなすべきだとの神尾氏の主張には感銘するところが多い。

　また，筐氏は，親への基本的な支援のスタンスは同じであっても，発達に伴って現れてくる課題が違ってくるため，より適切な親への具体的な支援が必要と論じている。そのようななかで，親がわが子の障害を認めたくないという場合などもあり，親支援がなかなか届かないことを挙げている。筐氏は，「親への支援を諦めない能動性と熟する時を待つ忍耐力」が支援者に求められると指摘している。そして，支援の際に心がけたいこととして，「親が求める支援と支援者側が必要とする支援は全面的に一致しない。しかし，専門家が専門家たる所以は，その2つを，子どもと親の情況を踏まえながら，上手に織り込んで提供していくことではないか」と主張している。この言葉に，子育て支援や発達障害支援の真髄があるように感じる。

　筆者も第2部で，子どもが発達障害である場合ではなく，親自身に発達障害がある場合の子育て支援について執筆した。発達障害のある子どもの子育てについては数多くの研究や書籍が見られるものの，親が発達障害である場合の子育てについての研究はまだ少ない。しかし，臨床現場ではこのような親が子育てに苦労されているのをしばしば見かける。しかもこのようなケースに限って，適切な助言や支援が得られないだけでなく，「変わった育て方をする親だ」「偏屈な親だ」などと間違った理解や認知をされていることも少なくない。今後の支援の一助になればと願い，このセクションを書き上げた。

　さらに，この第2部では，教育の観点からも教育者である小川聡太氏と冨樫敏彦氏が執筆をした。

　小川氏は特別支援コーディネーターとしての立場から，小学生・中学生段階の発達障害児の学校生活支援について執筆した。小川氏は，学校や教員の対象児童・生徒へのかかわりが保護者の意識を変えたり，子どもとのかかわりそのものの改善につながると言い，次のような具体的なエピソードを紹介している。集中力のない生徒に「プリント1枚を離席せずに取り組む」という課題を与え，それが効果を生んだことから，家でも「テレビ

を消して10分間以上宿題に取り組む」という課題を与えた。それを契機に，母親から「それまでは家ではずっとテレビが点いている状態で，それにどうしても気を取られてしまっていた。私自身が良い手本になっていなかったかも」という反省の言葉が聞かれたとのことであった。ここでの支援の技術は，小川氏の日々のかかわりの様子が随所に見えてくるものである。

　そして，冨樫氏は発達障害の高校生をもつ保護者への支援についてのセクションを担当した。冨樫氏は徳島県立みなと高等学園という発達障害のある生徒だけしか入学できない特別支援学校高等部の初代校長を務められた。その経験を踏まえ，発達障害の高校生を育てる保護者の苦悩や不安に学校としていかに支援をしていくのかということが論文の骨子となっている。そこには，「親が7分で子が3分」「子育ての基本スタンスは勇気づけ」「ボトムアップからトップダウンへの子育て観の転換」「一家の将来設計」というように，保護者の視点といかにピントを合わせ，ポイントを押さえた支援をしていくのかが，これらの言葉に如実に示されている。

　第2部の最後に，発達障害の子どもをもつ親の立場から，LD親の会の設立から運営に尽力されてきた内藤孝子氏が執筆した。内藤氏は，発達障害をもつ子どもの親同士が互いに助け合い，支え合うことの重要性を協調している。その積極的な活動がネットワークを広げ，社会の発達障害という理解を促進させ，しかも発達障害についてのさまざまな法律を成立させる原動力にもなっている。その経緯が本論文には紹介されているが，子育てに苦しむ親同士が助け合い支え合うだけではなく，ムーブメントを起こしてよりよい社会を創り出していることが，内藤氏の論文を読むと理解できる。いかに親がいきいきと豊かに生きることが子どもにとっても大切かを改めて感じさせられるであろう。

　第3部では「児童虐待と子育て技術」というテーマで，相原加苗氏と津崎哲郎氏と筆者がそれぞれ執筆した。

　相原氏は虐待をしてしまう保護者の支援について，C・H・ケンプの虐待の発生機序を取り上げながら述べている。そこでは，保護者と誰がいかにつながるのかが大きなポイントとなり，虐待を受けた子どものケアは虐

待をしてしまう親のケアと同時進行するものであるという認識に立つことが必要であると論じている。虐待をしてしまう親への支援はなかなか困難がつきまとうものであるが，その支援のコツがここに読み取れるであろう。

　津崎氏は自らも里親となっている経験もあり，里親の子育て支援のすばらしさと，その苦悩や難しさがリアリティをもって論じられている。そして，「親子分離体験」と「見捨てられ感情」の２つが重要なポイントであると指摘し，それを里親としてどう乗り切っていくのかが子育ての大きな山場となると論じている。さらに，里親として引き取った当初の子育ての難しさとともに，里子が思春期となったときの揺れにどう里親として向き合うのかについても触れている。里親制度を広めていくためには，「他人事を自分事につなげて個々の子どもの尊大やその成長を考える」ことにあると津崎氏は主張するが，この核心に迫る説得力ある言葉が読者にも伝わるはずである。

　そして，第３部の最後に，筆者が紛争中の両親による子育ての支援について論じた。夫婦間での紛争が絶えないと，子育てがうまくいかないばかりか，子どももその紛争に巻き込まれて精神的に追い詰められてしまう。それが婚姻中だけではなく，離婚後にも継続されることも珍しいことではない。なかでも，別居している親と子どもが会う面会交流においては，「会わせる／会わせない」といったように両親の意見が真っ向から対立し，紛争が激化しやすい。しかし，そのような面会交流が少しでも円滑にいくように支援をしていくと，それを通じて親自身も成長していく。親子が一旦は別離したにもかかわらず，面会交流を通じて親子の再構築がなされていくのである。そのようなプロセスを振り返りながら，その時々の支援のあり方を記した。

　第４部「問題行動と子育て技術」のテーマにおいては，非行臨床と子育て支援については村尾泰弘氏が，児童福祉施設における子育て支援については楢原真也氏が，いじめに直面する親の支援については伊藤亜矢子氏が，自己破壊行動に直面する親の支援については森省二氏が執筆した。いずれも難しい状況に直面させられた親の子育ての苦悩と支援の難しさが論じら

れている。

　まず村尾氏は，非行臨床における子育て支援において，ダブルロールを手がかりに論じている。非行少年は「加害者であるにもかかわらず被害者意識が強い」という，いわば逆説的な存在である一方，「行動規制を課しつつも自己決定を重んじる」という逆説性もまた存在すると述べ，そこに非行臨床ならではの妙味があると主張している。

　楢原氏は，子育てにおける技術とは，小手先のもの，うわべだけのものとは違うとし，技術とはそれを用いる"人"のあり方と不可分であるとしている。そして，施設職員は子育てのプロフェッショナルとして，時に先人に学び，時に専門的な知見を取り入れ，自分自身の器を広げていく努力が求められると語っている。本論文では，楢原氏が施設で勤務された経験をもとに，ある男子高校生とのかかわりが見事に描かれている。施設での子育て支援のエッセンスがここから伝わってくる。

　伊藤氏は，いじめに関与した被害者あるいは加害者となった子どもの保護者への支援について論じている。支援者は学校という組織をバックアップしていかねばならず，そこには中立性や客観性が求められる。しかし，下手をするとどちらかに肩入れをしてしまい，バランスを崩し，結果的には学校が安全・安心の場所ではなくなってしまう。保護者を含めた大人たちが解決に向けていかに協働できるかを考えることこそ，この問題においては重要である，と伊藤氏は語っている。さらに，そのような保護者への支援に必要なこととして，「事実の記録」「支援者の中立的な視点」「保護者から子どもに伝えるべきメッセージ」を指摘していることも支援者には参考になるはずである。

　森氏は，自己破壊行動の親支援について，事例とのかかわりを軸にしながら論点を適切にまとめている。しかし，それは教科書的，もしくは教条主義的なものではなく，実践に裏付けられた臨床家としてのセンスと子どもへの鋭くて優しいまなざしが随所に見受けられるものである。一例を挙げよう。子どもが何度も自傷行為を繰り返し，その傷跡を保護者が見たときのショックは，言いようもない無力感や怒り，あきらめといった複雑な

心情を伴うものである。その際，親は「またか……」と呆れる態度を取ってしまいやすいが，森氏はそれはさらなる自己破壊行動を誘発しかねないと警告している。「あわてない」「過ぎ去らない嵐はない」といった当たり前だけれど，逆境に立たされると忘れてしまいがちな重要な視点がこのなかにしっかり押さえられている。

　第5部として，「子育て技術のヒント」というテーマで，11編のコラムをまとめた。「ステップファミリー」「生殖医療・代理母出産」「慢性疾患児の子育て」「聴覚障害児の子育て」「コーダとその家族への支援」「地域コミュニティの子育て」「子育て支援策としての養子縁組」「ワークライフバランス」「貧困と子育て」「子育てと社会制度」「死別という喪失体験」など，いずれも現代の子育てを考えるうえで今まさに注目を集めているテーマである。これを読むと，一昔前の子育てとは大きく事情が変わってきていることが一目瞭然にわかるが，同時にそれらの支援の複雑さや難しさも読者にはご理解いただけるはずである。

●

　本書は以上のような構成になっているが，読者の方には関心のあるところから読み進めていただきたい。その際に，逆境に立たされている親の立場に立って読まれたり，あるいは立場を換えて，親を支える支援者の立ち位置から読んでいただけると，より実践的な効果が得られるだろう。その意味では，子育てを支援する専門家だけではなく，子育てに苦しまれている親（養育者）や，子育てに奮闘しながらまさに逆境を生きようとしている人にも，是非とも本書を手にとってもらいたいと願っている。

子育て支援ガイドブック

「逆境を乗り越える」子育て技術

目次

まえがき（橋本和明）003

第1部 逆境を乗り越える子育てとその支援

1-1 逆境を乗り越える子育て支援と親育て／橋本和明 017

第2部 発達障害と子育て技術

2-1 発達障害児の子育てを支援する❶──途切れない発達障害支援／神尾陽子 033
2-2 発達障害児の子育てを支援する❷──親の主体性を引き出す発達障害支援／篁 倫子 045
2-3 発達障害のある親の子育て支援──虐待に陥らないためのヒントと工夫／橋本和明 057
2-4 発達障害のある小学生・中学生の学校生活支援／小川聡太 083
2-5 発達障害のある高校生の保護者への支援／冨樫敏彦 093
2-6 保護者のネットワークと共助の実践／内藤孝子 101

第3部 児童虐待と子育て技術

3-1 被虐待児と子育て支援／相原加苗 117
3-2 里親制度と子育て支援／津崎哲郎 133
3-3 紛争中の両親の子育て支援──親の紛争に巻き込ませないためのヒントと工夫／橋本和明 149

第4部 問題行動と子育て技術

4-1 非行臨床と子育て支援／村尾泰弘 167
4-2 児童福祉施設の子育て技術／楢原真也 182
4-3 いじめに直面する親の支援／伊藤亜矢子 196
4-4 「自己破壊行動」に直面する親の支援／森 省二 209

第5部 子育て技術のヒント

5-1 ステップファミリー／津崎哲郎 231

5-2 生殖医療・代理母出産／才村眞理 235

5-3 慢性疾患児の子育て／小池眞規子 238

5-4 聴覚障害児の子育て／永石 晃 242

5-5 コーダとその家族への支援／澁谷智子 246

5-6 地域コミュニティの子育て／武田信子 249

5-7 子育て支援策としての養子縁組
　　──愛知県児童相談所における新生児里親委託の取り組み／萬屋育子 252

5-8 ワークライフバランス／髙橋睦子 255

5-9 貧困と子育て／武田信子 258

5-10 子育てと社会制度／髙橋睦子 261

5-11 死別という喪失体験／森 省二 264

あとがき（橋本和明）267

索引 269
編者略歴・執筆者一覧 273

第1部
逆境を乗り越える子育てとその支援

1-1
逆境を乗り越える子育て支援と親育て

橋本和明

はじめに

　厚生労働省の人口動態統計によると，1971〜1974年の第2次ベビーブーム以降，一転して子どもの出生数が減少し，2005年には合計特殊出生率が過去最低の1.26に落ち込むなど，現在も少子化の傾向は続いている。少子化を生み出した背景には，働く女性が増加する一方で，仕事と子育てを両立できる環境が不十分であること，それに伴い晩婚化や晩産化が進んだことが挙げられる。そして，子育て費用や教育費などの経済的負担に加え，育児に対する心理的負担および肉体的負担も少子化の要因となっている。また，「子育てに当てる時間よりも自分の時間をもっともちたい」「子育てに自信がもてない」という意見も多く見受けられる。このような状況を踏まえて，政府は待機児童をなくすように保育所の増設に取り組もうとしたり，育児休業期間を延長するなどの方策を打ち出している。

　上記の出生率の低下ひとつ取り上げても，子育てをめぐる状況はずいぶん以前と違ってきていると言えるだろう。同時に，親の側の子育てに対する考え方や価値観が大きく変化してきていることも影響している。例えば，以前なら親は子どものために犠牲になるのは当たり前とし，むしろそれを美徳としていた。しかし，今は「子どもも大切だが，自分自身も同様に大切。だから子どもの犠牲になることには少し抵抗感があり，子どもをもうけないで自分たちだけの生活を維持していきたい」という声も聞かれる。また，大なり小なりの違いはあるが，子育てはさまざまな苦労を伴う。

しかし，その苦労はやがて楽しみや喜びに変わり，親として成長していくことにもつながる。そのプロセスが子育てにおいて自明のことであったが，今の世代の人たちのなかには，子育てが苦労以外の何物でもなく，そこに楽しみや喜びを見出せないという人も少なくない。そうなると，まさに子育ては親にとっては「逆境」となってしまうわけである。

　筆者がかかわったあるケースの母親が，面接でこんなことを言っていたのが今も記憶に残っている。その母親は息子の度重なるトラブルに疲れ果て，「誰に聞いても子どもの寝顔は可愛いと言うけれど，私は寝ているときもこの子の顔が鬼のように見える」と語るのであった。確かにその子には注意欠如・多動性障害（Attention Deficit Hyperactivity Disorder : ADHD）という発達障害があり，幼少期から，起きている間中，激しく動き回っていた。母親はその子の引き起こすトラブルに四六時中翻弄され，これまでずっと悩まされていた。ようやく寝静まったと思ってホッとし，わが子の寝顔をのぞき込んだはいいけれど，その顔が鬼のように見えたというわけである。この母親にとっては，今置かれている子育ての状況が過酷な試練にしか感じ取られないでいて，まさに逆境の渦のなかに飲み込まれている母親の不安や怒りの心境を示すエピソードである。

　本論では，この母親のように子育てが逆境となってしまった場合，逆境にもがき苦しんでいる親に対していかに援助者が支援をしていくべきかを考えてみたい。それを同時に，逆境を生き延びる親自身の成長の過程として捉えなおし，"子育て"ならぬ"親育て"の視点から論じていきたい。

1　稀薄な関係性のなかでの子育て

　子育てのあり方が昔とずいぶん様変わりしてきたことはすでに述べたが，そこには医療技術の影響も少なからずある。例えば，不妊治療では高度な人工授精の技術が用いられたり，出生前診断においては胎児のときから脳の大きさはもとより，染色体異常など生まれる前から多くの子どもの状態

がわかるようになっている。そうなると，子どもを親の都合で産み分けるだけでなく，これからは遺伝子を操作的に組み換えたりすることも，倫理的な議論を十分に重ねる必要はあるが原理的には可能となる。そうなると，もはや「子どもは天からの授かりもの」とはとても思えなくなってくるだろう。

　このような医療技術の進歩もあって，われわれの思考や価値観はこれまでの養育観を捨て，先端技術に追い立てられるようになる。子育てに関する書籍が山のように刊行され，今もなおその勢いはとどまることがないのも，以前なら共有されていた子育ての常識が今や通用しなくなっている証拠である。

　ただ，いくら医療技術が進んだとはいえ，以前の子育ては必ずしも現代に通用しないことばかりとも言えない。インターネットはもちろんのこと，書物がそれほど多くなかった時代においても，子育てのノウハウは親から子に，子から孫にしっかり引き継がれていた。そこには単に技術だけではない，子育ての奥義や心構えもあったに違いない。また，そのような継承がたやすい環境にあったことも事実である。多世代の者が同居し，家族員それぞれが子育てに参加するなかで，子育ては自然に伝承されていった。言わば，家族員のかかわりが育児書代わりであったのである。ところが，核家族が一般的になり，そのような形での伝承がもはや主流ではなくなった。家族はもとより地域社会とのつながりも乏しくなり，社会が子どもを育てるという発想はだんだん色あせてきている。

　"公園デビュー"という用語が1990年代中頃から若い母親の間で使われるようになった。最初の赤ちゃんを産んで1歳頃になった頃，近所の公園に来て，他の子ども連れの母親の仲間入りをすることである。まさに公園デビューは，子どもだけでなく母親にとっても初めての仲間への参入場面となる。しかし，それが母親にとっては意外と高いハードルになり，大きな緊張を伴うことになる。なぜなら，そこで円滑な人間関係を形成できないと，母親自身はもとより，子どもの遊び場の確保や友だちをつくるチャンスを逸してしまうことになるからである。言い方を換えれば，母親も子

どもも周囲から孤立し，孤独な子育てを強いられることになるのである。実際に公園デビューに失敗し，以後は母子ともに家のなかに引きこもってしまい，子ども自身も年齢が大きくなるまで誰とも仲間関係が結べなかった事例もある。

　要するに，現代の子育ての特徴は，稀薄な関係性のなかで行わねばならないという点にある。核家族が主流となり，実家での里帰り出産も少なくなった現代では，家族はもとより，社会からも距離があり，極端なことを言えば，母親と子の2人だけ，あるいは父親と母親と子の3人だけの限られた狭い人間関係のなかで子育てをしていかねばならない。だからこそ，インターネットや子育て本からの情報に頼らざるを得ないわけである。

　一昔前までは，「子は宝」として，家のなかだけでなく，地域社会全体が子どもを大事な授かりものとして考えてきた。「生みの親」だけでなく，「名付け親」「育て親」「拾い親」「乳のみ親」など一人の子どもをいろんな親が見守り，社会全体が親になって子どもを育てていこうとする風習が存在していた。しかし，先の"公園デビュー"のように，社会との関係構築すら危ぶまれる状況で，親と子の関係性そのものにも距離やズレが生じてきたり，さらにはその関係性そのものも成立しづらくなってきている。その最も極端で痛ましいケースが，毎日のように報道される子どもの虐待事件である。親の暴力によって子どもが死に追いやられることに加えて，親が子育てをまったくしないこと（ネグレクト）から子どもが死に瀕してしまうことも少なくない。特に，最近増加傾向にあるのは，妊娠がわかっていても一度も医療機関を受診しようとせず，出産直前になってようやく病院に駆け込み分娩するというケースである。そこには経済的事情などいろいろな理由があるが，妊婦の未受診は子どもに何らかのリスクを負わせる危険があるうえ，出産後の子育て放棄（ネグレクト）にも発展する危険が予想される。ただ，これらの問題を虐待をしてしまう親だけの問題と考えるのではなく，現代の社会全体が，あるいはわれわれ自身が抱えている，稀薄な関係性に起因する問題のひとつとして自覚することが重要である。

2　関係性を築きにくいという親子の逆境

　稀薄な関係性のなかでの子育ては，周囲からの援助や支えがなく，親が孤立した状況のなかで子育てを強いられることを意味する。これは現代人にとってはなかなか深刻な問題である。しかも，もっと事態が深刻化の方向をたどると，親がもはや子どもを可愛いとは思えず，情の通じ合いを感じないという関係性の稀薄さに直面することになる。もはやこうなってしまうと，子育ては親にとっては逆境以外の何物でもなくなる。また，社会との稀薄な関係性の問題が進んでいくほど，親子の稀薄な関係性の問題が二次的に増加していくことも当然予想される。

　考えてみれば，これまでわれわれは子育ての情愛面を強調しすぎてきたのではなかろうか。「子育てには愛情が何より大切である」とか，「子どもを愛しく思えない親はいない」といったように，親子の愛情や情緒の交流をなにより重視し，それを土台にするように教えられてきた。そのため，子育てには情愛が存在することが自明のことのように語られてきたところがある。

　しかし最近，果たしてそうなのだろうかと筆者は疑問を抱くようになった。稀薄な関係性のなかで育ってきた世代が子どもを出産したとき，やはりそれでもわが子を可愛いとか愛しいと思えるだろうか。そのことが疑問視される親も実際には多くなってきているし，今後の子育て支援を考えていくには，そのことをしっかり支援者が捉えていくことが必要だと思える。

　ある母親は，生まれてきた赤ん坊を「顔がクシャクシャで不気味な宇宙人」と表現し，「自分と血がつながっているわが子とはどうしても思えない」と述べた。別の母親は，やはりわが子を「得体の知れない生命体」と捉え，「母乳を与えているときも，わが子のことが自分の体液を吸って生きる生命体にしか見えない」と訴え，「どこをどう見ても人間として見えてこなくて，気持ち悪い」とさえ述べたのである。

　このように感じている親に対して，「もっと子どもを愛しなさい」「愛情

をかけて可愛がってあげなさい」と声をかけることが果たして適切な支援なのかと，筆者は逆に思うことさえある。そんな言葉を浴びせられる親にしてみれば，自分が親として何か欠落している，あるいは親としての不適格性を宣告されたも同然だと感じ，まずます子育てから撤退していく結果を招かないだろうか。そうなるとますます，子どもが仮に泣いても電子音がなっているようにしか聞こえず，子どもが気にはなっても情緒がそれほど動かず，そのうち気にもとめなくなってしまう。時には，わが子の泣き声が自分の子育ての不備を非難する敵対者の声のように聞こえ，子どもの口をふさいだりしてしまうかもしれない。

　この世に子守歌なるものがあり，子どもを寝かしつけるときによく口にされる。しかし，若い世代の親から子守歌が出てこなくなった。例えば，「♪ネンネン　コロリヨ　オコロリヨー」という歌は，学校で学んだから覚えているわけではなく，親からそうやって歌われたり，妹や弟をあやすときに親が歌っていたから自然と頭の片隅に記憶として残っている。しかし，そんなことを一度もされたことがなければ，子どもをあやすときに，それが歌えるはずがない。ましてや子守歌を歌いながら，子どもの背中を歌のテンポに合わせてトントンと軽く叩いたり，心地よい乗り物にでも乗っているかのように揺らしたりするなどは，そのような人にとってはあまりにも高度なテクニックとなる。子守歌に限らず，それは絵本の読み聞かせであったり，わらべ歌，昔話であっても同じである。そこには歌詞やメロディや話の内容を超えた親からの情緒的なメッセージが自然に伝承されている。それを子どもは親の情愛として自分のなかに取り込みインプットするのであるが，それがない人は，今度は何をわが子にアウトプットすればいいのだろうか。

3　逆境を生き抜くレジリエンス

　子どものことがどうしても愛せなかったり，子育てが苦痛でしかなく，

そこに楽しみをひとつも見出せないという人には，子育ては逆境でしかない。しかし，だからといって子育てを放棄してしまっては，虐待に等しく，また不幸の再生産となってしまう。支援者としては，とにかくそのような親に逆境をどうにか生き抜いてもらえるように支援することを考えなくてはならない。

　ストレスの高い逆境でありながらもそこを乗り越えていける力のことを，心理学においては"レジリエンス（resilience）"と言う。レジリエンスという言葉は，そもそも「弾力性」とか「反発力」という意味の物理用語であった。要するに，ある物体に加わったストレスに抗して元の形状や状態に戻ろうとする力のことであり，それが心理学に導入され，防御と抵抗力を意味する概念となった。それを最初に用いたのは Rutter（1985）である。Rutter は，同じようなストレスフルな体験をしても，すべての人が不適応状態を示すわけではないことを見出し，「深刻な危険性にもかかわらず，適応的な機能を維持しようとする現象」とレジリエンスを定義した。その後，研究が進むなかで，レジリエンスを逆境に耐え試練を克服する個人の心理的な特性と捉えた研究（森ほか 2002；石毛・無藤 2005 など）や，個人の能力と捉えた研究（仁尾 2008；藤原 2009 など）がなされるようになった。さらにレジリエンスの構成要素に着目した研究（小塩ほか 2002 など）もあり，なかでも Grotberg（1995, 2003）は，レジリエンスを"I have""I am""I can"という3つの因子として抽出した。そして，"I have"を外的サポート（External Supports），"I am"を個人の内的強さ（Inner Supports），"I can"を対人関係力および問題解決力（Interpersonal and Problem-Solving Skills）とした。

　それらを子育てという逆境に当てはめると，親は自分一人だけで子育てをするのではなく，いかにパートナーや家族，仲間との信頼関係を築き，外からの支援を受け入れていくか（I have）が大切であり，逆境にいる自分自身をしっかりと見つめ，そのなかで持ちこたえている自分や頑張っている自分を発見し（I am），子育てができる力が湧いてくること（I can）が，子育てにおけるレジリエンスなのかもしれない。

上記のレジリエンスの3因子はいずれも子育てには欠かせないものであるが，稀薄な関係性のなかにある現代の子育てを考え合わせると，筆者は何より"I can"に着目することが大切に思える。つまり，なかなか他者とつながりがもてなかったり，頼りたくても頼れる存在がいなかったり，うまく頼れなかったりする状況で，"I have"は望ましいけれども現実的な支援を考えるとハードルが高い。それよりも，子育ての"技術（Skills）"をまず身につけること，子育てをしていく"技術"をもつことが，なにより優先されるべきと考えるのである。

　具体的に言えば，わが子との情が通わないと嘆かず，まずはミルクを提供したり，おむつを換えたり，抱っこをしてあやしたりしてみる。最初は上手にできなくても，コツや技術が身についてくれば，できる（I can）という実感が出てくるかもしれない。その技術を高めていくことで，自己肯定感が大きくなり（I am），もしかすると子どもへの情緒も湧いてくるかもしれない。このようなたとえはふさわしくないかもしれないが，絵画でも料理でも音楽でも何でもよいが，何かを作ろうとして，うまくそれができると，できあがったものにこちら側の愛着が湧いてくることに等しい。逆に言えば，できあがる前から情愛を注ぐなどということは，理想的かもしれないが，現実的とは言えないであろう。したがって，「まずはやってみること」が優先され，それがだんだんうまくできていけば，そこに情が流れるはずである，と考えてみるのである。

4　子育ては技術である

　このように，「逆境に立たされた子育てにおいて重視されるべきものは技術である」と捉えていくことが，適切な支援に結びつける第一歩かもしれない。子育てが技術であると言ってしまうと，人が機械工作のように作られるように感じ，何か味気ないように思う人もいるかもしれない。その人たちは，やはり子育ては親が子に愛情を注ぎ，苦しみのなかにも喜びや

楽しみを見出すというスタイルが基本であり，そこに後から技術がついてくると考えるべきだと主張するかもしれない。あるいは，情緒面を重視せずに技術面を取り上げるのは，あまりにも飛躍しすぎた子育てではないかと批判するかもしれない。

　しかし，これまでにも述べてきたように，多くの親が子どもに情が湧かないと嘆き，子育てに喜びが見出せず，挙げ句の果てに子どもを敵対視して虐待を加え，視界からも排除するネグレクトに発展してしまう。したがって，逆境に陥っている子育て支援に焦点を当てるとするならば，そこから救える手立ては"技術"を優先することしかないのである。そのような逆境にいる親に「子どもを可愛がりなさい」「子どもに愛情をかけてあげなさい」といくら言っても，その助言はなかなか彼ら親には届かない。それよりもまず子育てのやり方を一つひとつ教えることがなにより重要で，次の段階として，そのプロセスを通じて情が流れ，子育てへの喜びを発見してもらうという方向性が必要なのである。

　ところで，インターネット上には"子育て検定"というサイトがいくつか存在する。子育てに関する質問に回答し，合格すれば次のステップにどんどん昇級していく。これはあくまでも知識レベルでの子育て検定であるが，実践編として実際の支援の場面でこれを行なうことは極めて有効であろう。例えば，乳児への授乳の仕方では，ミルクの作り方から始まり，ミルクを飲んでいるときの親の望ましい態度，授乳後の乳児のげっぷのさせ方などを実際に試してもらう。うまくそれがクリアできれば，次のステップとして，例えば発熱時の対応のあり方，離乳食の作り方などに進んでいく。これは単に発達段階が進むにつれて昇級するのではなく，よくある日常の育児場面の初級編から，突飛なアクシデントへの対応などを含む中級編および上級編へと，さまざまな技術を身につけさせ級を上げていく。

　厚生労働省は2010年度より"イクメンプロジェクト"を行なうようになった。これは子育てを楽しみ自分自身も成長する男性が一人でも多くなることを意図して始めたもので，改正育児・介護休業法の施行を機に発足した。ある意味では，男性にも育児の能力や技術を身につけてもらうひと

つの試みである。今は"イクメン"ならぬ"イクジイ"（育児をするおじいさんのこと）まで登場しているが，子育てに参加することによって，子どもとのつながり，家族とのつながりを見出すという側面もあるのかもしれない。

　子育て検定にしろ，イクメンプロジェクトにしろ，親にとっては「できて当たり前」であった子育てが，今は「できたら素晴らしい」ということにシフトチェンジしていると言えなくもない。「できて当たり前」の背後にある親としての義務感や愛情の証といった重いものはどうも受け入れられず，技術や技量は誰でも磨けばある程度は身につくという発想のほうが，現代人には合うのかもしれない。

　ある母親は子育てを放棄し，ネットゲームにはまるようになった。彼女は，最初は試行錯誤で子育てをしていたものの，何かそこに手応えを感じられず，あるときから子どもの面倒をほとんど見なくなった。彼女が言うには，ネットゲームならいつでも誰かとつながれるけれど，子どもと向き合っていてもこちらの期待する反応は返ってこない。ネットゲームでなら，自分のキャラクターを育て，それが魅力やパワーをもてば，誰かがそれを褒めたり認めたりしてくれ，やりがいも感じられると述べた。彼女は子育てに奮闘しても周囲から「できて当たり前」としか見られなかった。あるいは，子育てのあり方自体を見てくれる周囲との関係性そのものがなかった。そのために彼女は子育てに自信をなくし，わが子との情緒の交流さえも感じなくなってしまったのかもしれない。そうすると，ネットゲームのキャラクターを育てるのとは違うわが子の子育てを，ますます無意味なものに感じてしまうことになる。

　子育てが逆境であると感じている親を支援するには，溜め込んでいたストレスを吐き出させるカウンセリングなどの心理療法ももちろん大切である。しかし，支援者が子育てをうまくコーチングすることを，心理臨床の分野においても考えていかねばならない。そこで子育ての技術が少しでも身につけば，まさにその親にとってはそれがレジリエンスとなる。特に，関係性が稀薄で，子どもに情愛が感じられないことで逆境に立たされてい

る人にとっては，子育ての技術を伝えるアプローチが何より必要なのである。そこでのコーチングがうまく親に伝授されれば，わが子にも上手にコーチングできる可能性は広がる。あえて言うならば，子育てをいわば仕事やスポーツのように"コーチング"の感覚で行なうほうが現代人には受け入れられるのかもしれない。以前のように，子どもを"躾ける"とか"育て上げる"というと，親としての責任や義務が強調されすぎ，子育てに積極的でなかったり自信がない親にとっては重圧でしかなくなる。だからこそ，"躾ける"よりも"コーチングする"ことを目指し，精神論よりもまずは技術論に支援者は目を向けるべきである。

5　生活としての子育て

　ここまで子育ての技術に焦点を当てて論じてきたが，筆者は子育てには情愛がまったく必要ではないと主張しているわけではない。本論では，子どもとの情が通じにくい，あるいは愛情を感じないという逆境に苦しむ親に向けた支援として，何よりも子育て技術のコーチングの重要性を論じたまでである。

　では，その子育て技術を身につけるだけでいいのかと言うと，決してそうではない。やはり親と子との情愛の通い合う関係性の構築を志向していかねばならない。そのためにはどのようなことが必要であるかを論じ，本論のまとめとしたい。

　端的に言えば，子育ての技術が身につけば，そこには親子の情が通う土壌ができると筆者は考えている。いささか短絡的すぎるように聞こえるかもしれないが，子育ての技術が熟達すれば，親の自己効力感も高まり，少なくとも子育てという逆境に対するレジリエンスは高まるはずである。さらに，子育てを生活と切り離さず，生活の一部として取り入れることができれば，なおさら生活の質（QOL）は向上する。つまり，子育てを単なる技術にとどめるのではなく，生活というものにいかに落とし込み，その

なかで親自身も子どもと一緒に生きることを学ぶのである。

　子育てが生活の一部であるのは当たり前と思われるかもしれないが，子育てが円滑に行っていない場合においては，どこか生活とは切り離されたものとして取り扱われていることがある。

　わが身に照らし合わせて考えても，家庭の生活の機能がどんどん低下していることに改めて気づかされる。例えば，食の機能ひとつを取ってもすぐにわかる。単に空腹を満たすだけが食の機能ではないわけで，おいしいものを食べたり，みんなとワイワイ言いながら食することが大切である。そして，そのことが質の良いものであればあるほど，生活の満足度は高くなる。しかし，現に今の家庭の食卓の光景は，"個食"（一人で食べること）"孤食"（孤独で食べること）"粉食"（カップ麺などのインスタント食品を食べること）"固食"（ワンパターンのメニューを繰り返すこと）で満ちあふれている。授乳中の母親の視線の先に，抱っこをしている赤ちゃんではなく，片手に持った携帯があったりする。つまり，どこか食の機能が不十分なのである。赤ちゃんにとって授乳は母親との重要なコミュニケーションの役割もあるし，空腹を満たすだけではなく，母親との大切な遊びの場面でもあるはずなのに……。

　逆に，今まで食事を大切と感じていなかったが，あるときからその重要性に気づいたという母親の例もある。彼女はもともと料理や家事が苦手で，子どもも好きではなかった。子を出産しても，わが子が煩わしいだけで，子育ては苦痛でさえあった。そんなあるとき，友人から子どもが好む簡単な料理の作り方を教わった。それなら私にもできるとやってみたところ，子どもはそれをペロリとたいらげた。いつもならダラダラと食べて時間がかかることに彼女としては苛立つことも多く，食べ残されると子どもに対する憤りさえ感じていた。しかし，このように食べてくれたことに，彼女としては驚きもあったが，少し気持ちが弾んだという。おいしい料理を作れば，「早く食べなさい」と急かさなくてもたいらげる。それを見ている親のほうにも，どこか充実感や達成感の芽生えのようなものがあり，情緒が動いてくる。そして，次はもっと上手に料理が作れると，子どもはます

ます食事を楽しみにしてくれる——この一連のプロセスが生活のなかで生まれると，親子の間に情の通い合いが自ずと生まれていく。

　子育てはまさに生活そのものであり，互いに切っても切れないものとして認知され，そこがうまく組み立てられれば，支援の終局も見えてくる。少しでも子育て技術を上達させ，それがうまく機能してくると，生活自体も円滑に行く。このような生活の"流れていく感じ"が何にもまして重要なのである。毎日の生活のなかには，どこかで躓いたり事態が進まずにストレスを感じることも少なくない。たとえそうであったとしても，子育て技術が結果につながれば，今日はできなくとも明日はできるかもしれないという次につながる未来展望が開かれ，停滞せずに少しでも流れていく生活感覚が実感できるようになる。そのためには，子育て技術が物を言うことになる。特に，子育てにおける"流れていく感じ"は，子どもの成長で実感できることも多い。子育てにおいては一見すると，毎日の親の努力が報われていないように見えるかもしれないが，それまでできなかったことがあるときできるようになった子どもの姿を目にして，子育てが生み出す生活の連続性を親として実感することも多い。

　筆者は，稀薄な関係性という逆境のなかにいる親がそれを乗り越えるためには，子育ての技術をもてるような支援がなされることが重要と考えている。そして，親がその技術を使いこなせるようになると，子育てだけではなく生活全般を円滑にするリズムが生まれてくる。そうなると，これまでどこかで停滞していた生活に"流れていく感じ"が生まれ，そこに自ずと共に生活する家族員との情も流れる。これが親としての愛情や慈しみの感情なのかもしれない。いずれにせよ，子どもへの愛情とは何か，慈しみの感情とは何か教えることはたやすいことではない。特に，子育てを逆境と感じている人にとって，それを真に実感することはハードルの高いことに違いない。それよりもまず子育て技術に焦点を当てた支援をすることを心がけ，それがうまく機能さえすれば，生活全体が円滑に進むようになり，"流れていく感じ"が生じる。すると，いつしか逆境が逆境でなくなるときが生み出されるはずである。それを信じて目指すことが，子育て支

援と親育ての要である。

▼文献

藤原千惠子（2009）患者のレジリエンスを引き出す看護職者の支援．看護研究 42-1 ; 37-44.
Grotberg, E.H.（1995）*A Guide to Promoting Resilience in Children : Strengthening the Human Spirit*. Bernard van Leer foundation.
Grotberg, E.H（2003）*Resilience for Today : Gaining Strength from Adversity*. Praeger.
石毛みどり・無藤 隆（2005）中学生における精神的健康とレジリエンスおよびソーシャル・サポートとの関連――受験期の学業場面に着目して．教育心理学研究 53 ; 356-367.
小塩真司・中谷素之・金子一史・長峰伸治（2002）ネガティブな出来事からの立ち直りを導く心理的特性――精神的回復力尺度の作成．カウンセリング研究 35-1 ; 57-65.
森 敏昭・清水益治・石田 潤・冨永美穂子・Hiew, C.C.（2002）大学生の自己教育力とレジリエンスの関係．学校教育実践学 8 ; 179-187.
仁尾かおり（2008）先天性心疾患をもって成長する中学生・高校生のレジリエンス（第 1 報）――背景要因によるレジリエンスの差違．小児保健研究 67-6 ; 826-833.
Rutter, M.（1985）Resilience in the face of adversity : Protective factors and resilience to psychiatric disorder. *British Journal of Psychiatry* 147 ; 598-611.

第2部
発達障害と子育て技術

2-1
発達障害児の子育てを支援する❶
途切れない発達障害支援

神尾陽子

はじめに

　少子高齢化の進む日本の将来を考えると，次世代が健やかに成長するための地域の環境づくりは日本の社会の重要課題である．急激に変化する社会で暮らす子どもの育ちと子育てには，時代にあった配慮が必要とされ，それぞれの親子の多様なニーズに合った支援はどの地域においても用意されなくてはならない．「子どもの心の安らかな発達の促進と育児不安の軽減計画」を含む主要ビジョンを掲げた「健やか親子21」は，平成13（2001）年に始まる公共政策として位置づけられ，地域での母子保健の取り組みが推進されている（http://rhino.med.yamanashi.ac.jp/sukoyaka/abstract.html）．

　子育てに関する不安や悩みは，今日の社会においては，子どもの健康上の心配，あるいは家庭内や近隣の問題など，さまざまなケースを想定する必要があり，その対応は一通りではない．そのなかで親の「育児不安」は，児童虐待や産後うつ病といった親側の問題という文脈において注目されることが多いが，親子の相互作用という観点に立って親子双方いずれの問題も見落とさないようにしなくてはならない．せっかく子育て相談の場を設けて支援者が親の話を何年間も聞いているのに，その間一度も子どもの発達検査をしないというようなことが現場で生じているとすれば，それはきわめて残念なことである．

本章は，子育てに支援を要するケースのうち，子ども側の問題として念頭に置くべき発達障害のある子どもの子育てを取り上げる。発達障害は，脳の非定型発達のために，生後まもなく通常の乳児と異なる反応や行動を示し，生涯にわたって適応上のさまざまな困難をもつ障害の総称である。発達障害者支援法（平成17（2005）年4月より施行）では，発達障害という用語は，自閉症，アスペルガー症候群（これらの二者は今日の診断分類では自閉症スペクトラム障害として括られる），注意欠如・多動性障害（Attention Deficit Hyperactivity Disorder：ADHD），学習障害など，主として高次脳機能の障害を指すと定義されている。発達障害の人々への支援を充実させるという目標は，今日，日本だけでなく世界中の重要課題のひとつとなっている。その背景には，これまで未診断，未支援だった人々を含めると，その人数の多さと長期にわたる社会生活へのインパクトの大きさが次第に明らかになってきたことが挙げられる。発達障害は，一般集団内で数％から10％という高い割合を占めると見積もられ，糖尿病や高血圧のようによくある病態のひとつと言える。

　発達障害という大きなカテゴリーには，自閉症やADHDといった診断分類上はそれぞれ独立した症候群が複数含まれ，発達障害それ自体は診断名ではない。だが，人を中心に考えると，一人の人が発達障害のいずれか1つの診断だけに当てはまる，ということは少ない。むしろ，2つ以上の診断がつくケースが多い。このような子どもたちを念頭に置いて，本章では，発達障害という用語を用いる。

1　発達障害児の子育ての困難さ

　発達障害児を育てることがいかに大変かは，実際のところは当人でないとわからないだろう。子育て支援の第一歩は，支援者がその困難をきちんと理解し，具体的な問題解決のために一緒に考えていくという作業にあると考える。では，発達障害のある子どもを育てることの大変さは，定型発

達の子どもの子育ての大変さとどのような点で違うのだろうか。

1－子育ての脳科学

　子育ては，人だけでなく動物にも観察され，これまで親の子に対する愛情の表われと考えられてきた。それは真実に違いないが，子育ての失敗は愛情の不足を意味するのだろうか。
　では，子育ては科学的にどのように説明されるのだろう。動物の例では，仔マウスの鳴き声や乳頭の吸引によって，母マウスのプロラクチンやオキシトシンといった下垂体ホルモンが分泌され，ホルモンが脳にも作用した結果，育児行動が促進されることが知られている。これは子育てが動物にも備わっている本能による行動の一種だということを示すのだろうか。人の育児行動の脳科学的研究は，近年の脳機能イメージング手法の発展によってようやくその緒に就いたところである。わが子の愛着行動の動画を見た母親の脳活動をfMRI（functional magnetic resonance imaging：機能的磁気共鳴画像法）を用いて測定した研究によると，母親に微笑みかけてくる子どもを見ているときには，脳内の報酬系と呼ばれるドーパミンが関与する部位が活性化した。このことは，子どもの微笑みは子育ての疲れを癒すに足る喜びを親に与え，育児行動の動機づけを高めるものであることを示す（則内2009）。一方，母親を求めて泣く子どもを見ているときに生じる母親の脳活動は，もっと複雑であった。子どものサインを読み取るのに必要な感覚領野，判断や行動の選択にかかわる前頭前野，情動をコントロールするのに必要な帯状回，運動プログラムに必要な領野を含む一連の神経活動が，子どもの苦悩を取り除き，適切に子どもを守る育児行動を支えていることが明らかになった（則内2009）。こうした脳科学研究は，人の育児行動は確かにそれ自身が報酬となる側面もある一方で，きわめて脳に負荷のかかる複雑な処理を要するものであることも示している。このことを踏まえて，以下では，発達障害児の子育ての困難さの理由がまだはっきりしない時期，すなわちまだ発達障害かどうかも疑っていない，あるいは疑っ

ていても診断を受けていない乳児期から幼児期前期（神尾 2012）に焦点
を当てることとする。

2－ライフステージごとの発達障害児の子育ての困難さ

1－「0-2歳」

　この段階では，明確な発達の遅れがある場合を除いて，上述の「発達障害」があることはまだわかっていないケースがほとんどである。発達の遅れがなくても自閉症状が強い場合には，この発達段階で専門的判断が可能かもしれないが，通常，親はそうした専門的な知識なしに目の前のわが子を育てることに一所懸命であることを思い出してほしい。子育ての困難さに関連する子どもの問題でこの時期に一般的なものには，過剰に泣く行動，哺乳あるいは哺食困難（拒否，吐き戻しなど），睡眠の問題（寝つきの悪さ，途中覚醒など）があり，一般乳児の 7% に見られるという海外の調査報告もある。こうした問題の生じるメカニズムは子ども側の要因と環境側の要因とが組み合わさった複雑な場合が多いが，これらの問題を訴えるケースでは，後になって自閉症や ADHD，あるいは発達の遅れが明らかになるリスクは高い。とりわけ問題が一過性でなく持続し，相談が繰り返されるようなケースでは，後に自閉症の診断がつくリスクが高かったという報告がある（Olsson et al. 2013）。ただし，これはあくまでも統計的な確率の話であって，この調査では，後に自閉症とわかる子どもの半数弱ではこのような相談がなかった一方で，定型発達の子どもの 16% にはこうした相談があったという。発達障害の場合には，これらの問題は子どもの感覚過敏と関連するケースが多い。たとえば，聴覚過敏のために通常は気にならない程度の物音に反応して泣き止まない，極端な味覚や嗅覚のために食べさせるのに苦労する，などである。こういう場合には，親が子どもの独特な感覚過敏に気づくことは難しく，わが子が何を嫌がっているのかわからないので，親の試みはすべて失敗することになってしまう。しかもこうした日常の問題は，意外なほど親から相談されることは少ないので，支援者は

具体的に日常の様子を聞き取る必要がある。親のなかには自らの落ち度と思いこみ，誰にも相談できずに一人で悩んでいる人もいる。相談の機会にこれらの問題が明らかになれば，その場限りの助言で相談を終了せず，できるだけフォローすることが肝要である。

　逆に，後に発達障害と診断される子どものなかには，乳児期はあまり泣かず，ほとんど手がかからなかったと振り返る親もいる。そういう場合でも，親子のかかわりにくさ（他児とのかかわりを含む広い対人行動の一部として）を尋ねると，「まるで母親である自分を必要としていないようだ」「母親の自分が邪魔なように無視したり拒否したりする」などとはっきりと違和感を述べる親や，「かかわりが薄く，物足りなさを感じていた」と話す親もいる。具体的には，定型発達では，生後間もなく人に向けられた微笑みが見られ，乳児期後半には，アイコンタクトができるようになり，名前を呼ぶとこちらを振り向き，微笑み，声を出すなど，反応がはっきりしてくる。1歳を過ぎると，自分が興味をもったものを親に見せようとして指さしなどの身ぶりなどで懸命に表現する。これらの表現は親にとってこのうえもない喜びであり，癒しにもなることは前述の通りである。子どもにとっても，自分以外の他者の気持ちや考えを理解し，他者とシェアする力が身につくことで世界が拡がっていく。このような他者とシェアしようとする行動が見られない子どもは，後に自閉症と診断されるリスクが高い。このような子どもでは，微笑みそれ自体は見られても，よく観察すると人に向けられたものではないことがわかる。このことを「（子どもの反応の）何かが違う」と明確に意識する親は一部である。漠然とした不安を感じている親もいるだろうし，実際に意識しない親も存在する。こうした親の個人差も考慮して，支援者は自ら子どもの様子や親子遊びを観察したり，発達検査を実施して，何が子育てを難しくさせているのかを確認してほしい（神尾 2012）。

　自分に向けられた子どもの愛らしい笑顔，声，行動があまりなければ，子どもが親である自分を必要としているのだという実感が得られにくいであろう。通常なら得られるはずの子育ての報酬に癒されることのないなか

で，日々子育てに取り組んでいるのだとしたら，それはどんなに疲れることだろうか。親としての義務感と子どもに対する深い愛情で自分を励ましながら努力を続けているのだとしたら，内心はどれだけ傷ついていることだろうか。筆者たちが行った福岡県下の一自治体の乳幼児健診後の追跡調査のデータを紹介する（神尾ほか［未発表］）。1歳6カ月健診時に尋ねる項目のなかに「疲れて育児や家事が困難か」という質問があり，「はい（困難あり）」「どちらともいえない」「いいえ（困難なし）」の3択で回答することになっている。有効回答（1,847名）を，その後自閉症スペクトラム障害と診断される群と残りのすべての健診受診者（対照群）に分けて比較すると，両群には有意な差が認められた。自閉症スペクトラム障害群の親で「はい（困難あり）」と回答したのは4%にすぎなかったが，「いいえ（困難なし）」が54%，そして「どちらともいえない」が42%であった。一方，対照群の親は，「はい（困難あり）」が2%，「いいえ（困難なし）」が70%，「どちらともいえない」が28%であった。日本人の特徴として，アンケートへの回答は，「はい／いいえ」よりも，中間の選択肢を選ぶ人が多いということはよく知られている。この結果は，育児が「困難」と回答した人よりも，「どちらともいえない」と回答した人のなかにこそ，子どもの発達に起因する支援ニーズをもつ親が潜在する可能性を示唆している。

2－「3歳以降」

3歳を過ぎると，定型発達では会話でのやりとりが上手になり，想像力や忍耐力が芽生え，コミュニケーションの量と質は大きく伸びる。その期待に反して，この年齢になっても親の言うことを聞かないようであれば，親は真剣に心配しはじめる。保育所や幼稚園への入園はそのきっかけとなるイベントである。自閉症児にとって集団生活の場は，刺激や予測できない変化が大きいうえに，自分のやりたい遊びを止めて指示通りの行動を取ったり，他児に合わせることを求められる。ADHD症状のある子どもにとっては，一定時間，興味のない活動を続けたり，自分の欲求を抑えることは難しく，注意されることも多くなる。元来，保育所や幼稚園の環

境は発達障害のある子どもが参加することを想定して構造化されていないため,これまで家庭内では目立たなかった行動の問題が生活環境の変化で露呈しやすくなる。発達障害児の場合には,行動上の問題は一過性ではなく持続しやすいため,不安傾向が強いと通所を嫌がったり,身体の変調を来たすことがある。また衝動性が高いと他児とのトラブルを起こしやすく,他児を巻き込んで悪循環となりやすい。このようなケースでは,親の気づきや認識にかかわらず,保育所や幼稚園では気になる子として把握されているのが一般的である(小保内ほか 2012)。保育者は,同年齢集団を見ているので,これらの問題のほかにも,目と手の協調の問題といった後の学習や作業にとって重要なスキルについての課題も把握していることがある。

すでに子どもが専門的なサービスを受けている場合には,保育者側は親に状況を報告し,保育所・幼稚園内活動については専門家の助言を得ながら個別対応を工夫することができる。しかし,まだ親が問題に気づいていないケースでは,保育者側は親への対応に苦慮し,次のステップに進むことを逡巡することが多い。筆者たちが行った全国調査の結果をもとに推測すると,自閉症スペクトラム障害と後に診断を受けるケースの場合,およそ半数は親がそのことに気づいていて,残りの半数はあまり気づいていない可能性がある(Kamio, Inada and Koyama 2013)。この調査は,成人になって初めて発達障害者支援センターや精神保健福祉センターなどの支援を求めた自閉症スペクトラム障害の診断のある人々を対象としたもので,そのうち高機能自閉症スペクトラムの人々 154 名に限定すると,初めて親が気づいた年齢,初めて専門機関に相談に行った年齢,初めて診断を受けた年齢の中央値はそれぞれ,2 歳 6 カ月,4 歳,10 歳 3 カ月であった。発達遅滞のある人々も含めたそれぞれの平均年齢は表 1 に示した通りである(荻野ほか 2012)。そして重要な結果のひとつは,気づきから相談までのタイムラグが 3 年以上になると,成人期での社会参加が悪くなり,診断を受けた年齢が高くなるほど成人期での QOL が低下することが示されたという点である(Kamio, Inada and Koyama 2013)。

筆者たちは現在,地域の 5 歳児を対象に調査(神尾ほか 2013)を行っ

表1　全国調査に参加した自閉症スペクトラム障害（自閉症，アスペルガー症候群を含む）成人の親が初めて気づいた年齢，専門機関に相談した年齢，診断を受けた年齢の平均（荻野ほか 2012）

	重度遅滞群	中軽度遅滞群	境界－平均群
気づき	N = 173	N = 63	N = 108
平均年齢	1 歳 11 カ月	2 歳 8 カ月	4 歳 4 カ月
相談	N = 169	N = 63	N = 98
平均年齢	2 歳 8 カ月	5 歳 1 カ月	10 歳 2 カ月
診断	N = 161	N = 61	N = 83
平均年齢	3 歳 6 カ月	6 歳 2 カ月	13 歳 3 カ月

調査（Kamio, Inada and Koyama 2012）は，自閉症スペクトラム障害者へのサービスを提供している全国75施設（発達障害者支援センター38施設，精神保健福祉センター21施設，全国自閉症者施設協議会の会員施設16施設）の協力のもと，調査期間中に当該施設を利用した18歳以上の自閉症スペクトラム障害の診断のある1,519人中798人に対して協力が依頼された。有効回答が得られた581人のうち，欠損データを除いた407人（男性80.0%，年齢18歳〜49歳，平均30.3歳）を，本研究の対象とした。診断は，自閉症226人，高機能自閉症20人，アスペルガー症候群81人，広汎性発達障害61人などであった。

ているところであるが，一般児童の自閉症症状が強いと，ADHD 症状，不器用症状といった複数の発達障害の症状が強いだけでなく，情緒や行動の症状も強くなることがわかった。子どもの問題はこの年齢になるとその現われは複雑になり，親の子育ての困難さも明確になっていることが明らかになった。2項目で尋ねる母親のうつ得点は，自閉症状の高い群で低い群と比べて有意に高かった。また「健やか親子21」で設定された5つの育児不安指標（「自信が持てない」「虐待しているのではないか」「子どもとゆっくりした気分で過ごす」「夫の育児参加」「育児の相談相手がいる」）のすべてに関して同様の有意差が見られた。育児相談を希望する親が大半であったが，一度は相談をしていても継続して育児相談を受けている人は少なかった。2歳頃の子どもの自閉症リスクと関連する発達および行動の特徴が5歳時点の行動を強く予測したことから，発達障害児の子育て支援は幼児期を通して継続する必要性が高いこと，乳幼児期の子どもの発達情報は後の支援の必要性を予測する手がかりとなりうることが示唆された（神尾ほか 2013）。

2　発達障害と子育て支援

　子育て支援の専門家と発達障害支援の専門家は，その対象に重複する部分は大きいにもかかわらず，日本の縦割りシステムにおいては部署が違っていたり，専門家の訓練のバックグラウンドが異なっていたりするため，必ずしも連携が十分とは言えない実態がある。子育て支援には子どもの発達についての知識や発達の個人差に関する一定の経験と知識が必要である。と同時に，発達支援には子どもだけでなく，親に対する支援スキルも必要とされる。発達支援の専門家があまりに専門分化しすぎてしまうと，時に専門以外の問題について専門家が関心をもたなくなってしまうことがある。前述のように，発達障害児は，複数の診断がつくことが多く，診断がつかなくても情緒，睡眠，食事など広汎な問題や支援ニーズをもつ。一人の支援者では広範囲に及ぶニーズ全体をカバーしきれないのは当然のことで，だからこそ発達障害児をもつ親への子育て支援には多職種チームで当たる必要がある。

1－支援は多職種チームの連携で

　発達障害の診断後は，通常は子育て支援単独で行われることはなく，発達支援とセットにして提供されるのに対して，診断前の乳幼児期ではまず子育て相談から始まるケースもある。子どもが後に発達障害と診断されるケースであっても，親が最初に困って相談に行く際には，相談内容が発達障害に直接関連したものではなく，前述のような泣き，食事，睡眠など一般的な内容であることは珍しいことではない。子育て相談では，相談者の子どもが発達障害をもっているリスクを考慮して，是非ルーチンで発達検査をしてほしい。そのためには発達を専門とする心理士との連携が必要になるだろう。また子育て相談のなかで子どもの発達特性が明らかになるかもしれない。その場合も発達の専門家へのコンサルテーションやチー

ムでのミーティングを実施することが望ましい。あるいは相談当初の問題が軽減すると，今度はそれまで隠れていた別の問題が見えてくることがあるかもしれない。その段階も多職種連携が効果を発揮するタイミングである。チームでケースに当たることのメリットは，ケースの理解と支援方針を共有できること，支援者同士サポートし合うことで気持ちに余裕が生まれることである。一方，専門家間の見解の不一致は親を混乱させ，最悪な場合は専門家への不信感を生むことになる。子育てに悩む親がうつ状態にないかどうかは，近年，ていねいにチェックされる傾向にあるが，それ以外の親の個人差，とりわけコミュニケーションや認知面の特性についての考慮も重要である。そのためにも成人のメンタルヘルスや発達障害の知識や経験が求められる。あるいはコンサルトしやすい体制を地域で整備することが急務である。従来なら，発達障害が疑われるケースは，まず児童精神科医や小児神経科医などの専門医の診断を受けてから支援を始めるのが一般的であった。しかし，今日的な理解では，診断確定後まで支援を待つメリットよりも，親の心情に配慮しながらも実際に困っている親子が必要とする支援をすみやかに提供することのメリットが上回るという考え方（診断前支援）から，早期支援が推奨されている（http://www.mhlw.go.jp/shingi/2008/09/dl/s0903-7h.pdf）。そしてそれこそが子育て支援に期待されていることではないだろうか。

2－途切れない支援のために

　前述のように，発達の遅れがない場合の発達障害は見逃されやすく，子どもの問題行動への適切な対応が遅れるばかりか，しばしば親の養育態度が責められる。発達障害のあるすべてのケースの診断を乳幼児期にするというようなことは現実的ではないが，兆候を専門的に把握することは可能である。そして前述のように乳幼児期に評価される発達障害リスクは幼児期から就学後を通して子どもの適応を予測する力が高い。このことからも，子育て支援から発達支援にスムーズに移行するためには，乳幼児健診時の

情報の収集方法および活用方法は検討する価値がある。そのためにも，子どもの成長に伴って支援担当の部署が変わっても支援の継続性が担保できるような，一貫した支援体制が必要である。個人情報の取り扱いを十分慎重に行うことは当然であるが，そのことが支援の妨げの理由になってはならない。親には必要なときにはいつでも支援の用意があることを伝え，支援のためには情報の引き継ぎが有用なことを説明したうえで同意を得ておくのが望ましい。乳幼児健診（保健）を入口とすると，次の通過点は保育所（福祉）・幼稚園（教育）であり，その次は小学校（教育）である。必要に応じて，保育所・幼稚園への通園と並行して，子どもへの療育サービス，専門家による保育支援，そして親への子育て支援が継続されることが望ましい。就学後も学校を中心として親子への支援体制を組む必要があるだろう。発達障害児の子育て支援は一定期間で終わるものではなく，ライフステージを通して節目節目に必ず必要となる。その際に迷わず相談できるような道しるべを示すのも支援者の大事な役割であろう。

おわりに

　発達障害のある子どもが健やかに育ち，社会参加を実現させるのに果たす家族の役割は大きい。その家族を支援する子育て支援は，発達障害児の発達支援と表裏一体をなして，発達障害児の健やかな成長に大きな成果を上げることが期待されている。また，いまだ人材不足，専門機関不足が十分解消されていない発達支援と比べて，子育て支援は日本のどこに暮らしていても求めれば誰にでも無償で提供される，対象を選ばない柔軟なサービスでもある。

　近年の諸科学の進展の成果から，子どもの個人差，親の個人差，子どもの発達の多様性，子育ての多様性について少しずつわかってきた。今後の発達障害児の子育て支援は，より科学的な知識を基盤として多様な現実に対応できるものへと進化することが期待される。そうした支援者個人のス

キルアップと同時に，子育て支援の出発点としての乳幼児健診の位置づけ，さらに横と縦の連携が緊密となるような組織再編も必要と思われる．限られた社会資源のなかで，適切な支援を必要な時期に必要とする親子に提供していくためには，子育て支援者には包括的な知識と経験，そして多職種連携を有効活用するトリアージ機能が期待される．発達障害児を養育する親が希望と喜びをもって子育てできるように地域全体で支えることは，ひいては発達障害児の健やかな成長と将来の社会参加の実現への大事な準備となるはずである．

▼ 文献

神尾陽子（2012）自閉性障害――（a）乳幼児期．In：山崎晃資・牛島定信・栗田 広・青木省三＝編：現代児童青年精神医学（改訂第2版），永井書店，pp.125-134．

Kamio, Y., Inada, N. and Koyama, T.（2013）A nationwide survey on quality of life and associated factors of adults with high-functioning autism spectrum disorders. *Autism* 17-1 ; 16-27.

神尾陽子・森脇愛子・飯田悠佳子・稲田尚子・荻野和雄・遠藤明代・立森久照・平本絵里子・武井麗子・中鉢貴之・高橋秀俊・三宅篤子（2013）幼児期における発達障害の有病率と関連要因に関する研究．平成24年度厚生労働科学研究費補助金．障害者対策総合研究事業．精神障害分野「就学前後の児童における発達障害の有病率とその発達的変化――地域ベースの横断的および縦断的研究（研究代表者：神尾陽子）」総括・分担研究報告書，pp.11-23．

則内まどか（2009）子どもを愛する母の脳．In：育児行動を支える愛の力・日本生理人類学会＝編：カラダの百科事典．丸善出版，pp.249-252．

荻野和雄・稲田尚子・高橋秀俊・神尾陽子（2012）長期予後からみた広汎性発達障害児とその家族に対する早期支援の意義，そしてその阻害要因．第53回児童青年精神医学会総会．

Olsson, M.B., Carlsson, L.H., Westerlund, J. et al.（2013）Autism before diagnosis : Crying, feeling and sleeping problems in the first two years of life. *Acta Paediatrica* 102 ; 635-639.

小保内俊雅・遠藤明代・稲田尚子・神尾陽子（2012）地域の発達健診事業のあり方に関する研究――5歳児の行動と発達の問題に対する幼稚園・保育所側の担当保育者の認識と対応．発達障害が疑われる児の地域支援のあり方を考える．平成23年度厚生労働科学研究費補助金．障害者対策総合研究事業．精神障害分野「就学前後の児童における発達障害の有病率とその発達的変化：地域ベースの横断的および縦断的研究（研究代表者：神尾陽子）」総括・分担研究報告書，pp.41-50．

2-2
発達障害児の子育てを支援する❷
親の主体性を引き出す発達障害支援

篁 倫子

はじめに

　本章では，主に学童期・思春期の発達障害の子どもの育ちと親支援について考える。

　支援する側はさまざまであり，教育機関では教師，SC（スクール・カウンセラー），教育センター・教育委員会の指導主事や相談者，医療機関・療育機関では医師，心理士，言語聴覚士，理学・作業療法士，福祉士など，それぞれの機関の特色や職種の専門性によって支援の側面・内容は異なってくる。また，本書の書き手も読み手も専門領域は多様である。

　そこで，筆者の経歴を簡単に紹介することで読者の理解の助けとなればありがたい。筆者は大学病院小児科の心理職としての臨床から始め，障害児教育の研究所，そして現職である大学と，医療と教育の場で臨床，研究，教育の仕事をしてきている。基盤とする学問は発達臨床心理学である。

　本章ではまず，親への支援を包括的に説明し，続いて，学童期・思春期に差しかかった発達障害のある子どもたちが直面する主な課題を取り上げ，親支援の在り方を論じていくことにする。

1　発達障害の子どもを育てる親への支援のポイント

　発達障害の子どもの子育て支援は，子どもの成長発達を促す援助をすると同時に，親を勇気づけ，親が主体的に生きていく援助をすることであると考える（筝 2012a）。

1－親の主体性を引き出す支援

　では，親はどのように在り，何をどのようにしていくことが望ましいか。ここでは，そこに向かう親の主体的行動を援助するという視点で，5つのことを取り上げる。

1－親が問題解決のために援助を求めることができる

　子どもの育ちに不安を感じ，もしかしたら異常や病気があるのではないかと不安に思うことはあっても，親が医療機関や専門相談機関を訪ねるまでに，いくつもの季節を過ごすことは珍しくない。子どもの発達に疑問を抱きながら，その一方で，疑問を晴らしてくれるような子どもの成長を目にしながら時を重ねていくのは，発達障害のなかでも，知的な遅れ，運動機能の遅れが明らかでない子どもの家族である。殊に，乳幼児期の健診で精査を勧められたり，問題を指摘されたりすることがなければ，なおさら相談の時期は遠のくだろう。

　しかし，それまで養護的な関わりや環境のなかで見守られてきたこの子どもたちは，就学後，期待される社会的行動が取れず，他児との違いが顕著となる。そして，周囲の人や環境も，その子どもの特異性を許容できなくなる。

　子どもが授業や集団行動に乗れず，普通の指導が通用せず，担任教師が子どもの指導に困難を感じたとき，校内委員会で協議される（これは支援へとつながる望ましい道筋）。そして，巡回相談の専門家に子どもを観察

してもらい，指導・支援の方法についてコンサルテーションを受ける。この過程で，教員からしばしば上がってくるのが「保護者から理解を得られない，保護者の認識が欠けている」という問題である。確かに，最終的には保護者の希望と承諾があってはじめて公的な支援へとつながり，例えば通常の学級にて支援員などが配置される。よって，保護者の理解は欠かせない。

　親の理解を得るために支援者が努めることは，①親自身は子どもをどう捉えているのかを理解する，②家庭の外＝学校での子どもの様子を親に見てもらう，③一番困っているのは子ども自身であるということを親と共有する，④子どもを問題視するより子どもの学校生活を支援したいという指導する側の思いが親に伝わるように働きかける，などが考えられる。このプロセスそのものが親との関係づくりであるが，容易でないことも多い。ここで支援者に求められるのは，"親の理解を諦めない能動性と熟する時を待つ忍耐力"と言えるかもしれない。

　そして，専門機関での診断や今後の見通しがある程度明確になった後は，主体的にさらなる情報やサポートを求めて行動する親も多いのである（篁 2012a）。

2－親が子どもの特性（問題）を認識し，理解する

　ここでは障害受容という長く複雑な過程を指すのではなく，障害に関する知識がないか，知識はあってもそれをわが子理解することに役立てられない，障害を認めることができないといった段階にある親への支援について述べる。

　発達障害の子どもへの治療・援助は，何よりも子どもと関わる人や社会が，子どもの特性と障害を理解するところから始まる。親や関係者が問題と感じる子どもの行動特徴を，障害の特性と周囲との関わりという点からみるとどのように理解できるのか，専門家は親が理解していく過程を導き，支える存在となる。ただし，この理解の過程は，人によって要する時間もその起伏もさまざまである。

また，障害を理解することと子どもを理解することとは異なるが，最終的にはわが子を理解する・受け入れるという親心のなかに，その子どもの特性や障害の理解がはみ出すことなく収まっていくことが，一つのゴールではないかと思う。
　親の会の会員200名程を対象とした調査（篁 2012）では，診断や療育相談は，それを機に子どもの個性や行動特徴を理解できるようになるだけでなく，それまで子どもの問題行動で身動きが取れなくなっていた親が，自分自身も理解され，支えられたと感じる体験にもなっていた。
　しかし，その一方，障害特性を理解することは諸刃の剣ともいえる。なぜならば，子どもの特性，殊に否定的なものをすべて障害と結びつけて捉えようとする過ちを，親や関係者が犯してしまうからである。言うまでもなく，障害は子どものもつ困難であるが，その子どものすべてではなく，成長もつまずきも気質や性格の影響を受け，環境との相互作用の結果として存在する。その意味では，支援者には人と人，人と社会の関わりについての教養（広い知識，想像力，理解力，柔軟な知力）が求められる。

3 ― 親が問題の軽減・解決に向けて望ましい対応を取れる

　目の前の問題がなぜ起きているのか，それは障害（特性）によるものなのか，より環境に起因していることなのか。縺れた糸を解きながら，解決への道筋を考えるにはやはり専門家の助けが必要である。しかし，実際の生活場面でその問題に対応していくのは親であり，学校の教員である。よって，親が子どもとの関係を大きく損なうことなく，現実的な仕方で子どもに関わり，子どもの変化を導き見守ることができるよう，その過程を導き支えるのが支援者・専門家の役割である。親自身の内省や洞察を促すことも必要であるが，具体的な助言を行うことは支援者の重要な役割である。子どもにどのように関わればよいのかわからずに苦悶する親は，明日からのことを知りたいと強く望んでいる。
　わが国でも実施されることが増えてきたペアレント・トレーニングは，子どもの発達促進を目指し，協力者としての親を指導・支援するプログラ

ムである。従来から障害児療育の中心となってきた通園・通所においては，親子教室で療育的関わりを学び，家庭に戻って実践することも親に期待されてきた。しかし，それが親にとってストレスになることもある。「親である私は宿題を負わされ，力を試されているようで辛かった」という母親のつぶやきから，障害のある子どもの親にかかる重石は，日々の子育てによる負担だけではないことがうかがえる。もちろん，支援者が親に求めるのは完璧な遂行者ではなく，「適度に良い母親」，つまりWinnicottのいう"good enough mother"である。しかし，親にとって専門家は相談者であると同時に評価者でもあるということだ。

　ところで，医師や心理士，教師などの専門家はそれぞれの専門性を支える理論や経験に立つため，ある状況についての対処法が異なることもある。また，専門家同士が互いの対応の「癖」を知らないか，あるいは他職種へのステレオタイプな思い込みにとらわれていると，親は専門家の間で混乱し，そのなかで取捨選択を迫られることになる。近年は支援の枕ことばになっている多職種間の「連携」は，事例を通してこそ具体化するものであり，体験していくことで他職種の専門性に対する理解と尊重は醸成されていくと思われる。

4－親が良き相談相手を得る（家族，専門家，親の会）

　ここでは親の相談のリソースとして親の会を取り上げる。特定の疾患や障害の子どもの親の会から，難病や発達障害など対象を広くする親の会まで，地域や全国レベルで，それぞれの会の事情や性格にそって，多様な形で活動・運営されている。発達障害では，当事者側と学会，職能団体が協働するネットワークに発展している（日本発達障害ネットワーク＝ http://jddnet.jp/）。

　筆者が行った調査（篁2012）からは，親の会は親同士が同じ境遇にある仲間として共感でき，支えあうことによって不安を和らげることができるなど，わかりあえる仲間ができる場として最も評価されていることが明らかになった。また，専門機関が予想外に限られた情報しか持ち合わせて

いないことに落胆する一方，親の会には支援情報が豊富にあることを評価していた。それ以上に「先輩保護者やその子どもたちから学んだ」という，親の会ならではの共感的体験も存在していた。親同士の交流はネット上でも可能であるが，子どもの活動，親の交流，さらには行政へのロビー活動を企画・運営する親の会は，専門家集団とは一線を画した独自性のある支援リソースとして大きな存在となっていた。

その一方，親の会の活動を負担と感じたり，他の親と協働できないと感じたりする親もいるわけで，親の性格やライフステージにあった仲間探しや利用の仕方を考える必要も出てくる。

5－親子関係・家族関係の発達的変化を促す

子どもに関わるあらゆる支援・介入において，親子関係，家族力動を配慮することは不可欠であるが，発達障害の子どもと親への支援においてもそれは同様である。専門家が拠って立つ臨床的理論によっては，親子関係，家族力動への介入を最重要視する人もいるが，この切り口にとらわれた介入が支援につながるとは考えにくい。しかし，子どもの発達段階や事例によっては，まさに親子関係を振り返ること，調整すること，成熟を促すことが支援の目標となることも少なくない。

親が抱く子どもへの思いはさまざまであり，親は自身の思いや我に気づき，また悩む。先述した子どもを受け入れることに関連するが，親は子どもとの間の葛藤，摩擦，対決等々，それらをうまく越えていかなければならない。親子間の関係が子どもの発達と親のライフステージに沿って変化していく過程を支えることは，支援の基底に流れていく。

他方，障害のある子どものきょうだいのメンタルヘルスに関する研究や支援の必要性についての認識は，わが国でも少しずつ進んできている。しかし，欧米などと比べると雲泥の差がある。きょうだい支援は，まずは障害児への医療，福祉，教育などの包括的支援を土台に，親支援を通したものから，直接的なサポートまでが含まれる。

2 － 心掛けたいこと

　教育や福祉だけでなく，医療においてもニーズに対する支援・サービスを，という姿勢が基本となっている現代であるが，親が求める支援と支援者側が必要と考える支援は全面的には一致しない。しかし，専門家が専門家たる所以は，その2つを，子どもと親の情況を踏まえながら，上手に織り込んで提供していくことではないか。

　児童精神科医の佐々木（2011）は，近年の日本人は自分にとって好ましくないことを受け止める力が衰えているという。支援をされる側もする側も，その特性を抱えていることを前提に向かい合うことが必要である。

2　学童期の子どもと親支援

　学童期は多くの発達障害の子どもとその家族にとって，子どもの抱える困難に社会的状況のなかで直面せざるを得ない時期となる。

1 － 学習支援

　学童期の子どもが相応の基礎学力を習得し，それに伴った達成感を得ていくことは，心の育ちにおいても重要である。そして，家庭は子どもにとっても大人にとっても何より安らぎを得て，心身のエネルギーを補給する場であるが，同時に学習の補完をする場でもある。家庭学習では，一斉指導で取りこぼしていることに繰り返し取り組むことで習得が進み，同時に，子どものつまずきのパターンや独特の誤り方が見えてくる。もちろん，学校教育のなかでこれらの対応がなされることを望みたいが，現実的には充分でないため，発達障害の子どもにとっての家庭学習の必要性は高いのである。

　ただし，これは教員，心理教育専門家，塾教師などの援助なくしては難

しい。支援者には，子どもの認知機能の特性を把握し，指導の方法や教材の工夫を提案できる技量が求められる。その際，検査から知り得た認知特性と子どものつまずきとの関係をわかりやすく説明し，親が子ども独自の学び方を理解できるようになると，親独自の工夫も生まれてくる。

しかし，家庭学習がどの程度期待できるかは，子ども本人の特性，親の特性・力量，親子関係，家族構成，生活状況など，さまざまな要因によるところが大きいため，事例ごとの可能性を探ることになる。いずれにせよ，親と子どもが現実的で無理のないやり方で家庭学習を継続できるように支援したい。筆者の経験からは，親子間の摩擦が少なく，家庭学習が継続していく親子の事例の場合，親は教師の代わりをしているのではなく，子どもの学習パートナーとして存在しているという印象を受ける。子どもにとって親は，自分の苦手と得意を最もよく理解し，学習という道程を，諦めることなく伴走してくれる唯一の存在と言える。

2－社会生活能力を育てる支援

社会的生活能力とは身辺自立に始まり，コミュニケーション，ルールの理解と遵守，役割行動，自己主張と自己抑制など，社会のなかで人と関わりながら生きていくうえでの基本的な態度・技能・習慣であり，この時期に習得していくべき重要な発達課題である。

自閉症スペクトラム障害の子どもに限らず，ADHD（Attention Deficit Hyperactivity Disorder：注意欠如・多動性障害）や LD（Learning Disorder：学習障害）の子どもも，他の子どもが当たり前のように身につけていく常識や生活スキルを要領よく身につけられなかったり，対人関係や社会性の面で未熟であったりする。

幼稚園・保育園という，総じて養護的な雰囲気のなかでは許容されていた子どもの特性は，就学後には，個性ではなく，社会性・生活面の問題あるいは障害である，と突きつけられる。このような保育所・幼稚園生活と小学校生活との違いは，子どもとその家族にとって大きな段差となって経

験される。また，社会性や生活スキルの獲得は，幼児期を通しての家庭教育に期待されている節があるため，なおさら親は批難された思いに陥る。

　しかし，この問題は発達障害の子どもに限ったことではないようである。昨今，入学後の落ち着かない状態がいつまでも解消されず，教師の話を聞かない，指示通りに行動しない，授業中に勝手に教室のなかを立ち歩いたり，教室から出て行ったりするなどが継続する「小1プロブレム」が話題になっている。いずれの場合でも，自然に身につかないことは具体的に教えていくしかないだろう。

　ここでの支援において大事なこととして，何を目標として選択するかを挙げる。子どもに身につけてほしいことはおそらく山ほどあるだろう。そのなかから，必要性（緊急性），実現性（達成可能性），そして実現による子どもと親の満足感などの観点から，取り組む課題の取捨選択をする必要がある。

　また，この作業は学校との共同作業のスタートにもなる。子どもについての学校からの肯定的な報告に，親は安堵し，励まされる。そして，家庭でのちょっとしたわが子の変化や成長に目が行きやすくなり，喜びをもてるようになる。その一方，教員が子どもの抱える困難に気づかないか，気づいていても大様に構えている場合も，親の不安が募る。だからこそ，学校では担任だけでなく，学校全体およびチームで対応していくことが必要となる。複数の人が関わることで，それぞれの見方と対応を補いあうことができるようになる。

　親によっては，次から次へと子どもの不足している面に目を向けていく人もいる。そのような親のなかには，過去に周囲から"子どもの問題"を指摘されたことで自分自身の子育てを否定されたと傷つき，子どもを躾ける，矯正しようとする方向へ自分自身を追い込んでいった親もいる。

　親の子育てを労うことの大切さはよく指摘されるが，障害のある子どもを育てる親のさまざまな思いに触れ，現実を打開していく過程を共にしながら筆者が感じるのは，親に対する敬意に他ならない。

3　思春期の子どもと親支援

　第二次性徴に示されるように，小学校5・6年から中学生にかけて，子どもの心身の発達は質的に変化していく。思春期は身体的成熟と精神的成熟との不調和や，親を含む他者との関係性の変化の視点から論じられることが多い。「疾風怒涛」と表現されるような不安定で不穏な時期を過ごす子どももいれば，傍からみると穏やかにその時を過ごす子どももいるが，発達障害の子どもの思春期に特徴はあるのだろうか。

1－仲間関係と自己理解

　共通点や同質性を確かめあい，仲間との一体感を確認しあう思春期の友人関係においては，異質なこと，周囲と波長を合わせられないことは，排除される一因ともなる。
　また，自己認識や洞察力が乏しくなりがちな発達障害の子どもたちは，自己と他者の違いに気づきはじめても，その気づきを意味づけて理解することができなかったり，他者理解も苦手なために他人との間で否定的な体験も多くなったりする。あるいは仲間への興味・意識や異性への関心が急に高まるものの，その表現形が稚拙であるため，周りからは突飛で不適切な言動と捉えられる。さらに，本人の情動・衝動の統制が弱いと，対人関係のトラブルに発展してしまうことになる。
　この時期の子どもに対して，親は仲間関係に直接介入することもできず，ただ気を揉むばかりで，見守るしかないことが多い。しかし，現実の仲間関係のなかで自己理解を研いていく機会が少ない彼らにとっては，親がなおも最大の理解者，相談者であることは珍しくない。子どもの愚痴や不安は，周囲の人からの否定的評価，挫折感，自分自身と他者に対する不信感，そして自身の生理的変化への戸惑いなど，児童期のものとは質的に異なってくる。このとき，親はしっかりと耳を傾け，安易に答えを与えるよ

りは客観的な視点を取り入れながら，一緒になって考える姿勢を示すことが，子どもに安心感を与えることになるだろう。また，男子にとっては父親の高圧的ではない積極的な関与が重要になってくる。往々にして，母親を中心とした介入になるが，この時期こそ父親を誘い入れることが必要になってくる。そして支援者は，親がしっかりと子どもの揺らぎを受け止められるよう，両親の揺らぎを支えていくことになる。

2－親子関係

　思春期は親子間の緊張が高まり，葛藤や衝突が増えると言われる。それは，子どもの発達の節目は親にとっても行動を変える節目となり，親と子どもとの関係が変容する時だからである。

　一方，仲間との相互的で親密な関係が希薄であるため，いつまでも小学生のように親を頼りにしているわが子をみて，変わらぬ親子関係に安堵しながらも，親離れをしない子どもの育ちに不安を覚える親も多い。

　これらの過程で，どの親子も大なり小なり親子関係を振り返ることになり，それまでの親子関係の課題や歪みが顕われてくる。したがって，その問題は応急処置で解消されるわけではなく，歪みが大きい事例では長く耐えなければならない経過になる。これは親にとってもストレスが高まる過程である。氏家（2006）は，親が否定的な感情やストレスに牛耳られてコントロールを失わないために，十分な「心理的資源」をもっている必要があるという。専門家は言うまでもなく，その心理的資源のひとつである。

　宮川（2013）は，大人が子どもを十分満足させることは不可能だという諦めの境地から始めるのが思春期への介入の適切な在り方とし，子どもの不安や苦しみをひたすら解決する立場から親は退き，子どもが子ども自身で抱えざるを得ないことを納得していかなければならないと言う。確かに，これはその後の青年期社会化へと進んでいくために不可欠な分別である。ただし宮川（2013）は，このことをどのように親に伝えていくかは工夫が必要であることも指摘している。支援者は，親がゆっくりしか変わらない

ことについて理解し，寛大に親を後押ししていくことが必要であろう．

おわりに

　学童期から思春期にかけての子育てには，子どもの問題の社会的顕在化，診断，子どもの理解と受容，適切な子育て，学校生活で表れてくるさまざまな問題とその対応など，親が経験する困難と課題は多い．一つの問題を乗り越え，穏やかで波風のない時期に感謝するのも束の間，新たな課題にぶつかる．

　親が子どもの揺らぎや変容を見守るには，親自身の動揺や迷いに耳を傾け，共感し，共に考える人が必要である．発達障害児にとって両親は最も身近な同志であるが，実際には専門家がその役割を果たすところが大きい．

　親がいつ，どのような支援を必要とするかは，個々の事例によって異なるため，普遍的なものはない．支援を押し付けない，必要なときに相談を持ちかけられる，緩やかでも長く関わりを維持できる，そのような支援も障害臨床の特徴と言えるだろう．

▼文献

宮川香里（2013）思春期の家族にどうかかわろうか――思春期のそだち．そだちの科学 20；32-37．
佐々木正美（2011）わが子が発達障害と診断されたら．すばる舎．
筒 倫子（2012a）第 6 章 心理学の専門家の立場から．In：拓殖雅義・筒 倫子・大石幸二・松村京子＝編：対人専門職のための発達障害者支援ハンドブック．金剛出版，pp.65-67．
筒 倫子（2012b）発達障害児を育てる親のメンタルヘルスと支援リソースに関する臨床心理学的研究（平成 21 年度～平成 23 年度科学研究費補助金基盤（C）成果報告書（2012），pp.15-34，43-56．
氏家達夫（2006）親の成長と子育て．教育と医学 639；13-21．

2-3
発達障害のある親の子育て支援
虐待に陥らないためのヒントと工夫

橋本和明

はじめに

　近年，発達障害という概念についての理解が深まり，支援の方法も多様化してきている。子育てという視点からみれば，子どもが発達障害を有することで育てにくさが生まれ，親の養育を難しくすると言われている。確かに，名前を呼んでも振り向かなかったり，コミュニケーションをしようとしても視線が合わなかったりする自閉症圏の子どもの場合，親はどうしても子どもとの愛着形成につまずいてしまう。そうでなくとも，発達が人と比べて緩やかであるため，親は焦りや苛立ちを感じやすく，ゆとりをもった養育環境が提供できない場合もある。ましてや叱ってもすぐにまた同じことを繰り返す注意欠如・多動性障害（ADHD : Attention Deficit Hyperactivity Disorder）の子どもなどは，親が怒りを覚えることさえ少なからずある。ひどいときには虐待にまで発展してしまう。

　発達障害のある子どもが虐待を受けてしまうリスクは高いと言われ，Sullivan et al.（2000）の調査では，障害のある子への虐待発生率は31.0%と，障害のない子の実に3.4倍の高さであったと報告されている。また，細川ほか（2002）の研究では，障害児であっても，身体障害よりも発達障害のほうが虐待を招きやすいと指摘され，杉山（2006）の研究では，虐待症例のなかで，広汎性発達障害が全体の25%，ADHDが全体の20%を占め，

何らかの発達障害の診断が可能な子どもは実に55%に達すると報告されている。これと同様の研究はこれまで数多くなされてきており（門1999, 2005；白石2005），いずれの研究からも明らかなことは，発達障害のある子どもの子育ては困難が伴いやすいということである。

　ただ，本章では，子どもが発達障害を有する場合とは違って，養育者，つまり親自身が発達障害を有する場合の子育てについて取り上げたい。なぜなら，虐待事例のなかにしばしば親側に発達障害があると思われる場合が少なからずあり，しかもその障害特性ゆえに関係機関の介入がうまくいかず，通常の支援では効果が得られないことが散見されるからである。

　ところが，現状においては発達障害のある親の虐待研究はまだまだ数少ない。筆者（2013a, 2013b）は，全国の児童相談所および福祉事務所に調査を実施し，「発達障害が疑われる保護者の虐待についての研究（第1報）（第2報）」を行った。そのなかで得られた知見や事例を分析していくと，発達障害そのものへの理解の不足や発達障害を抱える人への不適切なかかわりが事態をますます深刻化させていくことがわかった。ここではそのことも踏まえて，適切な理解やよりよい介入のあり方について考えていきたい。

1　発達障害者の子育てと苦悩

　発達障害といっても，社会性やコミュニケーションなどに問題を抱える広汎性発達障害をはじめ，注意や関心に問題を抱えたり多動になってしまうADHD，あるいは知的な理解が滞っている知的障害などさまざまである。しかし，いずれの場合においても，そのような障害をもちながら子どもを育てていくということは相当な苦労がついてまわる。そして，ひとつ間違えば，その養育方法は不適切な養育，ひいては虐待という問題にまで移行してしまう。

　芳賀（2010）は，外来を受診した発達障害児196名の親のなかから調査に同意した発達障害がある就学児童を養育中の母親66名のうち，発達

障害のある母親32名（＋群――内訳は，ADHDは21名，自閉症スペクトラム障害（Autistic Spectrum Disorder：ASD）は8名，学習障害（Learning Disorder：LD）は3名），発達障害のない母親34名（－群）として2群の比較をした。その結果，＋群は，有意に心身症，不安障害，気分障害，物質使用障害がみられた。また，＋群は妊娠中のうつ状態が現在まで継続している割合が有意に多く，＋群の約半数の母親たちは妊娠中の情緒が不安定であったと述べている。また，母親の虐待行為は，心理的暴力，身体的暴力がともに＋群で有意であり，心理的暴力では＋群の約60％以上にもみられたと指摘している。さらに，Psychogiou et al.（2008）によるADHD児を養育中のADHDをもつ母親を対象とした英米の共同研究では，ADHD度合が低い母親は，ADHD児に対し肯定的養育を行っていたにもかかわらず，母親がうつになったり子どものADHD度合が高くなったりすると，明らかに否定的養育に変化したと報告している。この研究では，ADHD度合の高い母親は，子どものADHD症状を自身に似ているとみなし受容しているものの，ADHD度合の低い母親に比べて明らかに否定的養育であり，母親の発達障害の重症度とうつの併存が負の養育要因になると述べている。

　これらの研究からもわかるように，発達障害のある親は自己の障害というハンディキャップがあるゆえに，子育てへのストレスや不安を想像以上に抱えてしまい，うつをはじめとして，さまざまな二次障害にまで発展してしまうことが少なくない。

　ましてや子どもにも発達障害がみられる場合はどうであろうか。杉山（2007）は「母親－子ども共に高機能広汎性発達障害という親子が36組みられ，そのうち28組（78％）において何らかの虐待が認められた。つまり母子とも高機能広汎性発達障害という組み合わせが子ども虐待の高リスクになることが示された」と報告している。また，浅井ほか（2005）は「子ども虐待が絡み入院治療を必要とするに至った高機能広汎性発達障害の症例において，父親と子どもという組み合わせではなく，母親と子どもという組み合わせが少なからず存在し，それらが例外なく難治例であることに

気付いた。翻ってみれば，重大事件に至った高機能広汎性発達障害の事例において，しばしばこのような組み合わせが認められ」たり，子どもも親も発達障害である場合は，「子どもの側の行動障害が強いことに加え母親の対応能力の問題が掛け算になって処遇困難ケースとなり，放置すれば重大な事件に発達した可能性があった症例が少なからず認められた」と指摘している。筆者の調査（橋本 2013）においても，児童相談所から回答のあった発達障害が疑われる保護者の虐待事例 141 事例中，75.2% に当たる 106 事例に，被虐待者も何らかの発達障害（内訳は広汎性発達障害が 59 事例，ADHD が 30 事例，知的障害が 25 事例，LD が 1 事例で，いずれも重複を含む）があった。このように考えると，親子共々に発達障害がある場合は，子育ての困難は倍増し，時にそれは深刻な虐待という事態にまで発展していく危険を伴ってしまう。

では，具体的に発達障害がある親の虐待事例はどのようなものなのかを次に取り上げていきたい。

2　発達障害のある親の虐待事例

発達障害がある親の虐待について，事例を詳細に分析していくと，次の 5 つのタイプに大きく分類できる。以下にそれぞれのタイプの特徴を説明するとともに，そのタイプの典型的な事例を挙げることにする。ただし，プライバシー保護の観点から，事例の個別性が特定できないよう，その本質を損なわない程度に修正を図った。

1―非社会性タイプ

事例①――父親は広汎性発達障害で，小学生である本児（女児）の胸をさわったり，なめたりする性的虐待をした。父親は，「子どもから大人に移行する女性の変化について知りたかったから」と説明する。父親の

性的な関心の限局性が社会性を伴わない形で表出され，それが性的虐待になったと考えられる。また，この父親は子どもと本気でプロレスをして子どもに痣をつくるなど，手加減や子どもへの配慮のなさもみられた。

事例②——広汎性発達障害の父親は，家庭内の治安維持のために正義の暴力が必要と身体的虐待を肯定し，エアガンで家族を撃ったり，特殊警棒で殴るなどした。父親は家族の心情を理解しにくく，家庭内の家長の役割を警察の治安維持と同一視しているところもあった。また，特異な認識でルール作りをして，そのルールに固執する傾向もあった。

非社会性のタイプの親の虐待は，自分のしている行為が他者からみると不適切だという認識に乏しかったり，社会性が十分に備わっていないために，周囲がどうあれお構いなしに子どもに不適切な行為をしてしまう。顕著にみられるのは，常識が乏しかったり，場の雰囲気が読めなかったりする傾向である。自分の行為がなぜ不適切なのかがピンと来ていない面もある。そのため，通常の虐待事例において親は自分がした虐待の事実を否認することが多いが，このような親の場合は何の隠し立てもせずに事実を平然と認めることが意外と多い。しかしそれでいて，「それが何か不都合でも？」といった対応でケロッとしており，行動の改善にはなかなか結びつきにくいという難点もある。

2－コミュニケーション・共感不全タイプ

事例③——子どもが高熱を出しているにもかかわらず，母親は子どもの顔の表情からそれが読み取れずに放置していた。ところが，その母親はわが子が転んで足をすりむき血を流して帰宅する場面では大袈裟すぎるほど騒ぎ立て，学校に対してもクレームをつけた。周囲の者はこの母親の自分勝手な言動にあきれ果てていた。しかし，実際のところは母親の共感不全や表情の読み取り困難という特性ゆえに，子どもの高熱がうま

くキャッチできず，逆に，血が出ている怪我の場合は視覚的にもわかりやすかっただけに，母親は容易に察知でき対応がすばやくできたという事情があった。

事例④——母親は広汎性発達障害で，他者とのコミュニケーションが取りにくく，ストレスをためこみやすいところがあった。乳児である本児に対しても気持ちが通じないためにストレスを高め，日常的に激しく揺さぶる虐待を加えていた。この母親は３種類以上の調味料の入る料理はできなかったり，突然声をかけられると固まってしまって泣くなど，柔軟性の乏しさが顕著であった。このような母親に対して，夫（本児の父親）は非難したり怒鳴ったりするため，ますます母親の不安やストレスが増大していった。

事例⑤——広汎性発達障害の母親は，決まった時間に用意した分の食事を必ず子どもに食べさせるなど，厳格すぎるところがあった。あるとき，乳児である本児に無理矢理食事を与え，口腔内を損傷させた。この母親はコミュニケーションの障害があるため細かなニュアンスが伝わらず，対人関係が一方通行となってしまう。また，適切な養育の仕方がわからないことから，よかれと思ってしていることが虐待に発展することもあった。

事例⑥——広汎性発達障害の父親は，浴槽から本児を上げるとき，湯水を切るために強く揺さぶって手荒い扱いをしていた。また，本児が泣き止まないため，口を押さえたり，多量のミルクを与えたりした。以前に父親が大声を出して威嚇したところ，本児が泣き止んだ経験があることから，「自分は子どもを泣き止ませる天才である」と言い，それを誇示している。

　コミュニケーション・共感不全タイプの親の虐待は，子どもへの配慮

や共感性が不十分であるばかりでなく，対人コミュニケーションが円滑にいかないことから，子どもとのかかわりが自分本位になり，結果的には不適切な養育となってしまう。そこに共通するのは，「こんな対応をすると，される側の子どもはどのような気持ちになるだろうか」といったことに思いを馳せることができず，自分勝手な思い込みや納得のほうを優先させる点である。その根底には意思疎通が円滑にいかず，話をしたり聴いたりする相互交流が十分に機能していないコミュニケーションの問題がある。なかでも，言葉がまだ使用できない乳児の場合は，親側の高い共感性によって，乳児の気持ちを推し量らねばならない。ところがその能力が不十分であると，うまく乳児とかかわれず，時には乳児ゆさぶられ症候群▼1に発展してしまう危険も生じる。

3－柔軟性欠如タイプ

　　事例⑦――父親も母親も知的な低さを伴う広汎性発達障害があり，生後6カ月の本児に離乳食が与えられなかった。特に離乳食は一般の料理とは違い，形や硬さが曖昧で，乳児の状態に合わせてそれを微妙に調整する必要があるが，それがうまくできない。つまり，子どもの年齢に合わせた食事が作れず，大人と同じ食事となってしまう。

　　事例⑧――母親は子どもが2歳になるまでは母乳で育てることにこだわり，その育児方法を頑強に押し通そうとした。母乳が適量に出るのであれば問題はないが，その母親の場合は母乳が足りなかった。保育所の保育士も，搾乳機で絞り出す母乳だけでは不十分であることを危惧し，人工ミルクに切り替えることを勧めたが，母親は断固として応じようとしなかった。結局，子どもの体重が発達曲線を大きく下回り，このままでは生命の危機も心配される事態にまで陥った。

　柔軟性欠如タイプの親の虐待は，新たな場面や状況に遭遇した際，知

識が不足していたり，これまで学習した経験が応用できず，どのように動けばいいのか適切な行動選択ができなくなる点が特徴的である。子育ては同じことの繰り返しではなく，子どもの機嫌や状態，発達のあり方によって少しずつそのやり方を微妙に変えていくものであり，そこには親の共感性はもとより，柔軟性が要求される。しかし，自分のペースを厳格に守らねば安心できないといった特性のある親の場合，そこでつまずいてしまう。子育てにおいては，予想もしない事態に直面させられることも多いが，このタイプの親はあくまで自分のペースに固執し，それを貫き通そうとして，結果的に不適切なかかわりとなってしまう。

4－こだわり頑強タイプ

　事例⑨──母親は広汎性発達障害であり，1日のリズムが規則正しくなければ気がすまなかった。朝の排便はもとより，学習については午前3時からの早朝学習にこだわり，節約についても事細かに決め，それを厳格に守らせようとしていた。

　事例⑩──アスペルガー症候群の父親は，自分の考えに固執し，思い通りにいかないと暴力を振るっていた。0か100かという極端な二者択一の思考をしやすく，コミュニケーションがうまく取れず，相手の意図を理解できない。本児の行動をGPSでつねに監視し，行動を逐一報告させたり，一晩かけて本児に清掃をさせたりしていた。

　事例⑪──広汎性発達障害の父親は，宿題がしっかりできない，字が丁寧に書けないなどの理由で本児を拳骨で叩いた。特に，漢字のはねやはらいが正確かどうかに強いこだわりがあり，「そんなことではNASAに入れない」と言う。

　こだわり頑強タイプの親の虐待は，物事をトータルな視点から捉えよう

とせず，興味や関心が限局的となって，それに対する強いこだわりを示した結果生ずることが多い。また，それを子どもや周囲にも強要させることから，かかわりが威圧的となったり，子どもとの歩調の合わない独断的な子育てとなってしまう。また，単に関心や趣味が高じたレベルをはるかに越え，家計が困窮しているにもかかわらず高級車やオーディオをローンで購入するなど，子育てに甚大な影響を与えるに至ることもある。

5－見通し不足タイプ

事例⑫——広汎性発達障害とADHDをもつ母親は，金銭管理や時間管理ができず，家事全般ができずにいた。また整理が苦手で，家のなかはゴミ屋敷と化して不衛生な環境となっていた。母は自分のことで手一杯という状態で，子どもの入浴，服装には無頓着でいる。物事を順序立てて考えられず，大切なものとそうでないものの区別ができず，すぐにものを置き忘れたりする。子どもが怪我をしても病院に連れて行くべきかどうかの判断ができない。

事例⑬——知的障害のある母親はパチンコに浪費し，家賃を滞納し，家事能力がない。そのため，定型発達の娘が家事を切り盛りしていた。母親は将来の見通しがもてず，目先のことしか考えられないため，生活は行き詰まり，それが娘に対するネグレクトに発展していた。

事例⑭——広汎性発達障害の母親は，育児ストレスが高まり，聴覚過敏もあるためか，赤ん坊の泣き声に異常に反応し，精神的な限界を覚えていた。そんなとき，夫（本児の父親）の帰宅が急に予定変更となって延びたことから，母親は乳児を机に打ちつける身体的虐待を加えた。

見通し不足タイプの親の虐待は，物事を順序立てて計画的に遂行していく能力が低いため，要領が悪く段取りがうまくいかなかったりすると，自

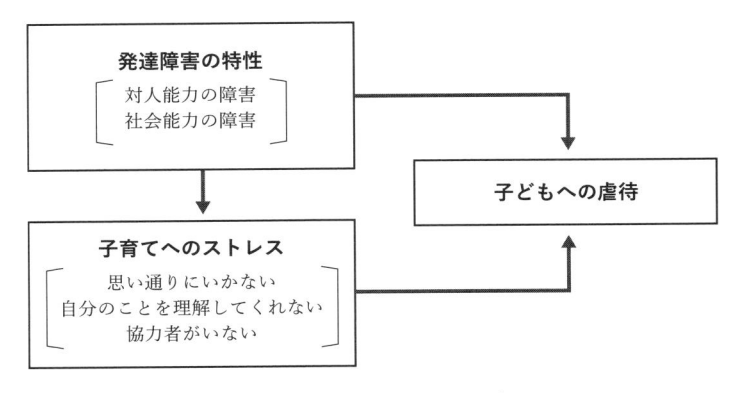

```
┌─────────────────────┐
│  発達障害の特性      │
│ ┌─────────────┐    │ ──────────┐
│ │ 対人能力の障害 │    │           ↓
│ │ 社会能力の障害 │    │     ┌──────────┐
│ └─────────────┘    │     │ 子どもへの虐待 │
└─────────┬───────────┘     └──────────┘
          ↓                       ↑
┌─────────────────────┐           │
│  子育てへのストレス    │           │
│ ┌──────────────────┐│ ──────────┘
│ │ 思い通りにいかない   ││
│ │ 自分のことを理解してくれない ││
│ │ 協力者がいない      ││
│ └──────────────────┘│
└─────────────────────┘
```

図1　発達障害が虐待に至るメカニズム

己の衝動を抑えきれず，すぐに感情をストレートに表出させてしまう。なかには，料理の手順が悪いために，いつまで経っても食事ができずに子どもをネグレクト状態に置いてしまったり，時間や金銭の管理ができず，家中がゴミ屋敷のように不衛生な状態になったり，子どもを学校に登校させられないなど，生活面での不適切さが顕著になることもある。このような行動の背景には，先が読めず将来の見通しがもてないことが大きく関係しており，その傾向が大きいほど自己の欲求を先延ばしにできずに衝動的な言動を生んでしまいがちとなる。

3　親の発達障害が子どもへの虐待に至るメカニズム

発達障害のある親が子どもとかかわるなかで，虐待にまで至ってしまう事例を分析すると，図1のように，大きく二通りのルートがあることがわかってきた。

その1つのルートは，発達障害の特性そのものが親の不適切な行動を招いてしまい，虐待にまで発展してしまうものである。これは上記の事例にあるように，社会性や共感性の乏しさ，あるいはこだわりの強さや見通し

のなさ，物事を深く考える思考力の乏しさというハンディキャップがあるため，子育てがスムーズに行かないという結果に至る。親が自身の障害を自覚しているならまだしも，それに気づいていない場合も少なくなく，間違ったことをしていないという自分なりの認識があることも多い。そのため，虐待事実を問われると，それを否認することなく認めるが，だからといって，その行為を改めようとしない。

　もう1つのルートは，発達障害そのものが直接虐待につながるわけではないものの，発達障害があるがために，家庭や社会の人間関係が円滑にいかず，家事や育児という生活面でのつまずきが生じ，そのストレスが子どもの虐待に向かうというものである。考えてみれば，通常の子育てにおいても，どの親も相当なストレスを経験している。子どもの気持ちが十分に汲み取れなかったり，思いもよらないハプニングで予定したことができなかったりすることはよくある。しかし，そのような場面に非常に弱い発達障害者の親の場合，定型発達の人々をはるかに超えるストレスや不安を経験する。時にはパニックになったり，衝動的に子どもに暴言や暴力を向けることにもなりかねない。したがって，このような親は自分のストレスにどこまで自覚があるのかが重要なポイントとなる。自覚のある場合は，ストレスゆえに自分が不適切な子どもとのかかわりをしていることに気づきやすいし，指摘されれば気づけることも多い。

　いずれにせよ，発達障害と虐待がどのようなメカニズムでつながってしまうのかをしっかり把握することが，介入への大切な糸口になる。その際，親自身が自分の虐待行為をどのように捉え，虐待という認識がどこまであるのかも，支援の方法を考えるうえでの重要な指標となる。また，そのことが今後の障害受容の促進につなげていく可能性を開いてくれる。

4　子育てに求められる4つの柱

　さまざまな発達障害のある親の虐待事例を通じて，改めて子育てに求め

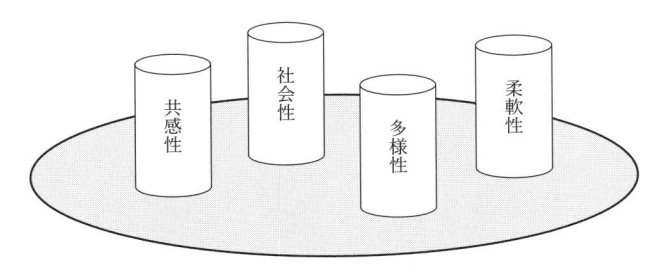

図2　子育てに求められる4つの柱

られているものとはいかなるものかを考えさせられる。筆者は，図2のように，「社会性」「共感性」「柔軟性」「多様性」という4つの大きな柱が子育てを支えているのではないかと考えている。それぞれについて，以下に説明していきたい。

1－社会性

　まず第一に子育てを支えるものとして「社会性」が挙げられる。やや乱暴に言ってしまえば，子どもが成長するということは，その子なりの年齢にふさわしい社会性を身につけていくということではないだろうか。赤ちゃんから子どもへ，そして子どもから大人に成長していくプロセスは，その発達段階ごとに求められる社会性を身につけていくことでもある。具体的に言えば，おむつをしていた幼児が養育者からトイレットトレーニングを施され，一人で用便ができるようになる。これはまさにひとつのあるべき社会性を身につけたことになる。あるいは，もう少し年齢が上がって，公園で友だちとおもちゃの貸し借りをしながら遊ぶことができるようになったとする。これもまたひとつの重要な社会性の獲得である。さらに言えば，幼稚園や小学校に行くと，幼稚園なら幼稚園の，小学校なら小学校のルールがあり，自分なりに感情をコントロールしながら行動をそのルールに合わせていく。つまり，年齢が大きくなればなるほど，ますます高度

な社会性を学習していくわけである。

　そのような視点で捉えるならば，子育てという行為は，子どもの社会性を育んでいく行為であり，突き詰めれば，子育て自体が社会化された行為と言える。つまり，子育てというのは，養育者が身につけている社会性を子どもの内に育んでいくプロセスそのものである。

　ところが，発達障害のある親の場合は，障害特性ゆえに自身の社会性が十分身に付いていなかったり，うまく機能しなかったりして，子どもにうまく社会性を育むことができない。そうなると，子育てそのものがどこか社会性の乏しいものになってしまい，それが極端な場合は虐待という結果に至ってしまうことになる。

2－共感性

　次に，「共感性」について取り上げたい。本来，子どもはある程度の年齢になるまで他者に依存して生きていかねばならない。特に，乳児は養育者である親に全面的に依存しなければならず，児童期から思春期，そして青年期にかけて依存の度合いは減少するものの，経済的にも精神的にも親から自立できるまでには相当な歳月を要するのが一般的である。逆に考えると，子どもの身になって考える親の献身的な養育姿勢や共感力があるからこそ，子どもは安心して依存ができる。つまり，子どもが安全で安心な環境に安住できるためには，親の共感性が不可欠である。

　また，その共感性は，子どもにとって大きな成長の基盤ともなる。子どもの身になってやれる親の共感性があることで，子ども自身も自分のことを振り返って成長することが可能となり，喜び，怒り，悲しみといったさまざまな感情を自覚するのである。このような親の共感性があることで，子どもとの情緒交流が促進され，子ども自身もそこから自己の感情を分化させたり，それをコントロールすることを覚えていく。

　しかし，ここでも発達障害のある親はつまずいてしまう。親の共感する能力が不十分である場合，子どもの気持ちを察知できず，子どもとの関係

性において不全感が残されてしまう。子どもとの情緒的なズレや行き違いが，時として思わぬ方向に事態を向かわせ，親自身も意図せぬままに虐待という行為に至ってしまう。

3－柔軟性

そして，「柔軟性」という柱も子育てになくてはならない。子育ては一見，同じことの繰り返しで，毎日同じルーティーンのように見えるかもしれないが，実際はそうではない。子どもの体調や機嫌をはじめとし，その時々の状況によって，親は子どもとの接し方を微妙に調整している。そのため，ある程度育児書は参考になるものの，その通りには決していかない。マニュアルが時には子育ての弊害になることもある。一人ひとりの子どもによって発達のあり方も違うし気質も違うため，当然と言えば当然のことかもしれない。

いずれにせよ，子育てというものには親の臨機応変な対応が要求される。言い換えれば，親は一人ひとり異なるその時その場の子どものニードに応じた対応をすることで，危険を回避したり子どもを伸び伸びと育てることができ，育児そのものに広がりや幅をもたせられる。この柔軟性こそが，子どもの発達を促し，場面や状況に即した適応力を子どもの内に養う。

しかし，ここでも発達障害のある親はこだわりが強かったり，マニュアルや一度決めたことを厳格に貫こうとしやすいため，子育てがスムーズにいかない。そうなると，親自身が先行きの不安に身動きが取れなくなり，子育てそのものが窮屈なものになって余裕を失ってしまう。

4－多様性

上記3つの「社会性」「共感性」「柔軟性」という柱は，子育てになくてはならないものであるが，発達障害のある親にとって，いずれもここに大きなハンディキャップを伴う。もっと言うならば，彼らの場合は，いずれ

の柱も相互に影響し合い，結果的には互いに親の余裕を失わせ，ますます柱としての機能をなくしてしまいやすい。例えば，乳児が少し体調を崩し，数日ミルクを飲む量も少なかったとしよう。親にしてみれば，なぜミルクをしっかり飲んでくれないのかわからず，一種の危機場面となりやすい。しかし，乳児にも食欲のある時とない時があるという常識的な考えに当てはめれば大騒ぎをすることでもなく，少なくとも発熱がなければしばらく様子を見ておけばすむ，という考え方もある。あるいは，子どもの顔色や泣き方がいつもと同じかどうかを判断し，ひとまず元気で機嫌がよいかどうかを感じ取るのも適切な対処方法である。子育てとは，そういった社会性や共感性を活かしながら危機場面を回避したり乗り越えていくものであるが，それができないばかりに大きな不安が渦巻き，時にはパニックになったりもする。逆に，今度はその不安にさらされないようにと，マニュアルに書かれたことを厳格に貫こうとして柔軟性をなくしてしまう。そうなると，毎日無理矢理にでもミルクを赤ん坊に飲ませようと，泣き叫ぶわが子にミルクを強引に与えてしまう。要するに，「社会性」「共感性」「柔軟性」という柱同士が互いに足を引っ張り合うようになってしまうわけである。

　ところが上記の3つの柱をがんじがらめにする鎖から解放してくれるのが，4つ目の柱の「多様性」である。それを示したのが図3である。

　そもそも人が成長するというプロセスはさまざまである。発達が早い子どももいれば，緩やかな成長を遂げる子どももいる。あるいは感受性の強い子もいれば，大きな物音がしても目を覚まさない子もいる。それと同時に，親のほうも個々の生い立ちのなかで身に付けた個性や能力を発揮しながら，それぞれに応じたやり方で子育てをする。これが正解であるという子育てはないし，マニュアルに書かれていない子育ても数限りなく，百人百様の子育てがある。子どものことが尊重され，その育ちが保障されていれば，それは立派な子育てであると言えるのではなかろうか。「多様性」とは，そのような子どものさまざまな発達のあり方を認め，いろいろな育みの方法を保障することである。

　発達障害のある親の場合，一般的な子育てが仮にできなくとも，その人

発達障害の特性でもあることから，子育てにはハンディキャップを伴う。

多様性こそががんじがらめの鎖を解放してくれる。

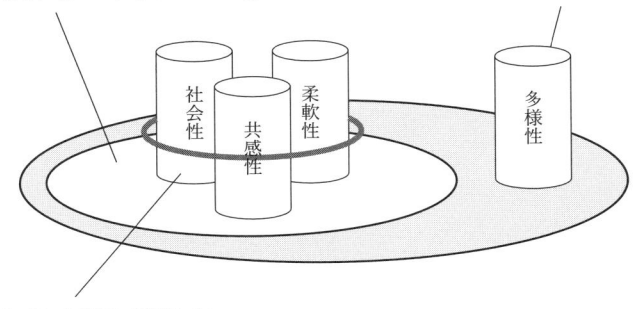

社会性　共感性　柔軟性　多様性

それぞれが相互に影響し合い，結果的には子育てをする親の自由を奪ってしまう。

図3　子育ての多様性への着目

なりにもっている能力を存分に発揮し，子どもを成長させることができたらそれに勝る子育てはない。料理が作れず，子どもに食事を提供できない親であれば，スーパーで調理された食品を食卓に並べるだけでよしとする。なぜなら，これもひとつの子育ての技術だからである。子どもの栄養状態が満たされ，体重の増加が見込まれれば，その親にとってはそれで十分な子育てである。料理をすることに得手不得手があるうえ，障害の特性が料理をする能力を阻んでいるなら，手料理を作らずにすませる子育ても当然あってよい。料理が作れなくてもいろいろな方法で食事の提供はできるのだから，むしろその多様性が活かされることが重要になってくる。

　子育てをする親を支援する際，この「多様性」に着目し，その親に見合った子育てを提案し，サポートすることが大切である。そのためには，その親にどの程度の養育力があるかをしっかりアセスメントして見極めることはもちろん，支援者の側も子育ての多様性を認め，多様な支援方法を持ち合わせていなければならない。

　通常の虐待事例では，支援者は「子どもにもっと愛情をもって育ててあげてください」「そんなことをすれば子どもはどれほど傷つくかわかって

あげてください」と虐待をする親に働きかけることが多い。このように情緒的に訴えかけ，親に養育の改善を求めるアプローチが有効となることも多いからである。しかし，共感力が不十分であるなどの障害特性をもっている親には，いくらこのような働きかけをしても効果がなく，改善があまり期待されないことも少なくない。それよりも彼らに活用できる具体的な子育て技術を教えることのほうが行動の改善を促しやすい。そのためにも支援者は，次に述べるような，発達障害についての知識やかかわりの技法を豊富に身に付ける必要がある。そして，そのための研修をより充実させていくことが今後の大きな課題である。

5　子育てをスムーズにする支援のコツ

　ここでは発達障害のある親に対する支援のコツを何点か述べたい。

1－親の発達障害の特性と行動パターンを把握すること

　まず支援者が親の発達障害の特性を把握し，保護者の言動や思考のパターンを見つけ出すことが，かかわりの際には有効である。そうすることにより，彼らといかにコミュニケーションを図っていけばいいのかというヒントも得られる。発達障害と一括りにされることが多いが，障害の種類も度合いも千差万別である。だからこそ，それぞれの障害の特性に合わせたかかわりを考えていくことが何より必要なのである。

　支援者はまず「もし自分自身にも目の前にいる親と同じような障害特性があったらどうするだろうか」と考えてみるのもいいかもしれない。一度は親の立場に立脚してみると，想像以上に育児に戸惑い，ストレスを感じていることに共感できるはずである。社会性やコミュニケーションの能力に問題を抱え，対人関係につまずいてしまいがちな親にとって，支援する側のこのような高い共感力とかかわりの能力がここでは大いに必要となる

ことを忘れてはならない。それらを十分に働かせながら，支援者は親へのかかわりのヒントやコツを見出していくことになる。

2－わかりやすく具体的であること

　発達障害を抱える人へのかかわりで最も端的に求められることは，わかりやすく具体的であることである。これはもちろん発達障害のある人に限ったことではなく，定型発達の人にも共通して言えることである。ただ，定型発達の人は相手の意図することを想像できたり，言外の言葉の意味を読み取れたりするので，多少複雑であったり抽象的であったりしても理解はそれなりにできる。しかし，発達障害のある人にとっては，当然意図を汲み取ってもらっているはずと思う内容でも意外と理解が届いていなかったりする。そのため，わかりやすく具体的であることが求められる。

　例えば，口頭で伝達するだけでなく，図で示したり文字で記述するといった視覚化が有効なこともある。次回の面接日を決める際にもその日時を書いたメモを手渡したり，今回の面接の内容を箇条書きでもいいので目に見えるようにしておく。耳で聞くだけでは記憶に残りにくく，間違いや勘違いも生じやすい。それを記録として残しておくと，後日目で確認もできる。

　面接では，回りくどい言い方をせずに，単刀直入に伝えたいことを話すほうがわかりやすいこともある。また，一度に多くのことを盛り込まず，必要最小限のことだけを言うのも，ひとつの工夫である。話し方だけでなく，予定される面接時間，面接の目的，どのようなことが話題となるのかといった面接内容をあらかじめ明確にしておき，面接そのものを構造化しておくとよりわかりやすくなる。いずれも，その基本となるのはわかりやすいことと具体的であることである。なかには長時間の電話での対応に苦労する支援者もいるが，可能な限り，顔と顔が向かい合う面接が望ましい。なぜなら，聴覚だけに頼らざるを得ない電話よりも，視覚をはじめさまざまな五感が使える面接のほうがわかりやすさにつながるからである。

　整理ができず家がゴミ屋敷になっている親に対して，「必要なものとそ

うでないものを区別して整理してください」「掃除をして部屋を綺麗にしてください」と抽象的な助言をしてもなかなか実行に移せない。それよりも,「衣類のなかで2年以上使用していなかったり,サイズが合わずに1年以内に着用しないと思われるものはまず廃棄してください」「賞味期限が過ぎている食品や臭いがして腐っている食べ物は,今度の生ゴミの収集日の〇月〇日に出してください」と,具体的な手順に基づいて指示するほうが効果的である。あるいは,時間管理ができない親には,日課を図式化するなどして,タイムスケジュールに合わせて行動させるのも工夫のひとつである。なかには,子どもに対する自分の行動を不適切な虐待行為だと認識していない親もいるが,そのような人には法律や規則を呈示するのが効果的な場合がある。子どもになされた行為が法律上は虐待に相当し,それは刑罰法令にも抵触して,法律的な手続きとしては今後どのようなことが予想されるかといったことをチャート図で示すと,具体的でわかりやすいアプローチとなる。先のことが想像しにくく,自分の考えや価値観にこだわりが強い場合であっても,法律という客観的に書かれたルールを目にすると,意外とすんなりと受け入れることも少なくない。そして,法的な手続きの流れがわかると,行動そのものも改善されることがある。

3－ハードルを下げ,できたところを評価すること

　発達障害のある人は,これまで生きてきたなかで周囲から嫌と言うほどネガティブな評価を受けてきている。そのため,自分に自信がもてなかったり,自己肯定感が低い人も多い。子育てについても同様で,その親なりに頑張ってはいても,周囲からは不十分と非難されやすい。

　支援者はこのことをまずは理解しなければならない。いきなり完璧な子育てを求めるのではなく,できるところからステップを重ねながら適切な養育に移行させていく。このような段階的なかかわりのほうが,ストレスや不安を引き起こすことも少ない。例えば,食事の提供がまったくできない親の場合,食材を購入して家で料理を作るというのはあまりに高度すぎ

るテクニックであり，ストレスは相当なものになる。そうではなく，もっとハードルを下げ，とにかく調理されてすぐに食べられるものを購入し，それを食卓に並べるだけで最初はよしとする。これは親の手料理とは言えないかもしれないが，食にありつくことができ，子どもが空腹や栄養失調にならなければひとまずそれでよい。その際，食事がしっかり提供できた親にポジティブな評価を与え，「このような親の行動に子どもは親への感謝の気持ちを抱く」と言ってあげてもいいかもしれない。その段階が踏めたら，今度は簡単に家で作れる一品を食卓に出せるようにする。このように，できたところに肯定的評価を与えながら，しだいにハードルを上げていくことが，発達障害のある親の子育て支援には必要である。

4－事態収拾のための回避方法を身に付けること

　発達障害の特性として，自己を客観視できなかったり，自分のなかで湧き起こっている感情をつかみきれないことがあり，それによって自身が困惑したり不安にさらされたりしてしまう。あるいは，ストレスが蓄積していることがわからずに突然ダウンしてしまったり，怒りのコントロールができずに暴力や暴言に至ってしまうこともある。「自分の気分や感情をコントロールするように努めなさい」といくら助言をしても，それはあまり効果がなく，逆に親を追い詰めていくことにもなる。

　そこで，極度のストレスにさらされてしまう事態や怒りがピークに達することをあらかじめ想定し，その対処方法を事前に考えておくことがより実用的となる。それは最悪な事態に陥らないための方策とも言える。例えば，ストレスが現在どの程度かかっているのかを毎日チェックすることを試みたり，怒りがピークにさしかかったときはその現場をとにかく離れ，しばらく頭を冷やすために散歩をするなど，あらかじめ取るべき行動を用意しておく。そのときになってみて臨機応変に事態に対応するのが苦手な人には，このような事前準備が有効となる。時には，頭のなかがパニックになって，ヘルプの出し方さえ思いつかない人もいるかもしれない。そん

な事態になったらすぐに支援者に連絡し，SOSを出すという方法を事前に確認しておくことも大切である。いずれにせよ，事態収拾のためには，その問題から一旦は身を引き，回避する方法があると学習することが重要である。これは根本的な問題解決にはならないが，虐待などの深刻な事態を避けられる可能性を高めてくれる。

　発達障害のある親のなかには，親子や夫婦などの人間関係をうまく調整できない人がいる。なぜなら，相手の思いや欲求と自分のそれとの間で適度に折り合いをつけていくことがそもそもできないからでもある。そうなると，意見の対立や論争になってしまい，紛争が激化の一途をたどる。そんなときには，お互いに距離を取って冷静になる方法や事態を回避する方法を学習することが極めて有効である。

5－パートナーや家族の協力を求めること

　子育てを一人で行うことは難しい。子どもは，親はもとより，その家族や地域，社会によって育まれていく。そうであるからこそ，子どもにコミュニケーション能力が育ち，関係性が広がり，そこに自然と社会性が身に付いていく。

　しかし，発達障害がある親は障害の特性ゆえにつながりが円滑に形成されないことが多い。それは社会とのつながりだけでなく，パートナーや家族の間のつながりにも当てはまる。そうなると，親は協力者のいないなかでの子育てに孤軍奮闘せねばならず，さまざまな重圧に押しつぶされそうになってしまう。そのような事態に陥らないためにも，支援者は親のパートナーや家族に働きかけ，親の抱えている障害特性への理解や対応，そして育児への協力を呼びかけることが必要となってくる。

6－キーパーソンやカリスマティック・アダルトを活用すること

　事例を見ていると，多くの支援者が発達障害の親への対応に困難を感じ，

かかわりに苦労しているように見える。また，支援者との間で良い関係ができていても，些細なことで関係が途絶えてしまったり，支援者が攻撃の対象となることもしばしば見られる。本来なら，親に寄り添って相談や援助をしてくれる支援者がいると親自身も楽なはずなのに，誰ともつながれないばかりにその親も苦しんでしまう。その結果，ますます事態が深刻化していってしまう。

　ただ，誰ともつながれないように見える事例においても，よくよく関係性をたどっていくと，その親が一目置いていたり，この人の言うことなら耳を傾けるといった特定な人物を発見できたりする。例えば，親が働いている職場の上司であったりすることもある。その人は自分よりも経験や技量が高いことから，親は尊敬の念を抱いており，その人の言うことには従ったりする。あるいは，子どもが通う幼稚園の園長の話は素直に聞き入れたり，生活保護のケースワーカーとの関係は良好である事例もあった。支援者がそのような存在にアプローチし，そこから親に助言をしてもらい，実際に効果を上げた場合もあった。要するに，その親が対人関係においてどこに心の窓を開けているかを発見し，つながりをもっているキーパーソンやカリスマティック・アダルト▼2のような存在を見つけることが介入の糸口になる。

7－医療機関との連携を図ること

　発達障害がある親は二次障害として，うつ病やパニック障害などを併発している割合が高い。そのため，投薬や医師からの助言指導など，医療機関との連携は支援に際して非常に重要なポイントである。

　また，子どもが発達障害と診断され，それを機会に親自身も医療機関とつながりをもつことができ，自己の発達障害にも気づくことができた事例も珍しくはない。これまで支援者の介入がうまくいかず，膠着した状態が続いていた事例であっても，親が医療機関を利用できるようになったことで好転したケースもある。

そもそもこのような親は自身が発達障害であるという自覚がなく，子育てをはじめ，生活全体がうまくいかずに苦悩していることが多い。そのため，親は自己肯定感がもてなかったり，孤立したり，周囲の言動を被害的に受け止めがちとなったりする。そうした事態から抜け出すためには，どこかで自身が発達障害であることを自覚し，障害を受容していくことが必要である。その意味でも，医療機関との連携は欠かせないアプローチのひとつと言える。

8－利用できるサービスを活用すること

　市区町村によって違いはあるが，育児支援家庭訪問事業を行って，定期的に育児支援のヘルパーを派遣している自治体は多い。あるいは，保護者が子どもを置いて外出をせざるを得ない場合のために，外出支援を行っているところもある。利用できるサービスは可能な限り活用し，少しでも子育てが円滑に行くようにするのも望ましい支援のひとつと言える。
　知的障害を伴う保護者の場合は療育手帳，精神障害を患っている人には精神障害者保健福祉手帳が交付されるが，そのような認定を受けている場合はより多くのサービスが受けられるため，それらを活用していくのもひとつの選択肢である。

9－支援者とのかかわりのルール化を図ること

　発達障害のある親は他者の気持ちへの理解や配慮に欠け，自分勝手なかかわりや一方的な要望や意見を押しつけてきやすい。そのため，時にはそれがいわゆるクレーマーのように支援者には感じられ，対応困難な親というレッテルを貼ってしまいがちとなる。
　しかし，そのような親の言動はひとつには障害という特性に起因していることをまず理解したうえで，できることとできないことを明確に区別して伝える，機関としての限界がどこにあるかを明示するなど，支援の線引

きをはっきりさせることが必要である。それができると、意外と親は納得することがある。支援者としては、相手の気持ちを尊重しようとしすぎるあまり、はっきり要求を断らず、曖昧に返答してしまうことも多くなる。特に、こちらの気持ちも察してほしいという暗黙の了解を美徳とする風潮も日本にはあるため、なおさらかもしれない。しかし、発達障害のある親にはそれがわかりにくく、しばしば逆効果となってしまう。

支援者と親の間で一定のルール設定をしておくことも、よりよい支援を目指すうえでは重要である。例えば、無理難題を要求してきたり、支援者の都合を考慮せず長時間の電話をしたり、約束もなく頻繁に来訪するなどの対応として、あらかじめルールを設定しておく。そうすると、「これはルールです」と言って無理な要求を断ることができ、たとえ親からの要求に応えなくても関係が悪化せずにすむ。しばしば支援者が相手の要求を断る理由を長々と説明せざるを得ない場面に直面するかもしれないが、その説明が親の納得を引き出すことはまれである。それよりも、ルール化して望ましい行動規準を提示されたほうが親にとってもわかりやすく、トラブルにもなりにくい。臨機応変な対応を苦手とする人や、一貫性のない対応をされると逆に不安を感じて戸惑ってしまう人もいる。だからこそ、ルールとして規準が明確に存在することが、そのような人にとっては行動の枠組みとなり安心を与えるわけである。

おわりに

社会に発達障害の概念が広がってきていることは事実であるが、成人の発達障害者のことは十分に理解されておらず、彼らの苦悩に周囲の者が十分に理解をしているとはまだまだ言えない。ましてやそれが犯罪や虐待などの問題行動にかかわる事象ともなるとなおさらのことである。

本論では発達障害のある親の虐待について述べたが、この分野の研究は始まったばかりと言える。ましてや、そのような親への支援ともなると、

まだ手探り状態で進めているのが現状である。

　子育てを支える大きな4つの柱のところで述べたように,「多様性」は発達障害のある親の子育てには重要なものとなる。ハンディキャップのある親にとって,不適切な養育や虐待に至ったりすることがなければいろいろな子どもの育て方があっていいだろう。通常とは違う子育てであっても,周囲の人の子育てとは少しギャップがあったとしても,その親なりの工夫や努力があって子どもを健全に成長させていけたら,それも立派な子育てである。それを前提に支援が広げられればと願っている。

▼註

1ーーー乳児ゆさぶられ症候群とは,乳児が激しくゆさぶられたときに起こる重症の頭部損傷のことである。乳児は頭が重く頸の筋肉が弱いので,ゆさぶられたときに自分の力で頭を支えられず,結果として脳に損傷を受けてしまう。

2ーーーカリスマティック・アダルトとは,子どもにとって自分のことを心底から信頼してくれる良き理解者としての大人を指し,その存在がその子どもの能力を発揮させたり,成長を促進させていく。

▼文献

浅井朋子ほか（2005）高機能広汎性発達障害の母子例への対応．小児の精神と神経 45-4；353-362.

橋本和明ほか（2013a）発達障害が疑われる保護者の虐待についての研究ーーーその特徴と対応のあり方をめぐって．子どもの虹情報研修センター平成23年度研究報告書.

橋本和明ほか（2013b）発達障害が疑われる保護者の虐待についての研究（第2報）ーーーその特徴と対応のあり方をめぐって．子どもの虹情報研修センター平成24年度研究報告書.

細川 徹・本間博彰（2002）わが国における障害児虐待の実態とその特徴．平成13年度厚生科学研究（子ども家庭総合研究事業）報告書 第6・7；382-390.

門 眞一郎（1999）発達障害と虐待ーーー情緒障害児短期治療施設でのケア．世界の児童と母性 47；32-34.

Psychogiou, L., Daley, D., Thompson, M. et al. (2008) Do maternal attention deficit/hyperactivity disorder symptoms exacerbate or ameliorate the negative effect of child attention deficit/hyperactivity disorder symptoms on parenting? *Dev Psychopathol* 20; 121-137.

白石雅一（2005）発達障害と児童虐待ーーー予防と早期介入に関する実践報告と考察．宮城学院女子大学発達科学研究 5；31-43.

杉山登志郎（2006）子ども虐待と発達障害ーーー第4の発達障害としての子ども虐待．小児の精神と神経 46-1；7-17.

杉山登志郎（2007）高機能広汎性発達障害と子ども虐待．日本小児科学会雑誌 111-7 ; 839-846.
Sullivan, P.M. and Knutson, J.F.（2000）Maltreatment and disabilities : A population-based epidemiological study. *Child Abuse & Neglect* 24 ; 1257-1273.
芳賀彰子（2010）知的に正常な発達障害がある母親への心身医療と発達障害児の養育環境．心身医 50-4 ; 293-302.

2-4
発達障害のある小学生・中学生の学校生活支援

小川聡太

1 「支援をつなぐ」ための取り組み

　幼稚園に通うA君は，待つことが苦手で集団活動の際はいつもみんなから離れてうろうろと一人遊びをしているような子どもだった。幼稚園の先生との相談の結果，見通しをもたせることが大切と考え，活動の流れを絵カードで示す支援を行うことになった。その支援により，A君は徐々にではあったが集団活動にも参加できるようになり，最終的には運動会や卒園式にも参加することができた。
　小学校への入学を意識する時期になると，A君が入学する予定の小学校から特別支援コーディネーターの先生たちが，A君をはじめ支援が必要な子どもたちの幼稚園での様子を見に来てくれるようになった。また，幼稚園からも小学校へ出かけて体験学習をする活動が企画され，子どもたちが小学校での生活を知る機会を設けてくれている。

　幼稚園から小学校，小学校から中学校，中学校から高等学校など，在籍場所が変わる際の引き継ぎが重要であるという認識が学校関係者の間で広まり，各地域で支援をつなぐためのさまざまな工夫が行われるようになってきている。特に幼稚園および小・中学校では，単なる文書等の引き継ぎだけでなく，A君のエピソードのように，進学先の学校の教員が早い段階で在籍校へ出向いて実際の様子を観察したり，在籍校でも進学先の学校への体験学習を実施し，児童生徒の様子を見てもらったりすることもよく行

われている。また，旧担任と進学先の学校の教員とで，今までの児童生徒の様子や支援の方法などについて，入学前からの引き継ぎが行われている。その際「移行支援シート」と呼ばれるような，子どもの実態やこれまでの支援を簡潔にまとめた書類の活用も広がってきている。さらに，在籍校の教員と保護者との話し合いに進学先の学校の教員も参加してケース会議を開くなど，さまざまな工夫が行われている。

　自閉傾向のあるB君は，1番になることへのこだわりが強く，何かに負けることがあるとパニックになってよく大泣きしていた。次第に競争する場面を避けるようになり，集団活動にもあまり参加しなくなっていた。心理検査からは，言葉はよく知っているが意味の整理がついておらず，状況を読み取ることも苦手であることがわかった。小学校へ入学するにあたり，保護者が通常学級か特別支援学級かを選択しなければならず，幼稚園の先生や小学校の先生，その地域の心理職，教育委員会担当者などが集まり，長期にわたり保護者の相談に乗ってくれた。そのなかで，幼稚園からは園でのB君の様子とどのような支援を心がけてきたかが伝えられ，小学校からは実際の学校生活ではどのような活動が多く，どのような支援ができるかということが伝えられた。心理職からは，子どもの特性に応じた支援のあり方などの助言があった。相談の結果，保護者は通常学級で個別的な支援を受けながら学習するという選択をすることになった。
入学式前日には，B君と保護者で入学式の準備が整った体育館で入場練習を行った。このような手順を踏んで本番に臨んだおかげで，B君は落ち着いて入学式に参加することができた。そのことを，保護者はもちろん，幼稚園，小学校の教員たちは本当に喜んでいた。B君は現在も通常学級で教員や友だちに支えられながら学んでいる。

　新しい学校に進学するということは，変化が苦手な発達障害の児童生徒にとって想像以上の不安と負担が伴う出来事である。このような「支援を

つなぐ」取り組みは，そのような不安や負担を減らし，少しでもスムーズに移行できるためにとても重要になってくる。そして，そのなかで実は保護者も大きな役割を担っている。

　幼稚園側は子どもの実態やこれまで行ってきた関わり方の工夫などについて，小学校側にそれをしっかり伝えたいと思っていることが多く，小学校側もそれを知りたいと思っている。ただし，引き継ぎは児童生徒の個人情報に関わるため，保護者の同意のもとに行われるべきものである。このことから，スムーズな移行を考える場合，保護者の協力が欠かせない。保護者には，子どもたちの不安をやわらげ楽しい学校生活のスタートを切れるよう，引き継ぎに積極的に協力することが望まれる。

　また，学校側は児童生徒の学校での様子だけに限らず，幅広く児童生徒を理解したいと思い，家庭での様子や関わりについても知りたいと考えている。そのため，保護者も伝えておきたいことや不安に思っていることをメモにまとめておくなどし，積極的に情報をやりとりしていくことが望まれる。

> 　C君が暮らす地域では，独自の支援ファイルを作成している。そのなかには「移行支援シート」という引き継ぎのための情報を記載するシートがあり，学校からの情報と家庭からの情報，関係機関からの情報などをそれぞれ書き込めるようになっている。
> 　C君の保護者は，とても熱心に移行支援に参加しており，「今まで小学校が行ってきてくれた支援を何とか中学校でも行ってほしい」と考え，移行支援シートの作成に積極的に携わってくれた。保護者の働きかけもあって，中学校に入学すると早々に学校と保護者とのケース会議が開かれ，移行支援シートの情報をもとにC君に対する支援が話し合われた。後日，ケース会議や移行支援シートの情報はC君に関わる教員の間で共有された。

　小学校から中学校へと環境が変わることは，発達障害の有無にかかわら

ず，すべての子どもたちにとって大きな変化であり，さまざまな点で戸惑いを感じやすい。学習に関するところでは，定期考査があることや教科ごとに提出物が課せられることなどが挙げられる。生活に関することでは，校則の遵守，部活動や子ども同士での問題解決の重要性など，システムの変化や年齢的課題も絡んで集団自体の性質の変化も現れる。集団としても「大人扱いはしないが子どもとして見ない」という微妙な立ち位置を求められる。このため，変化が苦手な発達障害の生徒にとっては，我々が想像する以上の負担がかかっていることを意識し，丁寧に対応に当たるべきである。

特に教科担任制になることの変化は大きく，該当する生徒に関わる大人の数が小学校までと比べて格段に増えることから，教員間の共通理解が重要なポイントとなってくる。学校では普段から教員間の日常のコミュニケーションによる情報交換は十分に行われているが，C君のエピソードのような共通理解のためのツールの準備やケース会議のような場の設定も重要である。

> D君は，少し発音が不明瞭なところがあり，特定の音が上手く発音できないことから病院の言語訓練に通っていた。小学校の先生は，保護者に了解を取り，その言語訓練の様子を見学させてもらった。訓練では，専門的なトレーニング以外に学校でもできそうなことがあったので，学校の先生は，訓練士からその意図と留意点を聞き，学校でも毎日少しずつD君とその訓練を行ってくれた。その結果，D君の発音は徐々に改善され，今ではほとんど気にならない程度になった。

幼稚園→小学校→中学校→高等学校といったライフステージごとの縦のつながりのほかに，関係機関との横のつながりもその子どもに応じた支援をしていくうえでは重要なポイントになる。例えば，医療機関では，障害の特性やそれによって起こりやすいことなどの専門的な見解を聞くことができるし，訓練や療育を行う機関では，どのようなことをどう教えること

が効果的かを教えてくれるはずである。学校側は，その子どもをどう支援していくかを考えるために関係機関からの情報を求めているし，関係機関側も学校での様子やそれがどう変化してきたかについての情報を求めている。このような横の連携が充実すれば，子どもに対する支援の質を向上させることにつながる。

2　「個別の指導計画」を通して子どもへの関わりと成長を共有する

　Eさんは，自分の荷物を整理することが苦手で，忘れ物が多かったりと，学習面よりも生活面に課題が多い子どもだった。学校との懇談の際，個別の指導計画の目標に挙がっていた「当番を忘れずにする」という目標を見た保護者は，「こんなことできんことのほうがおかしいんちゃうん？」と言っていた。そこで学校の先生から，できていないのはEさんだけではないこと，この年齢ではこのような簡単な役割を果たすことが重要な年齢的課題であることなどを丁寧に説明したところ，保護者も納得していた。そして，本人の工夫と先生の支援により，Eさんは当番の仕事を忘れることなくできるようになり，結果的に褒められることで自信にもつながった。年度末の懇談では，保護者から，「普段は日々の生活に追われて気づかんけど，こう見たらちゃんと成長しとんやなあ」「こうやって一つひとつ褒めてやらんといかんのやなあ」といった喜びの感想が伝えられた。

　学校における保護者懇談は，保護者と教員との情報交換，本人への関わり方の確認の場として重要な機会である。ただ実際には，学校側は学校での困った様子ばかりを伝えたり，保護者は子どもの成長しない点や学校への不満を伝えたりするだけになってしまっている場合も多い。こういったとき，個別の指導計画を活用することで，子どもの成長を中心に据えた懇談をすることができる。個別の指導計画は，その学年もしくは学期にどの

ような目標にどう取り組むかを計画し，それがどの程度達成されたかを示すもので，小・中学校では作成されることが多くなってきている。

　先のエピソードのように，保護者は子どものことしか知ることができないため「こんなことはできて当たり前，早くみんなと同じようにできないと，もっとできるように……」と高いレベルのことを考えて焦りがちである。そこで，教員から他の子どもやクラス全体の状況，発達段階を考慮した意見を聞くことで，その子に応じた具体的なレベルの目標を設定していくことにつながっていく。そして，目標が達成できたかどうかを一緒に確かめることで，子どもが確実に成長していることを一緒に実感できるのである。

> 　元気な反面，落ち着きがなく学習中でもすぐに席を立ってしまうＦさんの保護者は，「もっと集中力をつけてほしい」という希望をもっていた。それを受けた先生が個別の指導計画の目標に挙げたのは，「国語の学習で使うプリント１枚に離席せず座って取り組む」ことだった。当面の目標をプリント１枚に限ったのは，見通しをもちやすくし，本人にもどこまで着席することを意識して頑張れば良いかを伝えやすいと考えたためだ。この指導は効果を上げ，結果的にプリントに取り組んでいる時間以外での離席の頻度も下がることとなった。
> 　また保護者懇談の際，家庭でも具体的に何かを決めて取り組むことが大切だという話になり，相談の結果「テレビを消して宿題に10分間以上取り組む」ことに決まった。というのも，母親からは「宿題をするときでもテレビのほうに気を取られてしまう」という話だったが，よく聞いてみると，家では何となくずっとテレビが点いている状態だということが分かったからだった。後に母親からは「私自身が良い見本になっていなかったかも」というコメントが聞かれた。

　個別の指導計画の目標の設定にあたっては，目標の具体化がとても重要である。これは，その子どもにどういう風に育ってほしいのかという長期

的な視点での目標から，さしあたってどういうことを目標にするかという短期的な目標までを具体的に決めるという作業である。例えば，保護者が「もっと集中力をつけてほしい」と言った場合でも，「集中力を向上させる」というような目標は抽象的すぎて何をどう教えて良いかわからない。一方，「プリント1枚を離席せずに行う」というように具体的な目標を立てることができれば，学校でどう指導するべきかはっきりする。それにより，その目標がどの程度達成できたかという評価もはっきりするため，教員と保護者が振り返った際に子どもの成長を共に認めあうことにつながる。そういう意味で目標の具体化はとても重要である。

　また，個別の指導計画の長期目標に応じて家庭用の目標を立て，家庭も一緒になってその子どもの成長に関わっていくことも大切である。それは，Fさんのエピソードに見られるように，保護者自身が子どもを少し客観的に見つめ直し，自らの接し方を振り返ることにもつながるからである。以前に私が同席した学校と保護者との懇談の際にも，保護者から「身の回りのことでも何でも親が先回りしてしまっていたかも」とか「私が口うるさく言いすぎていたかも」といった振り返りが聞かれることがあった。これは，子どもに言って聞かせるだけではなく，経験する機会を与えたり，褒めたり，手伝ったり，見本を見せたりするといった関わりのヒントが，個別の指導計画を通して保護者に伝わったためと考えられる。

　このように個別の指導計画を活用することは「学校ではどう指導するか」「家庭ではどう関わるか」「ここまでできるようになったから，次は何を目標にするか」といったことを学校と保護者が共有し，一緒に子どもの成長を考えていくことにつながる。

3　安心して過ごせる環境と分かる授業

　高機能自閉症のG君は，行動がマイペースなところがあったり，分からないことがあるとイライラして独り言が増えたりする。担任の先生は，

そんなG君を気にかけてはいるが決して特別扱いはしておらず，普段からとても優しく丁寧な口調で児童たち全員に接している。ある日の4時間目の授業中に先生が話しているとき，G君が出し抜けに「あ〜おなかすいたなあ」とつぶやいた。前の時間にプールの授業があって疲れていた児童たちの間に笑いが起こり，先生も「G君はみんなの気持ちを代わりに言ってくれたんだね」と言って笑った。それから先生はG君に対して，同じように思っていた友だちもいること，でも先生が話しているときはみんな声に出さないようにしていること，次からは心の中で思うようにすることを優しい口調で伝えた。

　発達障害のある子どもは，場の空気を読むことが苦手であったり，突飛に見える言動があったりすることから，いじめやからかいの対象になってしまいやすい。そういった事態を防ぐためには，発達障害のある子どもだけでなくすべての子どもたちが良好な関係を築けるようにあらかじめ配慮していくことが必要である。
　そのうえで，発達障害のある子どもの仲間づくりを考えていくことになるが，そのためにはまず教員が良い関わり方のモデルを示すことが大切なことだと感じている。どのように伝えたらその子に分かりやすいのか，どの程度待てばいいのかといったことを，教員が普段の関わりのなかで示すことで，周囲の子どもたちも自然と上手な接し方を学んでいく部分が大きい。私が地域の学校の様子を見ていると，発達障害のある子どもが自然と集団に参加できている場合は，やはり教員から子どもに対する言葉かけや友だち同士のやりとりなど，学級全体の関わり方があたたかいと感じられることが多い。具体的には，G君のエピソードのように教員の話し方がゆっくりとした口調で分かりやすかったり，教員が子どものささいなところをよく捉えて褒めたり，「ありがとう，先生助かったわ」といった言葉がよく聞かれたりする。教員がまず良いモデルを示すことで，それが子どもたちにも波及していく。集団全体がお互いを大切にする雰囲気となるようにしていくことが，発達障害のある子どもの仲間づくりの基本になると考える。

H先生は，いつも授業のはじめにその時間の学習の予定を黒板の左端に書いている。「1．本読み　2．ちいさくかく字　3．ノートにれんしゅう」などというように，縦に順番を書いて示している。児童たちは，それを見て「何を読むん？」「ちいさくかく字やって〜」などと口にしながら，その時間の学習内容を確認していく。H先生はそれを受けて，何のお話を読むのか，使用するのは本なのか練習帳なのかなどの補足情報もそこに書き込んでいる。それを見ながら児童たちは，その時間の学習内容に期待感を高めていく。

　学校生活支援の柱としてまず大切なことに，「分かる授業」ということがある。「分かる授業」にまず大切なことは，その時間の学習内容の目的と流れがはっきりしていることである。これらの情報を子どもたちに伝えるには，導入の話が大切である。授業の上手な先生は，この導入が上手でもある。具体的には先生からの問いかけや雑談，視聴覚教材などで，子どもの「どういうこと？」「どうなっているのだろう？」といった「知りたい」「やってみたい」という興味を起こさせる工夫が，「分かる授業」では行われている。

　また，子どもに授業の流れを初めに伝えておくことも「分かる授業」には大切である。「今何をしているのか」「次は何をするのか」などの情報を，子ども自身が分かっているほうが，学習の効果も上がりやすい。そのため，H先生のエピソードのように，授業のスケジュールを視覚的に示す工夫もよく行われている。こういった工夫は，発達障害の有無にかかわらず，これから取り組むことの全体像が掴めているほうが理解が進みやすい子ども，注意が散漫になりやすく今やっていることを見失ってしまう子どもなど，すべての生徒について「分かる授業」につながっている。

　他にも，授業中に注意集中がしやすいように教室前面の掲示物を制限したり，子どもの特徴に合わせて座席を配慮したりするといった環境面での工夫も大切である。指示が通りにくい子は前の位置に，落ち着きのない子は前以外の方向から視覚刺激が入りにくい位置に，不安が強い子は後ろの

位置に，隣同士の相性も考えて席を配置することもよく行われている。
　このように，学習と生活の両面で子どもが安心して過ごせる環境を整えることが，重要な学校生活支援である。

2-5
発達障害のある高校生の保護者への支援

冨樫敏彦

はじめに

　発達障害児に対する教育的な取り組みが始まって10年ほどが経過する。この間，小・中学校から校内支援体制の整備が始まり，少し遅れて高等学校における取り組みがスタートした。2009（平成21）年8月の文部科学省調査によると，高等学校には約2%程度の割合で発達障害等困難のある生徒が在籍すると推計されている。しかし，高等学校における教育の専門性および校内支援体制の整備については，小・中学校に比べて遅れが目立っている。特別支援学校・高等部においても，軽微な知的障害を伴う発達障害の生徒が増加しており，これまでの教育の枠組みでは対応が難しい状況が見られる。

　一方，保護者は「発達障害に対する周りの無理解」のなかで「自分自身も自分の子どもが何を考えているのか十分には理解できない」という二重のもどかしさを感じながら，手探りで子育てを続けている。

　このため，高等学校および特別支援学校・高等部においては，発達障害教育に対する学校全体の専門性を高めて校内支援体制を整備するとともに，保護者に対する実効性のある具体的な支援を共感的に進めることが喫緊の課題となっている。

1　発達障害のある高校生を養育する保護者の悩み

1－高等学校段階の生徒の発達課題

　高等学校の段階では、将来の就職や進学に向けて、知識や技能だけでなく、社会人としてのマナーや働く意欲・態度など多くのことを身につける必要がある。また、青年期の入口として、他人との違いを感じるなかで自分の性格に気づき、卒業後の進路や就労について考えはじめる時期でもある。

　発達障害のある生徒も、この時期になると自分自身の特性を自覚しはじめ、将来の夢とのギャップで悩みはじめる。また、小・中学校時代から続けてきた行動パターンや態度を社会的自立という観点から見直し、必要に応じて改める努力が求められるようになる。

2－特別支援教育は親が7分で子が3分

　一方、発達障害のある高校生を養育する保護者は、これまで漫然と感じていた不安が現実味を帯びるようになり、社会という大きな壁の前で、先送りしていた養育上の課題の解決を求められるようになる。この時期の保護者は、これまでの子育てを通して子どもの得手・不得手、パニックを起こさない関わり方などは把握できているが、「はたして自分の子育ては正しかったのか」と自問しながら、「親として、これから何をしなければいけないのか」ということについて不安と悩みの日々を送っていることが多い。拠り所はないかとインターネットで検索しても、家庭内のしがらみや悩みにぴったりとフィットする情報は、なかなか見当たらない。

　高等学校および特別支援学校・高等部は、生徒に対する教育のみならず、社会を見据えた子育てを保護者とともに考え、一つひとつ解決していく最終段階と言える。かつて、「障害児教育は親が7分で子が3分」と言われた。これは、学校の教育だけでは子どもは伸びない、髪型や服装、金銭管

理，食事のマナーなど生活全般を担う保護者を，学校の良きパートナーとして育てていかなければいけない，という意味である。障害児教育が特別支援教育に転換され，発達障害が新たな障害として加わった現在でも，子どもの成長には保護者からの支援が重要であることに変わりはなく，「特別支援教育は親が7分で子が3分」と言っても過言ではない。

2　保護者に対する支援

1－幼少時の振る舞いを続ける発達障害の生徒

　発達障害の有無にかかわらず，幼い頃はTPO（時，場所，状況）に合わせた服装や言葉遣いを意識することは難しい。年齢が上がるにつれ，周りの雰囲気を読むことができるようになり，場面や相手に応じた話し方や振る舞いが身についてくる。しかし，発達障害の生徒は，小さい頃に身につけた話し方，行動のパターン，考え方などを続ける傾向が強く，TPOに応じて振る舞い方を変えることが難しい。このため，高等学校の段階になっても，その場の状況や相手に関係なく馴れ馴れしい話し方をしたり，半袖と半ズボンで過ごした小学生時代を引きずり，真冬も夏用の上下服で過ごそうとする生徒が見られる。また，「あなたはキャッチボールが上手だから，将来は野球選手になったらいいよ」といった何気ない言葉にとらわれつづけ，プロ野球選手になるという理想から抜け出せない生徒も見られる。

2－保護者の思いが子どもに伝わらない「もどかしさ」と「あきらめ」

　このような状況に日々接する保護者は，場に応じた振る舞いの大切さや，あこがれだけでは生きていけないことなどを何度も諭した経験を持っている。しかし，話を始めると自分の部屋に行ってしまったり，「そんな

ことはわかっているよ。卒業したらできるから」と切り返されることも多く，子どものためを思う言葉が心に染み入ってくれないもどかしさのなかで，いつの間にか諭すことをあきらめている状況も見られる。

3－子育ての基本スタンスは勇気づけること

　高等学校の段階は，保護者の努力にもかかわらず積み残してきた発達課題を習得する最後の機会と言える。このため，学校と保護者は「積み残してきた発達課題の獲得は，これが最後のチャンスになる」という共通認識を持ち，「子どもさんに対して学校全体で取り組みますので，保護者の方も手を取り合って共に頑張っていきましょう」と勇気づけることが支援の基本的なスタンスとなる。

4－ボトムアップからトップダウンへ──子育て観の転換

　小学校，中学校の段階は，読み，書き，計算などの学業で良い成績を修めることができれば，他のことはさほど気にせず，そのうち身につくだろうと考えてきた保護者が多い。しかし高等学校段階では，これまで気にしてこなかった部分が，社会に出る一歩手前の段階では大きな課題になってくる。この段階は，TPOに合わせた言葉づかいや態度，服装，髪型など，社会人として必要とされる事項の習得に力点を置く必要がある。そのため入学後は，できるだけ早い段階で保護者面接の機会を設け，これまでのボトムアップ（現在獲得している読み，書き，計算などの底上げ）を重視した子育てから，トップダウン（社会人として求められる事項の習得）に力点を置いた子育てに視点を移すよう保護者の理解を求め，家庭での具体的な取り組みにつなげていくことが必要である。

5 — 学校での取り組みを家庭で褒めて伸ばす子育て

トップダウンの観点から「丁寧な言葉づかいや挨拶，服装を身につけること」を学校と家庭の共通課題とした場合，学校では，すべての教職員が丁寧な言葉づかいを心がけてモデルを示すとともに，ビジネスマナーやロールプレイングによる学習，インターンシップ（就業体験）等々，教育内容全般の見直しによる多角的な指導を展開する必要がある。さらに，学校の取り組み状況や個別の指導計画を電話や連絡帳などできめ細かく伝え，保護者との信頼関係を深めていくことが大切である。

同時に，発達障害の生徒は実体験に基づく会話と内省を深めやすいことから，家庭では学校からの情報をもとに，ビジネスマナーの学習やインターンシップなどでの実体験を話題とし，「褒めて伸ばす子育て」を心がけながら，TPO に応じた振る舞いを促していく。

このように，学校がイニシアティブを取りながら保護者が無理なくできる子育てを伝え，学校と保護者の役割を重ね合わせながら分担するという視点が大切である。

6 — 理想的な職業人をモデルにした子育て

「学校での実体験に基づいた家庭での話し合い」に加え，「地域の素晴らしい職業人をモデルとした子育て」も無理のない養育につながる。

百貨店やファーストフード店，ホームセンターなどで勤務する店員は職業人として訓練され，接客態度や服装，髪型などを学ぶ素晴らしいモデルである。家族で町に出かけた際には，店員の言葉づかいや着こなしを，少し解説を加えながら伝えることにより，社会で働く人のモデルをイメージさせることができる。教師は，根気強い仕事ぶりやテキパキした姿勢など，担当する生徒に身につけさせたいモデルを地域のなかに見つけ，普段の家庭生活のなかで成長を促せるよう保護者に伝えていきたい。

7 － 学校が中心となって広げる支援の輪

　ほとんどの保護者にとって発達障害の子どもの養育は初めてのことである。一昔前は，親の会や自助グループなどに参加して悩みを相談したり，先輩からいろいろな情報を得る保護者が多く見られた。しかし近年は，親の会などへの参加者が減る傾向が見られ，親と子の「二人ぼっち」のなかで，孤独を感じながら子育てを続けている保護者も少なくない。
　このため，教師は子育てのパートナーとして保護者の悩みや不安にじっくりと耳を傾けて肯定的に受け止め，一人ひとりに応じたオーダーメイドの子育てを伝えて連携を図る必要がある。また，福祉サービスの利用方法や就労への道筋などの幅広い情報を保護者に伝え，必要に応じて関係機関に紹介するなど，幅広い支援の輪を広げる役割も担っている。

8 － 一家の将来設計

　発達障害の生徒を養育する保護者の多くは，「社会のなかで自立して生活してもらいたい。できれば就職してほしい」と願っている。しかし，「3年後にうまく就職できたとしても，自分たちが年老いたときに，誰がこの子の面倒を見てくれるのだろう」という不安を抱いている。そこで，学校が一緒になって，一家の将来設計を描くことを勧めたい。
　将来設計は，現在の家族構成と年齢をスタートラインとして（図1），5年後，10年後，20年後の姿を，本人と保護者，教師が話し合いながら記入していく。図では，本人が20歳を過ぎたときに，祖母が要介護になる可能性を想定している。祖母が在宅介護を望んだ場合，母親は祖母の介護に労力をとられるため，一人暮らしをしてみたいという本人の希望を取り入れ，グループホームに入所して職場に通うこととした。
　このような将来設計を実際に描いてみることにより，これまで漫然と抱いていた不安がやわらぎ，希望がもてる未来が拓けてくる。さらに，この例の場合には，グループホームへの入所が視野に入ってくるため，調理や

図1 一家の将来設計

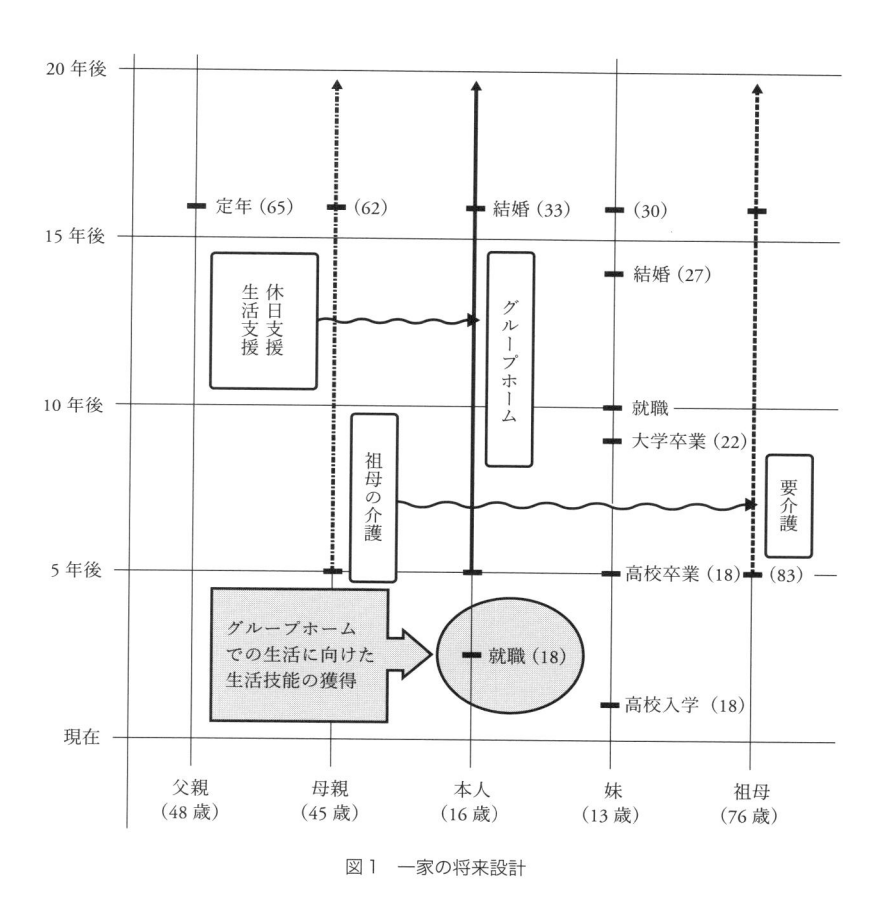

洗濯，計画的な金銭管理なども高等学校在学中の課題となり，保護者と学校による新たな取り組みにつながっていく。

おわりに

多くの保護者は小さい頃からの子育てのなかで，「パニックが起こらな

いように」「戸惑わないように」と，先回して支援のレールを敷いてきた。そして，子どもは自分が本当にしたいことを我慢しつつ，守ってくれる保護者に依存しながら成長してきた。

　思春期を迎え，「自分はどのような人間か」「自分は何をしたいのか」を自分自身に問いかける年代になると，生活面では依存しながらも，自分の希望を前面に出した言動が目立ってくる。諭しても心に届かない，一歩踏み込むと離れていく親子関係のなかで，保護者は子どもとの距離感がわからなくなっていく。しかしそれは，子どもが成長していく過程で，必ず訪れる局面でもある。支援者はこれらのことを念頭に置きながら保護者に向き合う必要がある。社会に出る一歩手前として多くのことを身につける必要があるこの時期，子どもとの良い距離感を保ちながら，将来を見通した子育てを無理なく続けていくための保護者支援を心がけていきたい。

2-6
保護者のネットワークと共助の実践

内藤孝子

はじめに

　発達障害者支援法が 2005 年に施行されて 9 年が経ち，特別支援教育が法律に基づいて実施されてから 7 年が経過した。LD（Learning Disorder：学習障害）等の発達障害のある子どもに対して，さまざまな支援施策が展開され，少しずつ理解は広がってきたが，一人ひとりに適切な支援が行きわたっているかといえば，途上の状況である。

　発達障害のある子どもの子育ては，不安と葛藤の日々であるといっても過言ではない。親の会の会員の多くは，子どもが乳幼児期，「わが子はどこか違う……」と思いながら相談機関を訪れる。さすがに最近は，「「もっと関わってあげて」「言葉をかけてあげて」などとよく言われますが，「どう関わったらいいの？」「目の前のこの子とどうやったら遊べるの？」と途方にくれます」というような事例はほとんど聞かれなくなってきた。しかし，現在，大きな課題となっている成人期に差しかかった発達障害をもつ子どものいる家族は，彼らが幼い頃，具体的な手立てについては示されないまま，「「しつけが悪い」「性格上の問題」と親を責めるような言葉や子どもを叱責する言葉ばかり言われ悩みました」「「親の愛情とスキンシップ不足で子どもが落ち着かない」「LD や ADHD の本を読む暇があるなら，子どもに愛情を持って接してあげてください」と先生に言われたことで悩みました」というように，親自身が否定されるようなことも言われ，相談するとかえってどんどん追い込まれていくこともまれではなかった。それ

でも，試行錯誤を繰り返しながら保護者たちは子育てをしてきたはずだが，ひとつの正解となるような確かな育て方が示されるわけではない。だからこそ，親たちは親の会を立ち上げ，子どもたちが自立して，社会の一員として暮らし，働き，豊かな人生を歩んでいくことを願い，一人ひとりがあきらめたり孤立したりしないで集い，お互いに支えあって活動してきた。

　筆者は，子どもが9歳のとき，1991年に九州地方でのLD親の会の立ち上げに参加した。その後，夫の異動にともない，中部地方，近畿地方へと転居した。専門家から「お母さんは実家に帰って子育てをしなさい」(実家は別の地域)とアドバイスされたこともあったが，きょうだいのこともあり，家族一緒に暮らすことを夫婦で選択した。それも，それぞれの地域での親の会の活動があったからこそできたことだと思っている。つまり，私の子育ては親の会の活動のなかで支えられてきたといえる。2002年より全国LD親の会の理事を務めることになってからは，以後10年以上にわたり，全国各地に暮らすLD等の発達障害のある人やその家族への支援の充実に向けて活動している。

　本論では，LD等の発達障害の子どもたちが生き生きと暮らしていけることを願って，家族が共に支えあい，子どもや家族への理解と支援の充実に向けてどのように活動してきたかを，LD親の会の活動を中心に述べたいと思う。

1　全国LD親の会のあゆみ

　NPO法人全国LD親の会は，LD等の発達障害のある子どもを持つ保護者の会の全国組織である。39都道府県の47団体，約3,200名（2013年6月現在）が参加し，LD等の発達障害のある人の人権が守られ，生き生きと暮らすことのできる社会の実現を求めて活動している。1990年に設立，2008年10月にNPO法人化，そして現在に至る。

1－設立からの 10 年

1990年2月11日，9団体が発起団体となり「全国学習障害児・者親の会連絡会」の設立総会が東京都勤労福祉会館で開催された。当時は，「LD」という用語すら認知度が低く，子どもたちは理解不足と対応不足のなかで苦しんでおり，「子どもたちへの教育を何とかしてほしい」という親の熱い思いで親の会の活動がスタートした。

設立から4カ月後の1990年6月に文部大臣宛に要望書を提出し，以来，ほぼ毎年，文部科学省，厚生労働省等の中央省庁や国会議員や政党に対する要請活動を行っている。1992年4月から，会員向け機関誌『かけはし』を年3回発行する一方，親の手記『ぼくたちだって輝いて生きたい』（1994年），ハンドブック『きみといっしょに』（1996年）を刊行し，啓発活動も進めてきた。1999年には，リーフレット『ここで働かせてください』を1万部発行し，教育期だけではなく就労期の啓発にも取り組みはじめた。1994年，日本LD学会に機関会員として入会し，第3回大会以来毎年，学会大会で自主シンポジウムを開催し，LD等の発達障害のある人への支援の向上に向けて，親の立場から問題提起や提言を行っている。1997年にウェブサイトを開設し，活動の状況，各地の親の会の連絡先，各地の診断相談機関一覧等の情報提供に努めてきた。

その後も全国各地で，「この子の将来はどうなっていくのだろうか」という不安から多くの保護者が立ち上がり，設立から10年後には，43都道府県に56団体が設立され，会員数約2,900名に拡大した。

このような保護者の動きもあり，1999年には，文部省より「学習障害児に対する指導について（報告）」が公表され，学習障害の定義が示された。設立から約10年，「LD」の社会的理解の向上，諸制度の創設や改善への取り組みがようやく動きだした。

2― 21世紀を迎えて

　21世紀に入って、文部科学省・調査研究協力者会議より、「21世紀の特殊教育の在り方について（最終報告）」（2001年）、「今後の特別支援教育の在り方について（最終報告）」（2003年）が公表され、特殊教育は特別支援教育へと大きく転換が図られた。

　「今後の特別支援教育の在り方について（最終報告）」のなかで、「障害のある児童生徒の教育の重要性を理解し、また、草の根的に、独自のネットワークを活用し、献身的に取り組む「親の会」やNPO等の活動の中には、教育の充実や効果的な展開において重要な役割を果たしてきたものもある。今後、教育委員会や学校において障害のある児童生徒一人ひとりの教育的ニーズに対応して質の高い教育をより効果的に推進するためにもこれらの会等とも連携協力を図ることが重要である」（第2章「今後の特別支援教育の在り方についての基本的な考え方（3）」）と述べられたことを契機に、親の会やNPO等の役割も大きく変化した。親の会と行政とは対立関係にあるのではなく、一人一人の教育的ニーズに対応した質の高い教育を推進するために、連携協力を図っていく試みが始まったといえよう。2004年には文部科学省より「小・中学校におけるLD、ADHD、高機能自閉症の児童生徒への教育支援体制の整備のためのガイドライン（試案）」が示された。そして、2006年、学校教育法施行規則が改正され、LD、ADHDが通級の対象に加わった。そして2007年、学校教育法が改正され、特別支援教育が正式に制度としてスタートすることになった。

　全国LD親の会の設立以来の悲願であった「LD等の子どもたちへの教育」が制度としてようやく始まると、各地の親の会には、「うちの子どもはLD？」「LDについて知りたい」という問い合せが多く寄せられてくるようになった。「わが子のために……」と親たちが集まって始まった親の会であるが、いっそう責任ある立場での発言や活動が求められるようになってきた。

　急ピッチで進む転換に呼応すべく、理解・啓発活動として、2001年に

は，理解啓発冊子『LDって何だろう——学習障害理解の手引き』を3万部発行（社会福祉・医療事業団助成を事業）した後，翌年には1万部増刷し，無料配布を行った。2004年には，LD，ADHD，高機能自閉症についての基本的な知識の理解や情報提供を目的に，『LD，ADHD，高機能自閉症とは？』12万部を発行した（福祉医療機構助成事業）。さらに，保護者，関係者，一般市民に向けた啓発活動の一環として，2002年以降，毎年6月に特別支援教育や発達障害者支援をテーマとした「全国LD親の会公開フォーラム」を開催し，継続して理解啓発活動を行っている。

　設立以来，LD等の子どもたちへの理解と支援を求めて活動を続けてきたが，福祉施策における蚊帳の外での活動の感は否めなかった。しかし，2004年2月に「発達障害の支援を考える議員連盟」が発足したことを契機に，発達障害者に対応した法律の成立に向け，他の発達障害の当事者団体と連携するとともに，全国各地のLD親の会が一丸となり国会議員に対する要請活動に行った。その甲斐あって，2004年12月3日，発達障害者支援法が議員立法（超党派）で成立した。発達障害者支援法では，次のようにその目的と定義が明文化されている。

（目的）
第一条　この法律は，発達障害者の心理機能の適正な発達及び円滑な社会生活の促進のために発達障害の症状の発現後できるだけ早期に発達支援を行うことが特に重要であることにかんがみ，発達障害を早期に発見し，発達支援を行うことに関する国及び地方公共団体の責務を明らかにするとともに，学校教育における発達障害者への支援，発達障害者の就労の支援，発達障害者支援センターの指定等について定めることにより，発達障害者の自立及び社会参加に資するようその生活全般にわたる支援を図り，もってその福祉の増進に寄与することを目的とする。
（定義）
第二条　この法律において「発達障害」とは，自閉症，アスペルガー症候群その他の広汎性発達障害，学習障害，注意欠陥多動性障害その他こ

れに類する脳機能の障害であってその症状が通常低年齢において発現するものとして政令で定めるものをいう。
2　この法律において「発達障害者」とは，発達障害を有するために日常生活又は社会生活に制限を受ける者をいい，「発達障害児」とは，発達障害者のうち十八歳未満のものをいう。
3　この法律において「発達支援」とは，発達障害者に対し，その心理機能の適正な発達を支援し，及び円滑な社会生活を促進するため行う発達障害の特性に対応した医療的，福祉的及び教育的援助をいう。

　「発達障害」が法律に明記されたことで，LD も法的に支援の対象と認められることとなり，行政の窓口で門前払いされることはなくなってきた。しかし，発達障害者支援法は理念法といわれ，具体的な支援については示されていなかった。そこで，2005 年に全国 LD 親の会，社団法人日本自閉症協会，NPO 法人えじそんくらぶ，NPO 法人アスペ・エルデの会，NPO 法人エッジの当事者団体 5 団体が発起団体となり，日本発達障害ネットワーク（JDDNET）を設立した。初代代表は当時全国 LD 親の会の会長であった山岡修氏が就任した。JDDNET は，発達障害関係の全国および地方の障害者団体や親の会，学会，職能団体などを含めた幅広いネットワークで，我が国における発達障害を代表する全国組織として，理解啓発・調査研究・政策提言等の活動を開始した。その後，厚生労働省，文部科学省の委員会等に，JDDNET を代表して当事者団体が参画できる機会が格段に増えた。また，各都道府県に設置された「発達障害者支援体制整備委員会（厚生労働省）」「特別支援教育連携協議会（文部科学省）」にも，全国 LD 親の会に加盟する各地の親の会が委員の一員として参加し，家族の立場から発言する場を得ることができるようになった。
　当事者団体として，理解啓発・連携・参画などに取り組んできたこともあり，発達障害のある人への支援施策が少しずつ講じられるようになったことは事実である。しかし，一人ひとりが必要なときに必要な支援を得ていくには，具体的にどのような支援や施策がなされるべきか，支援を受け

る当事者側から「根拠（エビデンス）」を出していく必要があることから，継続的に会員調査を実施し，調査結果を以下のような冊子にまとめて発行している。

 2005 年「教育から就業への実態調査報告書」
 2006 年「LD 等の発達障害のある高校生実態調査報告書」
 2007 年「〈総合版〉LD 等の発達障害のある高校生実態調査報告書」
 2008 年「教育から就業への実態調査報告書 II」
 2011 年「教育から就業への実態調査報告書 III」

 さらに，子どもたちの確かな学びを願って，特別支援教育の質的充実を図るため，当事者団体の立場で研究事業にも取り組んでいる。
 その 1 つが，2006 年から 2 年間，文部科学省から「障害のある子どもへの対応における NPO 等を活用した実践研究事業研究」の委託を受けて実行した「LD，ADHD，高機能自閉症等の発達障害向けの教材・教具の実証研究」である。研究結果は，発達障害児のためのサポートツール・データベース（教材・教具 DB）」をウェブ上に開設，〈ビジュアル版〉LD，ADHD，高機能自閉症等の発達障害向けの教材教具の実証研究報告書」発行した。その後，日本財団より助成を受け，2009 年度から 2011 年度までの 3 年間，「発達障害児のためのサポートツール・データベース事業」として，①教材・教具，実証データの公募と教材・教具の開発，②ウェブサイトの改良，③研修会（全国各地 9 回）の実施の 3 点に取り組んだ。また，2012 年度からは 3 年計画で，あらたに「発達障害児のためのサポートツールの個別の使い方とユニバーサルデザイン化」をテーマに取り組んでいるところである。
 2 つめは，「特別支援教育支援員，ボランティア支援員の養成事業」である。この事業は，2009 年度より，文部科学省から民間組織・支援技術を活用した特別支援教育研究事業（特別支援教育に関する NPO 等の活動・連携の支援）の委託を受け，3 年計画で実施した。「せっかく特別支援教

育支援員がつくなら良い指導をしてほしい」という保護者の願いが原点となって取り組んだものである。特別支援教育支援員の資質向上と活用を図るため，特別支援教育支援員の養成講座の体系化，支援のスタンダードの構築・提案を目指し，講座体系の検討，シラバスの策定，養成講座の試行実施に取り組み，高い評価を得ることができた。2012 年度からは日本財団の助成を受け，3 年間の成果をもとにした「特別支援教育支援員養成事業」に取り組んでいる。広く日本各地で特別支援教育を支える人材の育成・活用を図るために，各地での特別支援教育支援員養成講座（学習支援員コース・支援員コース・ボランティア支援員コース）の本格実施，テキスト等の整備等を行なっている。

◆

　以上のような活動を進めてきているが，残念ながら地域により支援の格差が広がってきている。全国には LD 親の会がない地域もあり，その地域の保護者から，LD のある子どもへ理解や支援がなかなか進まないという声が寄せられたこともあり，2008 年度から本格的に LD 等の発達障害親の会設立支援を行っている。岐阜県，徳島県，長野県，和歌山県，群馬県，大分県，岡山県に LD 等の子どもをもつ保護者が集まり，親の会が設立され，全国 LD 親の会に加盟し，ともに活動している。2013 年度は，福島県，高知県での親の会の設立を支援している。

　特別支援教育の進展に貢献したことが認められ，2007 年に「第 38 回博報賞」「文部科学大臣奨励賞」を受賞，2012 年には「アジア太平洋障害者の十年（2003 〜 2012 年）最終年記念障害者関係功労者」として内閣総理大臣から表彰された。

3－全国 LD 親の会のこれから

　国では，2006 年に国連で採択された障害者権利条約の批准に向けた国内法整備が急ピッチで進んでいる（2014 年 1 月 20 日に批准書が寄託され

ている)。さらに2011年6月には「障害者虐待防止法」，7月には「障害者基本法の一部を改正する法律案」が可決・成立した。「障害者基本法」は障害者支援の基本原則を定めたもので，今回の改正で障害の定義が見直され，第2条において，「身体障害，知的障害，精神障害（発達障害を含む）その他の心身の機能の障害がある者であって，障害及び社会的障壁（障害がある者にとって障壁となるような事物・制度・慣行・観念その他一切のもの）により継続的に日常生活，社会生活に相当な制限を受ける状態にあるもの」と定義され，障害者の定義に「精神障害（発達障害を含む）」と明記されることになった。これは，発達障害のある人の自立と社会参加のための支援がしっかりと障害者施策の枠組みに入ったことを意味する。2012年7月には「障害者総合福祉法」が可決・成立し，2013年4月から施行されている。2013年6月には「障害者の雇用の促進等に関する法律の一部を改正する法律」「障害を理由とする差別の解消の推進に関する法律」が可決・成立した。

発達障害のある人が支援の対象者として位置づけられる時代を迎え，全国LD親の会の活動も全国をまとめる当事者団体として，ますます責任が増してきていることを実感している。

2　生の声

全国LD親の会では，理解と支援を広げていくために，「何に困っているのか？」，そして「どのようなサポートがほしいのか？」について数年に1回調査を行って取りまとめ，LD等の発達障害のある人への理解啓発等の資料としている。調査結果から，学校生活のなかでの孤立という側面からみた「生の声」の一部を紹介する。

保護者の声
- 集団生活のなかでの「暗黙の了解」が理解できないため，周りの

子から，言うことを聞かない・怠けている・やる気がないと思われてしまう。先生方だけでなく，上級生・下級生にも本人のことを理解してもらわなければならないのが大変である。
- 友達ができず淋しい思いをしているのを見ると，親としてどうしたらいいか悩んでいる。
- 今の息子の夢は，「クラスのお友だちと放課後遊ぶこと。友だちの家に遊びに行くこと」だが，どうしてやることもできない。もちろん，息子の側にも，みんなに敬遠されるような原因があるのだと思うが，親としてつらい。
- 友だちとうまく遊べない。運動が苦手でなかなか仲間に入れてもらえない。不器用なので図工，音楽の授業についていけない。

本人の声
- ふざけてなんかいないのに，「ちゃんとしなさい」としょっちゅう叱られる。
- 休み時間にサッカーやドッヂボールの仲間に入れてもらえない。
- 友達と遊びたいのにうまく遊べない。
- 何となく困っていることはいっぱいあるけど，何に困っているかわからない，表現できない。できる人の感覚を体験したことがないので注意されてもよくわからない。
- 友だちがいない。友だちが欲しいがうまくいかない。さみしい。コミュニケーションが取れない。苦しい。我慢ができない。イライラする。
- どうしても授業が聞けずに困ってしまう。授業を聞きたいのに，自分のなかで理解が進まずに困った。
- どうしても先生から注意されることが多くて，毎日「今日も何か言われるんじゃないか」とビクビクしてしまう。
- 成績だけで評価されるのが苦しい。「頑張りが足りない」とか「将来困るよ」とか言われても，自分もどうしていいかわからなくて

泣きたくなる。
- 質問することで理解できるようになるが，質問しすぎて笑われることがあり恥ずかしい。名前が覚えにくい。

　なかなかうまく学校生活に溶けこめない子どもたちである。子どもたち本人も苦しいし，保護者も苦しんでいる。そんな子どもたちのために，地域の親の会では，子どもたちがいろいろな体験をし，成長できるように，子どもたちのペースに応じた活動を会員同士，創意工夫して行っている。

3　地域の親の会の実践

　現在，全国LD親の会に加盟する地域の親の会は39都道府県の47団体である。各親の会にはそれぞれ特徴があるが，いずれの会も会員が主体となって活動をしている。筆者は，大阪LD親の会「おたふく会」に所属しているので，ここではその活動を紹介したい。

　「おたふく会」の活動内容は，会が発足して以来，会員の要望から一つひとつ生まれてきたもので，それぞれの活動は会員が自覚をもって支えていくことで成り立っている。会員が力を出し合って会の運営に協力し合い，そのなかで親自身もともに成長していくことを目的として取り組んでいる。

- 会報「おたふく」──年9回発行
- 会員交流会──会員だけで集まり日頃の悩みを話したり，情報の交換をする（年代別，地域別）。
- 大阪府下の発達障害関連の親の会・支援者との活動──行政や関係諸機関に対して理解や支援を求める要請活動を連携して行っている。
- 全国LD親の会・近畿ブロックの活動──定期的に会議を開き，全国LD親の会からの最新情報の提供を受け，各地域の情報交換など

を行う。
- なんでもエンジョイキッズ――幼児から高校生を対象に,「算数・ゲーム」「アドベンチャー」「絵画教室」「クッキング」などの多様な活動に取り組んでいる。ご指導に来てくださる先生方や学生ボランティアの方々のご協力を得ながら,いろいろな活動を楽しみ,子どもたちの仲間作りの場,会員同士の交流の場として活用されている。
- 学習ルーム――「おたふく会」の子ども活動のなかではもっとも古くから取り組まれてきた活動である。内容は算数指導とゲームに分かれ,それぞれ講師の先生にご指導いただいている。
- アドベンチャー――ハイキングが中心で,整備されていない道を歩いたり,斜面をよじ登る,草をかきわけて行くなど全身の感覚を使う活動。また親以外の大人との交流,異年齢の仲間との触れ合い,各々のきょうだい同士の関わりなどを育て合う効果もある。
- 絵画教室――毎回さまざまな課題をひとつの価値観にとらわれず美術をいろいろな方向から楽しみ,作品を作っている。子ども一人ひとりの気持ちを大切にし,受け止めてもらえる時間となっている。
- クッキング――親子クッキング。自分で作ったものを自分で食べる。ひとつでも多くできることが増え自信につながればと思い実施している活動である
- 女子グループ活動――幼児〜高校生の女子を対象に,講師の先生を囲んでパン作り,クラフト,フラワーアレンジメントなど少人数での活動。
- 中高校生プログラム――中高校生の「居場所作り」やスキルアップを考えていくプログラム。身につけてほしい内容を会員やサポート会員で考え,中高校生が楽しみながら参加できるようなプログラムを目指している。
- 進路進学に関する活動――中学卒業後の進路についての交流や情

報収集。会報の「スクールニュース」コーナーに情報を提供したり，先輩会員の話や，学校の先生からの話を聞く会を催したりしている。
- 「チャンス」の活動——本人たちが青年期にいる自分を知り，社会的に自立し，いきいきと生きていくことができるよう支援するための活動を行っている。例会（研修会，職場見学，施設見学等）を年4回開催。親の交流会や本人活動（余暇活動，研修等）に取り組んでいる。
- 教育相談会——学習のつまずきや学校での悩みについて外部専門家を招聘し，具体的なアドバイスをいただける企画を実施している（幼児，小学生が対象）。
- おたふく会窓口——保護者からの問い合わせの対応のひとつとして，毎月，おたふく会窓口を設け，個別で同じ保護者の立場で話を聞き，おたふく会の活動や関係機関等の案内をしている。「昨日は，あれほど自分が聞きたかったこと話したかったことを共有できる場があるのかと，一筋の光が見えた気がしました。親身に対応いただき，本当にありがとうございました」といった感想もあり，おたふく会窓口は，ペアレントメンターとしての役割も担っている。

おわりに

　発達障害のある人が福祉的支援の対象者として位置づけられる時代を迎えた。しかし，一人ひとりがニーズに応じた具体的な支援を得ていくのはまさにこれからであり，親の会も当事者団体として，ますます責任が増してきている。全国LD親の会の活動・各親の会の活動各地域での一人ひとりのニーズに応じた具体的な支援の充実に寄与できるとともに，支援の広がりに繋がっていくことを願っている。
　地域によって支援の格差が広がることがないよう，あきらめず，あせらず，お互いに支え合って，一歩ずつ前へ進んでいきたいと思っている。

これからも，LD等の発達障害のある人の人権が守られ，いきいきと豊かに暮らすことのできる社会の実現，人間の多様性が尊重される社会の実現を目指して活動していきたいと考えている。

▼文献

NPO法人全国LD親の会（2010）発達障害者支援におけるNPO等の役割に関する報告書——全国LD親の会20年のあゆみ．
大阪LD親の会「おたふく会」ウェブサイト＝ http://www.otahuku.net/
特定非営利活動法人全国LD親の会ウェブサイト＝ http://www.jpald.net/index.html

第3部
児童虐待と子育て技術

3-1
被虐待児と子育て支援

相原加苗

はじめに

　虐待は，子どもの発達に対してさまざまなダメージを与えることが明らかになっており，その支援には子どもの身体的・心理的状態を把握することが重要だと認識されている。しかし，自らが受けたさまざまな傷や思いを率直に話すことのできる子どもは少なく，支援者がその気持ちや心のなかの希望を知ることは一筋縄ではいかない。

　特に精神科臨床で出会う子どもたちは，癇癪の激しさを指摘されたり，「死にたい」と突然打ち明けて驚かれたり，もしくはひどい虐待を受けているのに何の問題もないように見せていることを逆に心配されたりと，さまざまな理由で医師のもとに連れてこられる。このような子どもたちに対して，生活のなかでの安心感なくして単純に「お薬」だけを出しても根本的な問題が良くなることはないし，環境調整といっても限られた社会資源のなかではそう簡単に物事は運ばない。それでも，子どもが成長していく過程で自分自身の力を発揮し人生を引き受けていく強さを子どもに見ることがあり，その陰には日頃さりげなく子どもや家族の支えとなっている「支援者」の存在があることを実感する。

　被虐待児への支援という領域は幅が広く，多様な観点があると思うが，本論では精神科臨床の視点から考えたい。なお症例についてはプライバシー等に配慮し，論旨に差しつかえない程度に変更を加えている。

1　日本における虐待の現状

　虐待は過去からさまざまな形で存在し，そのとらえ方は時代の流れとともに変遷を遂げている。1960年代にケンプ（Kempe et al. 1962）が「殴打された子どもの症候群（battered child syndrome）」という用語を提唱した当時は，深刻な身体的虐待を中心とした，狭い意味での虐待が想定されていた。しかし現在では虐待者の積極的な加害行動だけでなく，必要なケアをしないネグレクトなども含んだ，より広い意味の「不適切な関わり（maltreatment）」としてとらえられるようになっている。

　日本では2000年に児童虐待防止法が制定され，「虐待」は養育者がその監護する児童に対して行う場合に認定され，身体的虐待・性的虐待・ネグレクト・心理的虐待の4つに分類されることが明確になった。続く2004年の法改正では「ドメスティック・バイオレンスの目撃」が子どもへの心理的虐待にあたることとされ，虐待疑いであっても通報をする義務があることなどが示された。わが国の児童相談所における2012年度の児童虐待対応件数は66,701件と10年前の2.5倍以上に達しており，その原因として虐待事例自体の増加以外に上述のような概念や社会的関心の広がりも考えられている。

　このように虐待への認識が進むようになり，早期に支援が行われることが期待されるが，実際の支援体制は追いついていない。2012年度に児童相談所が虐待対応をした事例のうち，児童福祉施設に入所した子どもは1割に満たず，ほとんどが在宅での生活を継続している。都市部では施設の入所に待機も見られる状況から，必ずしも在宅事例がすべて軽症例だとは言い切れず，在宅でありながら手厚い支援が必要な子どもが存在することも予想される。施設体制の整備は必須であるが，今や在宅で生活を継続している子どもの支援は特定の機関に特化して行われるだけでは不十分であり，子どもの日常生活に関わるすべての大人が支援者になりうるという意識が必要になっている。

2　虐待の子どもへの影響

　虐待の子どもへの影響は年齢によって異なり，乳児期は死亡のリスク，幼児期は発達的な問題，学童期以降では情緒や行動の問題などの精神症状や学力の低下が見られることが明らかになっている。このうち精神科臨床では，幼児期以降の傷つきが発達の歪みや精神症状となって現れている子どもに出会うことが多い。

　ところで，子どもの精神症状には大人と違ったいくつかの特徴がある。その特徴として，第一に子どもは発達途上であるため，症状の意味が変化しやすい（例えば指吸いは低年齢では問題ないが，成人では正常ととらえがたい）ことがある。第二に子どもは未熟であるため，うまく問題を言語化できない（身体症状や行動として現れやすい）ことがある。最後に年齢が低いほど養育者に依存している（養育者の影響を受けやすい）ということがある。

　特に虐待の状況下では，子どもは養育者との生活に適応するために自分を変えるしかないため，その葛藤や怒りや不安を行動化によって現さざるをえない。また，本来守られるべき相手から攻撃を受けることで自分を守ることに必死になり，勉強にまで目が向かず学業成績が落ちることもある。学校では落ち着きのない行動や攻撃的な行動，ぼうっとしている，うまくコミュニケーションが取れないことなどが指摘される。思春期になると万引きや放火，喫煙や飲酒，自傷，性的逸脱などの非行に至り，時にはそれが精神障害と診断されることもある。グレイサー（Glaser 2002）は，心理的虐待を受けた子どもたちについて「子どもたちに認められた問題のリストをつくると，それはまるで児童精神医学の教科書の目次のようになる」と表現しているほどである。これらの行動は子どもたちが生きていくために身につけたものであるが，結果として社会から受け入れられず，孤立してしまう原因になる。

　次に，精神科臨床で見られる，子ども虐待に関連する代表的な問題を紹

介する。

1－アタッチメントの問題

　子どもは恐れや不安にさらされたとき，特定の養育者に近づくことで，気持ちを鎮めてもらい安心感を得る（アタッチメント行動）。そしてこのように危機から保護されるという経験を積み重ねることで，他者に対する基本的な信頼や自己の肯定感・コントロール感を育んでいく。しかし，不安が適切に調整されない状態が続くと子どもの行動に変化が起き，長期的な結果として感情調整や共感性，自尊心，ストレス対処行動，社会的行動などに負の影響が出ることがある。特に虐待の場合，安全基地であるはずの養育者が保護を拒絶したり，むしろ危険にさらす行動を取ったりする結果，子どもは危機の際に接近と回避の混ざりあった矛盾した行動を取るようになり，未組織型のアタッチメントのパターンを示す。こうした行動パターンを示す子どもたちには将来の抑うつ，攻撃性，解離，行動上の問題が出現するリスクがあることが示されている。

● 症例
　5歳の男児は母親からの虐待により保護され，児童養護施設に入所した。男児は，大人なら誰にでも構わず抱っこを要求し，できる限り応じようとした職員にはさらに要求を重ね，断られると悪態をついた。また，同年齢の子どもとは些細なことでトラブルになることが多かった。職員のなかには，このような扱いづらい子どもは虐待されても仕方がないと感じる者もいた。男児の母親は感情のコントロールが難しく，母親の気分次第で養育を放棄することもあったため，男児は危機のときに守ってもらえるのか予想がつかないなかで生活をしてきたのだった。施設では担当の職員を決め，男児が不安を感じたときには必ず一貫した対応するようにしたところ，徐々に男児の癇癪や悪態が減り，困ったときには素直に要求できるようになった。

2－トラウマの問題

　子どもの心的外傷（トラウマ）は，自分が危険な状態にあるということを理解できたうえで無力さを感じ，外傷的な出来事の意味を心に刻みつけて記憶したときに生じる。子どもは成人と比べると，無力感や恐怖心よりも，無秩序な行動や興奮した行動を示すことが多い。幼児期では震災後の津波ごっこなどのように，心的外傷のテーマに関連する反復した遊びが多く見られるが，その内容は単調で残酷なことがある。学童期には悪夢，外傷的な出来事に関する再演，過覚醒，大げさな驚愕反応，感情麻痺，恐怖，引きこもり，攻撃行動，集中困難，青年期では不満，攻撃行動が見られる一方で，引きこもり，依存性，性的な行動化，非行，物質乱用などの形で表現されることが多い。

● 症例

父親からの度重なる暴力で施設に入所した小学生の女児は，普段はおとなしかったが引きこもりがちで，集団行動に参加しようとしなかった。あるとき，男性職員が女児に声をかけようと肩に手を置くと，女児は固まって動かなくなり，周囲が移動させようとすると大声を上げ，職員に飛びかかった。後に，女児が父親から暴力を受ける合図が肩に手を置かれることであったことが判明し，女児は入所後，繰り返し殴られる悪夢や不眠が続いていた。

3－解離の問題

　子どもは虐待の痛みに対して，離人感（自分が自分でない感じ），現実感喪失，感覚鈍麻などの解離メカニズムを活性化させ，つらい現実から心理的に生き延びようとする。しかし，時間の経過とともに解離はしばしばコントロールできなくなり，過去の心的外傷的な出来事の引き金（例えば，虐待者と似た容姿の大人を見たとき）によって不意に出現する。このよう

な状況にある子どもは，一見，発達障害の特性や衝動制御の問題をもつように見えることもある。

● 症例

女児は中学生のとき，同居男性からの長年にわたる深刻な虐待で児童相談所に保護された。女児は保護された直後，職員の問いかけに対しただ笑顔でいるだけだった。しかし一時保護所の生活に慣れてくると，非常にテンションが高く大げさな態度を取り，周囲から疎まれることもあった。また時折ぼうっとしていることがあり，職員に心配されていた。診察の際にいつも笑顔でいることを指摘されると，女児は，「家族からずっと，自分には良いところがない，話し方もおかしいと言われつづけて，人とどう接したらいいかわからなくなった。結局テンションを高くして接してみると，皆はあんまり相手にしなくなって，それが楽だからいろいろ考えるのはやめた。そうすると，今度は自分がどんな表情で何を考えているかわからなくなった。家で叩かれそうになったときも，わざと痛くなさそうなところを差し出して痛いふりをして，それ以上叩かれないようにしているうちに，どこか遠くで自分を見ている自分がいた。今も時々ふとしたときに記憶がなくなる」と話した。

もちろんこれらの問題は虐待を受けた子ども全員に出現するわけではなく，虐待の内容によって決まるわけでもない。悲惨な経験を長期にわたって経験しても身近な人の手を借りながら自尊心を保ち，健康に過ごしている子どももいる。一方で，上述のような問題を実際に抱える子どもたちほど多様な支援が必要であり，医療的な関与だけではうまくいかないことが多い。子どもにとっては医療的な関与の前に，あるいはそれを同時に，少なくとも日常生活のある部分で安全で適切な関わりが確保されていることが必要だと思われる。

3　虐待に至る背景と支援

1－虐待に至る背景と養育者への支援

　日本では，数十年前と比べ経済格差や核家族化が進むなど，社会構造が大きく変化しており，虐待を受けた子どもに対しては，これらの要素を含めた多様な支援が必要になっている。しかし，養育者側から見た場合，虐待に至る過程は，この間大きく変わっていない。虐待の発生機序としてケンプ（Kempe et al. 1962）は，①多くの親は子ども時代に大人から愛情を受けていなかったこと，②生活にストレスが積み重なって危機的状況にあること，③心理社会的に孤立し援助者がいないこと，④親にとって意に添わない子（望まぬ妊娠・愛着形成阻害・育てにくい子など）であること，という4つの要素が揃うことを挙げ，いずれか1つをなくすことで虐待が軽減すると考えた。

　小林・松本（2007）は自験例から，子ども時代に愛された体験がない親に他の3つの条件が重なったときに虐待が生じるが，逆に①がなければどんなに他の状況が過酷でも虐待が生じにくいと考え，①（②＋③＋④）と虐待の発生機序を理解した。そして支援の順序として，まず初めに支援者が親の相談者になることで心理社会的孤立を解き，次にその支援関係を軸に生活のストレスを実質的に軽減させ，続いて子どもの心身の健康問題を（親に負担をかけることなく支援者が直接子どもに関わることで）改善して親の育児負担を軽減させ，これらの支援で親に余裕ができたら親の育児力を高めて親子関係の改善に働きかけることだと定義し，これが「虐待」を治療する唯一の方法だと結論づけた。

　しかし，この治療の段階は，困難な事例ほど最初から躓きやすい。「子ども時代に大人から愛情を受けていなかった」養育者は，他者である支援者に対して警戒を示し，すぐに怒りを表出したり，一方的に困りごとを話して支援者の声に耳を傾けられなかったりする。そもそもこのような養育

者は，長年の経験で培われた自己評価の低さや共感性の乏しさ，衝動コントロールの問題，人格の未熟さなどを特徴とし，うまく支援を求められないで孤立している。そのため，最初からそれを考慮して対応しなければ，支援者の萎縮や苛立ちによって余計に養育者を孤立させてしまう。

過去に養育者との関係構築に失敗した要因を調査した研究（Munro 1999）では，その失敗要因として，生育歴からの情報を吟味しなかったこと，過去の支援機関の情報を吟味しなかったこと，リスク要因を吟味しなかったこと，養育者の第一印象を保持しつづけてしまったことなどを挙げ，これらは支援者の意識により改善しうると結論づけている。実際，攻撃的な態度を示す養育者に対してベテランの支援者が対応した場合，まず相手の話を聞き，会話のなかに育児や生活への不安が垣間見られるのを見逃さず，その不安に焦点を置くことで徐々に養育者から困り感を引き出し，最終的に養育者との間に相互的な関係を築くことができる。そして養育者から自発的に語られた人生のなかに少しでも共感できる部分を見出すことで，心理的な孤立を解消する足がかりとするのである。以上から考えると，支援者の心構えとして，養育者の第一印象だけで人柄のすべてを決定しないこと，養育者の表面的な感情表出に飲み込まれないこと，虐待の存在を前提としていることを養育者に率直に伝えながらも，養育者を尊重するという姿勢をもつことが必要になってくる。

また，養育者のなかには精神症状が認められる場合もある。これまでの研究結果からは，子ども虐待に至る養育者の約3割程度に精神疾患が見られることが明らかになっており，診断名として気分障害，統合失調症，パーソナリティ障害，不安障害，知的障害，依存症，強迫性障害などが挙げられている。加えて，近年では対応が困難な虐待事例のなかに，母子共に高機能広汎性発達障害であることがしばしばあるという指摘（杉山 2007）もあり，養育者への支援を円滑に行うためには，支援者側が発達障害の特性を理解することが重要だと考えられる。

精神疾患や発達障害の詳細は成書に譲るが，福祉領域では，これらの養育者は治療を受けることに消極的で，診療につながっても家族からの情報

が得られない場合も多いことが指摘されている．このため治療の動機づけに際しては，支援者が精神症状や発達特性の知識をもつとともに，症状のみに焦点化せず，「虐待せざるを得なかった事情」を共有することが治療への抵抗の予防になる（齊藤 2008）．

● 症例

不登校を主訴に中学生の男児が精神科を受診した．本児は幼児期から母親と2人で生活していたが，10歳のときに母親は継父と再婚し，3人で暮らすようになった．再婚当初，両親の仲は良かったが，本児が中学に入学した頃から継父は別の女性と交際するようになった．母親は継父が帰らないと夜間に大量の飲酒やリストカットを繰り返すようになり，その手当てをして継父に報告をすることが本児の役割になった．ある日の夜，母親がリストカットをしていることに気がつかず，本児は自室で眠ってしまった．翌朝帰宅した継父が血まみれになっている母親を発見してひどく狼狽し，何も知らずに起床してきた本児に向かって「放っておくのは人殺しと一緒だ！」と叱責した．そして，その日以降本児の不登校が始まった．初めての診察の際，本児は「（母親の面倒を見なきゃ）しょうがないものね」と他人事のように話をしたが，夜なかなか寝つけないことを告白した．

母親は孤立感が強く，不安を解消するために行動化していたが，子どもが母親自身の行動に影響を受けているとは思い至っていなかった．このため診察で主治医は母親に対して，本児が母親の行動に影響を受けているように見えると話し，まず母親の心配事が解消されることが先決だと伝えたうえで，地域の福祉機関を紹介した．母親は「自分には支援の必要はない」と乗り気ではなかったが，世間話を通じて支援員と打ち解けるようになり，定期的に支援員のもとに通うようになった．そして徐々に母親自身が母子家庭で実母から厳しく育てられたことや，今回の結婚は周囲の反対を押し切ってしたために絶対に幸せにならないといけないとプレッシャーを感じていたことなどを支援員に語るようになった．一

時は母親の不安が高まり，頻繁に支援者のもとに出向くこともあったが，支援員は決められた枠組みのなかで肯定的な面接を継続した。そして母親に受容的に接するだけでなく，日中の飲酒や抑うつ気分などを指摘し，母親の医療機関への受診に同伴した。

本児の診察では，本児は初期には表面的な態度であったが，徐々に家族に対する不安やあきらめを話すようになった。診療を開始して1年程度経過した頃，不登校のきっかけは，自分が離れると母親が死んでしまうのではないかと不安になったことだと語り，それまで抑えていた母親への怒りを表出した。同じ頃に支援員から，本児が継父と一緒に夜間に出かけ，戻らないと連絡があった。後の診察で本児は，母親との関係が嫌になり継父について家を出たが，交際女性に恫喝され飲酒を強要されそうになり，怖くて逃げてきたと語った。

この出来事をきっかけに，本児は診察の場面で母親に対して継父との関係を自分に持ち込んでほしくないと伝えた。母親はひどく動揺したが，母親の主治医や支援員のサポートを得て，自ら継父との離婚を決意した。その後も母親は不安が高まると自傷への衝動が高まったが，そのつど子どもにではなく主治医や支援機関を頼るようになった。本児は長い不登校期間が続いたが，ある教師の熱心な関わりもあって保健室登校を継続し，高校への進学を果たした。

　この事例では，子どもが両親の不仲をつなぎとめる役割を果たし，それが子どもの不安や不登校の引き金になったと考えられた。まずは孤立し行動化するしかなかった母親の支援を考えたが，母親は他者に自身の人生を語る機会を得たことで，支援者と相互関係を築くことができた。本児が自分の気持ちを母親にぶつけることができたこと，そしてその気持ちを母親が何とか受け止めることができたのは，このように互いが自分の存在を支えられる居場所があったからではないかと考える。

2 — 子どもの精神医学的診断と支援

　さて，精神科領域における虐待の支援には，「親にとって意に沿わない子」に対して医療的な診断や見立てを行い，子どもへの対応を養育者とともに考えることも含まれる。

　この精神医学的診断に関して，最近「発達障害児と被虐待児の類似性」が指摘されている（杉山2007）。発達障害の特性がある子どもたちは生来の発達の偏りをもつ。一方，激しい虐待を受けた子どもたちのなかには，多動性や衝動性，ひとつの物事への固執や対人関係の弱さなどを認める場合があり，これらが特に知的な遅れのない発達障害の特性と類似していることが指摘されている。虐待事例に限ってみると，元来の発達特性による育てにくさが虐待を引き起こしているのか，それとも虐待環境の結果として子どもに発達の偏りが生じているのか，その違いを明確にすることが困難な場合も多いが，どちらにしても子ども自身のせいではない。

　児童虐待の分野でも，発達障害と診断された子どもたちとよく出会うようになった。しかし，どのような診断であっても，それによって子どもの不当な立場が助長されてしまうことに注意すべきである。過去に，母親からの心理的虐待により長く施設に入所している女児と面接した際，女児は「好きな食べ物を他の人に分けることができなくて，母には，そういうところが空気が読めないアスペルガーだと言われた」と寂しそうに語っていた。また，注意欠如・多動性障害（Attention Deficit Hyperactivity Disorder：ADHD）の診断で内服処方をされていた男児が，診察の際に主治医にそっと「お母さんには内緒だけど，何をしてもお前は馬鹿だと怒られて叩かれる。お薬飲んだらお母さんは安心するから，ちゃんと出してね」と告げたこともあった。

　虐待臨床にかかわらず，診断し見立てを行うことは，子どもの弱さや強みについて周囲が知り，養育者や子どもが不当に責められなくなることを期待してなされることが多い。しかし養育者への細やかな配慮を怠ると，診断名のみが独り歩きし，養育者を余計に不安に陥れ，レッテル貼りや差

別を促し，その結果子どもをより孤独に陥れる可能性がある。支援の際に子どものもつリスクを知ることは重要だが，その情報は子どもにとって有益に活用されるべきである。子どもの状態をどのように考え，養育者に伝えるかは医師側の重大な責任であるが，医療機関では養育者からしか情報が得られないことも多い。このため支援の一環として医療機関を紹介する際には，それがどのような結果をもたらすかを考えたうえで，支援者が医療機関と事前に情報を共有することや，同伴して受診することなどが望ましい。

4　レジリエンスの視点から支援を考える

これまで述べてきたように，虐待に至る過程にはさまざまな要因が関与しており，支援に際してはリスクを減らすということをつねに心に留めておく必要がある。しかし，必ずしもこれらのリスクが不幸な転帰に直結するわけではない。虐待は，過去には全例が世代間伝達すると言われていたが，最近では3割程度であるという見解も出てきている（遠藤1993）。そして，「どのような状況下でも良好な成長を促す促進因子」であるレジリエンス（回復力）を高めることで，将来の精神的な健康を向上させることができると考えられている。ヘラー（Wiener and Dulcan 2004）は，子どもへの不適切な養育に関するレジリエンスの文献レビューを行い，素因や気質として，平均以上の知能，高い自尊心，内的な制御の力の存在，外部に（不適切な養育の）責任を負わせること，高い精神性，自我レジリエンス，高い自我の制御を挙げた。またラター（Wiener and Dulcan 2004）は，レジリエンスは流動的で可塑的であり，外部の支援などに左右されやすいと述べた。これらの観点から見ると，学校をはじめとする家庭外の生活の場は，子どもにとっての避難場所という消極的な意味だけでなく，子どもへの不適切な養育の影響を和らげることができる重要な成長の場として機能すると考えることができる。

● 症例

中学生の男児が学校からの通報で一時保護となった。校長によると、この男児はいつも同じ服を着て空腹で登校するため、学校で服を着替えさせたり食事を与えたりすることもあるという。調査のなかで、家族は母親と弟との3人家族であることや、母親の家事能力が低く本児が家事一切を担ってきたことが明らかになった。この家族は身寄りがなく、日常的な生活を援助する近親者がいなかった。また母親自身も生活面で他者が入り込むことは拒んでおり、支援会議では、このままであれば本児は施設に入所する方向になるのだろうという雰囲気になった。

本児との面接では、家庭での役割についての質問に淡々と答えていたが、「これからのこと、心配？」と聞くと、「大変なときもあるけれど、学校に行くと仲間や先生がいて、つらいことも忘れさせてくれる。楽しいから学校はやめたくない。転校するなら施設には行きたくない」ときっぱり話した。学校では担任が親身になって相談を聞いてくれるし、数名の親友がおり、彼らは家の状況を感じ取ってはいるようだが黙って友人として付き合ってくれる貴重な存在であり、そのおかげで頑張ることができるとのことだった。

その後、再度設定された会議の席で本児の言葉が伝えられると、校長と担任、児童相談所のケースワーカーは、家庭で何とか生活を継続する方法を模索した。その結果、学校では本児の健康状態の把握に努めることや、学習を個別にサポートすること、生活面の相談に乗り、何かあればすぐにケースワーカーに連絡して対応できる体制を取ることとなった。また、担任は母親のもとに足しげく通い、母親を責めることなくただ様子をうかがい、困ったことがないか尋ねることを続けた。数カ月の経過のなかで、自分が責められることがないと感じた母親は、担任には日常的な困りごとを話すようになった。その後母親は少しずつ他者を受け入れられるようになり、あるとき、弟の落ち着きのなさについて児童相談所に相談に出向く決心をした。そうして家族には、児童相談所による継続支援が行われることとなった。その後、本児は第一志望の高校に合格

し，地元の中学校で卒業を迎え満足していると話した。

後に担任は「子どもの状態を知りながら学校で見ていくのはつらい，と最初は思っていたのですが，それがこちらのエゴではないかと思うようになりました。この子の気持ちが私たちを動かしたのだと思っています」と語っていた。

　この事例では養育者によるネグレクトが問題になったが，母親が本児に積極的な加害を行っていないことや，本児が困ったときは他者に助けを求めることができることなどから，在宅での支援継続となった。虐待が疑われる場合，家庭状況は十分にアセスメントされ，状況が深刻な場合は家族分離を速やかに行うべきである。しかしどのような対応であっても，以前より良い環境を子どもが得られるようにしなければならない。本児の場合，過酷な環境下でも信じることのできる大人や仲間の存在は，子どものレジリエンスを強化したと考えられる。

5　育児支援のための連携

　本来虐待という現象は家族生活の関係性のなかで生じるものであるため，重層的な生活支援を行うことが重要である。このとき，複数の支援者が良い連携を取ることができると，困難な事例であっても予想以上の展開を導くことができる。医療機関では，本人や家族の同意のうえ，関係機関の担当者から事前に情報を得て診察を行うことで，なかなか受診につながらなかった事例をうまく支援に結びつけられることがある。このような連携ができている場合は，関係機関の担当者同士が日頃からよく連絡を取っており，互いをよく知っている。そしてたとえ困難な事例であっても，孤立感を感じることは少なく，結果として支援者の人数以上の力を発揮できていると感じられることも多い。

　しかし連携がうまくいかない場合，事態が好転しないことを他の支援者

の責任にしがちになり，支援内容も一貫しなくなる。その結果，多数の機関が関わっていても誰も家族を支援していなかったということも生じうる。虐待の死亡事例の検証では，多数の機関が関わっていたことで逆に緊急性がないと判断されていたことや，ケース会議で具体的な役割分担が話し合われていなかったことが原因として考えられている。

　田中（2009）によると，「連携とは，複数の者（機関）が，対等な立場に位置した上で，同じ目的を持ち，連絡をとりながら，協力し合い，それぞれの者（機関の専門性）の役割を遂行すること」と定義され，よりよい支援とするためには，①まずなによりも互いの専門性を尊重し，役割分担を明確にする必要がある，②異職種の人間が常に共通言語で話ができないといけない，③異職種の人間と出会うときに職種を越えた困難を互いに慰労する必要もある，と述べている。虐待の対応や支援の際には，さまざまな職種の支援者と出会うことが多いが，意外と互いの専門性は知らないままでいることも多い。連携とは組織としてではなく，個人としてのつながりで行うものであり，日頃から互いの役割を知ろうとすることそれ自体がねぎらいとも言えるだろう。

おわりに

　虐待を受けた子どもと関わっていると，今現在の関わりはずっと以前の関わりによって生かされていることに気づくことがある。以前筆者が担当していた子どもが，手を尽くしても衝動性が抑えられなくなり，母親に子どもの施設入所を勧めたもののかたくなに反対され，途方に暮れて地域の機関と連絡を取ったことがあった。そのとき，偶然母親自身が子どもの頃に入所していた施設の担当の方とつながることができ，その方に母親のこれまでの生き方をねぎらってもらうことで母親の気持ちが整理され，何とか子どもの入所に同意していただくことができた。その後子どもは生活リズムが調整されて親子関係も安定し，退所後再び在宅で生活をすることが

できた。筆者はありがたいという思いと同時に，担当の方が築いてきた関係が今の支援にもつながっていることを感じ，心強い気持ちになった。

　現在の虐待をめぐる状況は，ますます厳しくなっている。支援を始めても短期間で良い結果が出ることは少なく，疲労感だけが蓄積することもあるかもしれない。しかし目の前の子どもに対して行っていることがたとえ些細であっても，現在だけでなく未来へ続いていることを信じたい。

▼文献

遠藤利彦（1993）内的作業モデルと愛着の世代間伝達．東京大学教育学部紀要 32；120-220.
Glaser, D.（2002）Emotional abuse and neglect（psychological maltreatment）: A conceptual framework. *Child Abuse and Negl* 26（6-7）; 697-714.
Kempe, C.H. et al.（1962）The battered child syndrome. *JAMA* 181；17-24.
小林美智子・松本伊智朗＝編著（2007）子ども虐待 介入と支援のはざまで——「ケアする社会」の構築に向けて．明石書店．
Munro, E.（1999）Common errors of reasoning in child protection work. *Child Abuse Negl* 23-8；745-758.
齊藤万比古＝総編集（2008）子ども虐待と関連する精神障害．中山書店．
杉山登志郎（2007）高機能広汎性発達障害と子ども虐待．日本小児科学会雑誌 111-7；839-846.
田中康雄（2009）支援から共生への道——発達障害の臨床から日常の連携へ．慶應義塾大学出版会．
Wiener, M. and Dulcan, M.K.（Eds.）（2004）*The American Psychiatric Publishing Textbook of Child and Adolescent Psychiatry, Third Edition.* Washington, DC : American Psychiatric Publishing.（齊藤万比古ほか＝監訳（2007）児童青年精神医学大事典．西村書店）

3-2
里親制度と子育て支援
津崎哲郎

1　里親制度の現状

1－わが国の里親制度

　家庭の事情で養育ができない子どもたちに対して，社会が保護者に代わって養育する制度が設けられている。これがいわゆる社会的養護といわれるものであるが，わが国ではその受け入れ先は児童福祉施設が一般的である。しかし，児童福祉施設とともに個別の家庭で子どもを受け入れる制度として，児童福祉法では里親制度を設けている。厚生労働省が作成した里親制度運営要綱には，その趣旨が以下のように記載されている。

　　里親制度は，家庭での養育に欠ける児童等に，その人格の完全かつ調和のとれた発達のための温かい愛情と正しい理解をもった家庭を与える事により，愛着関係の形成など児童の健全な育成を図るものであること。

　つまり，調和のとれた子どもの人格の発達のためには，個別の家庭環境と個別の愛着関係の形成が大切であるとし，それを可能にするものとして，里親制度の活用の意義を明確化しているのである。
　しかし，残念ながら戦後ほどなく制定された児童福祉法において制度として認められながらも，その後の里親の伸張は芳しくなく，わが国ではもっぱら児童福祉施設がある意味唯一の子どもたちの受け入れ先として今日に

至ってきた。

　だが，近年の児童虐待の急増を背景に，児童養護施設の子どもの約6割程度が被虐待児に該当するという報告のなかで，傷ついた心，つまりトラウマ改善の必要性が強く意識されるようになってきた。そのため，改めて個別ケアの必要性が強調されるようになり，厚生労働省もそれを追認するようになったのである。

　従来，厚生労働省は里親はボランティアであるとして，長年積極的な支援策を講じてこなかった。しかし，その促進を考えたとき，里親の一方的な善意に期待して制度を拡充することは難しいと判断し，2009年度に大幅な制度の改革を実施したのである。

2－ 2009年度の制度改正の意味と内容

1－種類の変更

　2009年の制度改正まで，里親には4種類，すなわち，養育里親，短期里親，専門里親，親族里親が設けられていたが，この制度改正により，養育里親，養子縁組里親，専門里親，親族里親の4種類に組み替えられている。

　この変更の一番の意図は，保護者が養育里親と養子縁組を混同して，育てることができないわが子を里親に委託することを拒否するという誤解を解消するため，養育里親と養子縁組里親を明確に区分したことにある。従来は養子希望であっても，裁判所手続きが完了し養子縁組が成立するまでは一般養育里親と同様に扱われていたものを，制度の混同を避ける目的で，当初から明確に区分する形に修正したということになる。

　ちなみに，このとき1年未満の短期に限って制度化されていた短期里親は，一般の養育里親に吸収する形がとられ，専門里親は，養育里親のなかでより難度の高い子ども（たとえば被虐待児など）を養育する，ブラッシュアップされた里親として位置づけられている。

2 — 手当の増額

2009年度の制度改正内容のひとつが，里親手当の思い切った増額である。従来里親はボランティアであるとして，厚生労働省は手当の増額には慎重な姿勢をとっていた。しかし，里親制度の普及のためには，里親の善意だけに頼ることには無理があるという判断から，養育里親の1人目の子どもの場合，従来月額3.4万円だった里親手当を，一挙7.2万円に引き上げたのである。ただし，将来自分の戸籍に入籍させ養子縁組をする里親は，少し事情が異なるとして里親手当は支給せず，加えて親族里親にも里親手当は支給されないので，その二者においては子どもの生活実費だけが支給されるということになる。

3 — 研修の義務化

里親手当の大幅な増額に付随する形で強化されたのが，里親に対する研修の義務化である。つまり，里親にもそれなりの質の向上を求めたいとして，里親登録に先立って研修を義務化し，年数を区切った更新研修を制度化することにより，社会的養護の担い手である里親登録者の質の担保が整備されることになった。ちなみに，このとき里親家庭への委託児童数の制限なども盛り込まれ，個々の里親家庭での子どもの環境条件に対する配慮がなされている。

4 — ファミリーホームの新設

さて，2009年度の里親改革の最も大きな目玉は，ファミリーホーム（小規模住居型児童養育事業）の新設である。当時厚生労働省はこのホームを第三の施設と呼称していたが，5人または6人のグループホームを運営することで，里親がボランティアではなく専業化の道を選択できるものにもなっている。加えて，施設の職員による交替制のホームとは異なり，共に居住するホームとしての一体感が大人と子どもの継続した関係を保持できるという長所もある。この事業実施要綱には，ホームの目的が以下のように記されている。

家庭的養護を促進するため，保護者のない児童又は保護者に監護させることが不適当であると認められる児童に対し，この事業を行う住居において，児童間の相互作用を生かしつつ，児童の自主性を尊重し，基本的な生活習慣を確立するとともに，豊かな人間性および社会性を養い，児童の自立を支援することを目的とする。

3－里親の制度運用と実態

さて，里親の拡充に向けて厚生労働省が本腰を入れはじめた今日，全国的にはどのような実情にあるのだろうか。

厚生労働省作成の資料によれば，里親委託率は，2002年の7.4%から，2011年3月末には12.0%に上昇したとしている。さらに政府の方針として，子ども・子育てビジョンでは，2014度までに里親委託率を16%に引き上げる目標を立て，さらに将来像としては里親委託率を33%以上に引き上げたいとしている。

これらの目標が達成できるかどうかは定かではないが，2010年度末の厚生労働省報告の数字では，里親委託児童数は4,373人で，児童養護施設の在籍人数が29,114人，乳児院の在籍人数が2,963人となっている。

しかし，2010年前後の各国の要保護児童に占める里親委託児童の割合は，アメリカが77.0%，イギリスが71.7%，オーストラリアが93.5%，韓国が43.6%であるから，日本は突出して施設依存率が高く，里親委託が少ない国であることは間違いない。

2　里親委託と子どもの成長・回復プロセス

各国が，家庭で養育することが困難な状況下にある子どもたちの社会的養護の受け入れ先として個人の里親家庭を重視し，かつ日本においても児童虐待増加という背景の下，個別のケアと心の回復が重視されるなかで，

里親委託される子どもが今後徐々に増えていくと想定される。では、里親に委託された子どもたちは一体どのような成長のプロセスをたどることになるのだろうか。

1－里親委託される子ども

　子どもたちの里親委託は、公的機関である児童相談所からの委託措置を前提にしている。つまり、何らかの理由により保護者が養育困難になった子どもあるいはその後児童養護施設や乳児院などに措置していた子どものうち、個人家庭としての里親宅への委託が望ましいと判断され、里親との受託調整の結果送られてきた子どもが対象ということになる。

　どの子どもが里親委託に適当とされるのかは、個別の児童相談所の判断に委ねられるが、一般的には施設という集団環境より個別のケアが望ましいと考えられる子どもで、しかも預ける側の保護者の同意が得られるケースという限定が伴う。近年は都市部を中心に施設が満員になっているところも少なくないので、受け入れ枠の都合という状況が生じることもあるが、子どもや保護者の背景に難しい課題が伴うときは、個人里親での受け入れは困難が予想されるため通常は除外されることが多い。

　以上のことを前提にしつつ、子どもたちの基本特性を理解しておくことが、委託された子どもをよりよくケアしていくうえでの必須の条件になる。この基本特性を認識するうえでポイントとなるのは、「親子分離体験」と「見捨てられ感情」の存在である。

1－親子分離体験

　幼少期の最も大きな不安の源は親子分離である。母親が子どもを出産すると、個体としては別個の存在になる。しかし、乳幼児が母親から完全に分離してしまうと通常は死を意味する。アフリカのサバンナを想定するとわかりやすいが、時に親からはぐれてしまった動物は、それがいかに強い動物であったとしても生きていくことはできない。したがって生物学的に

は2つの個体が離れないようにする仕組みが組み込まれている。それが愛着，いわゆるアタッチメントである。したがって，少しでも親から離れると，子どもは親を求めて泣き叫び，また親も子どもを必死に捜し回ることによって分離を回避しようとする。

　この生物学的死を避ける道具としての愛着は，人間にも同様の意味をもって作用している。しかし，施設や里親にやってくる子どもは，理由はそれぞれであったとしても皆一様にこの外傷体験，つまり死に値する深い傷つき体験をもっていることを理解する必要がある。

2－見捨てられ感情

　もう1つの重要なポイントは，分離体験の子ども自身による受け止め方である。子どもがもつ基本的発想と認識の基本はその主観的な意味づけにある。分離体験を余儀なくされた事情は，通常，親や大人側に原因がある。自らの力では子どもを育てることができず養育を行政に頼らざるをえなかったり，時にはその養育が不適切として行政の介入で保護されたりして，親子の分離がなされる。いずれの場合も，子どもにとって利益になるという判断が大人側に働いていることが多い。

　しかし，この大人の判断とは真逆の認識を子どもたちはしている。自分が親に嫌われたため，あるいは価値のない悪い子どもであったため，ついに親から見捨てられてしまったと認識しているのである。大人側の事情を理解することができない子どもたちは，自らにその原因を求める思考しかなしえず，その自己否定感情が後の行動や自己形成に大きく影響を与えることになる。

　この本質を理解すれば，施設や里親が子どもの心の回復や成長に関わって何をしなければならないのか，必然的に浮かび上がってくる。つまり，個別の愛着対象を新たに確保して安心感を育てつつ，親子分離は決して子どもの責任ではなく大人側の事情であり，その状況下で個々の子どもにとってのよりよい尊重だったのだと，子どもの認識を転換させることである。そして，自己肯定感を取り戻し，今の置かれた境遇を正しく理解して，

現実と将来に向けた課題に向き合う力を回復させることなのである。

2－里親委託後の子どもの反応プロセス

　上記の基本認識を見据えた子育ての姿勢こそが，里子養育の基本といってもよいが，具体的な養育のためには，里親委託後に示す多くの子どもたちの共通の回復と成長プロセスのステップをよく理解しておくことが必要になる。

1－見せかけのよい子

　里親委託された子どもたちが一応に示す最初の行動パターンは，見せかけのよい子として振る舞うことである。どの子もまだ見知らぬ大人への警戒と距離感があり，これまで周りの大人たちに言われてきたよりよい自分を必死に演じようとする。筆者自身も現在養育里親であり，一時保護所から3歳時点で引き取った女児を14年間にわたって養育しているが，当時引き取ったばかりの里子は，寝る前に自分の洋服を枕元にきちんとたたんで眠り，食事のときは必ず両手を合わせた挨拶を欠かさず，出された食事は好き嫌いなく残さず食べる，けなげな態度が印象的であった。したがってこの時期は里親にとっては育てやすく，これまでの里子養育に対する不安が杞憂であったという印象をもつこともあるが，この時期は長くても1月足らずで終わることを承知しておかなければならない。

2－退行と試し行動，愛情の独占要求

　ただし，見せかけのよい子の時期が過ぎると，本来の姿が現れるということではない。実年齢より幼い状態，つまり退行現象（赤ちゃん返り）と執拗で聞き分けのない大人への試し行動が生じてくる。しかも，この期間は少なくとも数カ月から半年程度は続くことになるので，この現象への知識がないまま里子の養育に携わると，「なんとやりにくい異常な子どもだ」と誤認して里親子関係が破綻に終わる可能性も高くなる。仮に事前の研修

で承知していても，この状態がいつまで続くのかと耐えきれなくなって，ついにギブアップしてしまうことも決して少なくない。

　筆者の経験でも，3歳の里子は，赤ちゃん言葉の使用，赤ちゃん同様のケアや執拗なおんぶと抱っこの要求，要求が聞き入れられないと床に転がって大泣きすること，甚だしい好き嫌いの訴えや欲しい物の要求などを繰り返した。連日際限なく繰り返される過大要求に，妻は家事ができなくなり，おんぶバンドを買ってきて里子を背負ったまま家事をすることを長期にわたって余儀なくされた。この退行現象は子どもによってバリエーションがあり，お茶を哺乳瓶で飲みたがったり，里母のおっぱいを求めたり，おしめをしてほしいと要求したりなど，さまざまな実例が報告されている。これらの現象は2歳以降での養育の場合必ず生じると理解したほうがいいし，たとえ学齢児になっていたとしてもかなり幼いレベルに退行すると認識しておく必要がある。これらの委託児がほぼ共通に示す退行現象は，その実像を見ていると，新たな親との間で再度ゼロからの育ち直しを再現する意味が込められていると筆者自身は考えている。

　さて養育に関わってのポイントは，これらの現象を，すでに年齢が大きいのだからと拒否しないことにある。里親がおおように構え，里子たちが示す幼い要求を可能な限り受け止めることで，子どもは理屈ではない肌レベルの安心感を里親に感じることになる。その安心感が定着することによって徐々に子どもの行動は落ち着き，困った行動は減少していくことになるし，少々の叱責では揺らぐことのない親子関係が構築されることになる。ところが安心感が育つ前に，困った行動をしつけや叱責でコントロールしようとすると，安心感が育たないぶんかえって困った行動が長引くし，両者の関係はいつまでもぎこちない関係にとどまることになる。

　なお，愛情の独占要求は試し行動以上に長く続き，その要求への配慮も里子を育てるうえで重要なファクターになる。一旦分離体験を経験した子どもたちは，嫌われることが棄てられることと直結して理解されており，つねに里親の愛情を確認せずにはいられないのである。筆者の体験でも，学齢児になった里子が連れてくる友だちに話しかけるだけでもすねた

態度をとる姿が印象深かったことが思い出される。

　その意味で年齢が近い実子の存在，あるいは複数の里子の養育には特別な配慮がいる。それぞれ平等だという大人側の言い分では納得できず，自分だけをかわいがってほしいと思っているので，その思いを満たすための工夫が必要になる。ある複数の里子を養育していた里母が，どの子にも一対一の時間を作り，そのときに「あなたが好きだよ」というメッセージを伝えていたと語っていたが，これこそそれぞれの気持ちに応える大切な工夫のひとつと言えるだろう。

3－安心の確保と境遇の整理

　安心感が育ち，子どもの行動が落ち着いてくるにつれ，相当幼い子どもであったとしても，なぜ自分がこの家に来たのか繰り返し問いかけるようになる。子どもにとっては実親と別れ，あるいは施設という環境から離れて，今この里親家庭にいる自分の境遇が理解できないからである。これは子どもの年齢による理解力の問題もあるので，ただ事実だけを詳しく伝えるということより，子どもが自分は大切にされていると納得でき，しかも事実からは大きく逸れない説明を丁寧にすることが大切になる。また，この問いかけは一度だけではなく繰り返しなされることが多いので，子どもの理解や状況に応じて，少しずつ説明内容を深めていくことも必要になる。

　このように信頼のある大人とのやりとりを経て，子どもはその年齢に応じた境遇の理解をストーリーとして獲得し，納得して語ることができるようになる。このとき，自分は嫌われて棄てられたのではなく，親や大人のどうにもならない事情のなかで，自分に対する精一杯の愛情と尊重の表現こそが今の境遇に繋がっていると納得することが，自己イメージ転換にとって最も重要な鍵になる。

　なお，養子縁組里親においては，低年齢で引き受けた場合，養子であることを隠したいという里親側の気持ちも働くが，幼少期から事実を告知し（真実告知），「あなたは大切な存在である」というメッセージを繰り返し伝えるほうが，後々の関係がうまくいきやすい。これを無理に隠そうとす

ると不自然な違和感が生じ，思春期になって事実を知ったときにより困難なトラブルと結びつきやすい。

4－安定期

　問題行動が収まり里親子関係が深まって安定期に入ると，実の親子とさほど変わる要素はなくなる。お互いが愛情に満たされ，血のつながりにこだわる考えにかえって違和感さえ生じるようになる。しかし，世間のすべてが同じ考えとは行かず，なかには里親子の名前の違いを指摘されたり，実の親ではないと陰口をたたかれるなどの些細なトラブルはつきものと考えておくほうがよい。その意味で，保育所や学校，あるいは近所の親しい友人なども含めて，里親子関係はできるだけオープンにして配慮を受けやすい形を整えておくことが望ましい。

　また，実親との関係の持ち方も大きな課題のひとつになる。実親は自ら養育できない事情で里親に委託したとしても，依然としてわが子であるという意識は強く，養育に関わっていろいろ干渉や注文が入ることが少なくないからである。この両者が養育方針の主導をめぐって張り合うと，安定した養育体制が結局は崩れてしまうことになりかねない。したがって，お互いの立場や思いを尊重しつつも，調整が必要であれば，委託措置機関である児童相談所の仲介を求めることが大切であると理解しておく必要がある。

5－思春期の揺れ

　安定期が順調に推移し，実親子と変わらない関係が維持できていると思っていても，中学から高校年齢期の思春期の揺れには相当な根気が必要になる。通常，実子であったとしても反抗的であったり，服装や行動が枠をはみ出したりして困惑することが多いが，里子の場合はその揺れ方が一層激しいと，ある意味覚悟しておく必要がある。

　この時期，養子縁組里親の家族によく見られる現象のひとつに実親探しがある。実の親に会いたいという思いは，思春期で反抗的になった里子がうるさく感じる里親への裏返しの期待として投影されていることが少なく

ない。養子縁組里親としては，里子のこの行動に心中穏やかでないことが多いが，禁止することは通常良い結果を生まない。むしろ実親探しに協力し，仮に里子が実親に会うことになってもそれを温かく見守ることが大切である。一般的に言えば，実親と会う体験をした里子は，実親に親としての実感をもてなくなったり，広がっていた期待が崩れたりすることが多く，そのことが自分の拠り所としての里親を再認識することになり，里親子関係の再構築の糸口になることが多い。

　しかし，一般論として思春期の荒れた行動は，時に夜間交遊や外泊，非行行動などに繋がっていったり，あるいは怠学や高校中退になってしまったりと里親の苦労は絶えず，しかも注意や苦言が里子の反発を呼んで双方のぎくしゃくした関係が高まり，時には施設に返すという結果に結びつくことにもなる。筆者自身の里子も高2で同様の状況に陥り，ついに全日制高校を辞めてしまった。そのなかからも将来得るものと気付くものがあるはずとの思いに立たないかぎり，里親子関係を継続することは難しくなってしまうだろう。

6－里親関係の再構築と自立

　思春期の紆余曲折があったとしても，これまでの養育関係で培われた繋がりは簡単には壊れることはないという，ある意味では楽観的視点をもつことが里親にとって大切になる。事実，一時養育関係が破綻し児童自立支援施設に入ることになった里子が，今は立派に里親の家業の跡取りになっているという実話もある。以前筆者たちは，成人になった里親子のフォローアップ調査を行ったことがあるが，8割以上の里親・里子が，お互いの存在に対する感謝の思いをもっていたことが強く印象にのこっている。

　仮に児童相談所の委託措置が切れたとしても，里親子関係はそれで終了というわけには行かず，その関係はむしろ一生続くことも多い。里子が自立した後も拠り所として機能する里親の存在は，まさに社会的養護の子どもたちにとって最も必要で大切な安全基地なのである。

3　里親の支援と開拓

1 － 里親委託と挫折

　社会的養護を必要とする子どもたちにとって，里親の存在は極めて重要であるが，上記に見たように，里親側の養育にとっては2つの大きな山場がある。1つは委託後の比較的初期に始まる退行と試し行動の時期，もう1つは思春期に生じる揺れの時期である。この2つの時期をどう乗り越えることができるのかが里親にとっての最大の課題といってもよい。

　前者は里親に子どもを委託する前に，かなり時間と手間をかけて児童相談所が事前情報提供を行い，里親側の心構えを準備して，里子が示す退行現象や執拗な要求などにできる限りおおような態度をとれるかどうかがポイントになる。しかし，この事前研修や心の準備が十分でないと，年齢にそぐわない子どもの反応や執拗で聞き分けのない態度のため，里親には尋常ではない子どもと映ってしまい，徐々に拒否感が高まりかねない。

　2012年，東京で里親が3歳の里子を殺したとして地方裁判所で懲役9年の刑が言い渡される事件があった。社会貢献がしたいとして里親になったにもかかわらず養育に躓き，結果として双方に取り返しがつかない犠牲が生じた事件と言えるだろう。この事件では里親が自分のブログに「ゾンビみたいな子」と記載していたことが報道されていたが，退行，試し行動への知識とノウハウが欠けていたがゆえの悲劇と捉えることができるかもしれない。また，この里親は高学歴でかつ2人の実子養育体験のあった方だったが，頭で子育てを考えようとすること，あるいは実子の養育イメージがあると，その枠にはまりきらない里子の反応や言動にかえって混乱するというマイナス要素が生じる可能性があることにも，十分な留意がいるだろう。

　また，思春期には，初期の試し行動とは異なった困難が続出することも少なくない。万引きや非行，夜遊びや外泊等々，里親が日々振り回されて

心を痛めることも多い。しかし，実子とはどこか異なる不安感が作用している，いつか子どもなりに気づくときが必ず来るはずとの思いをもち，里親自身が自分の価値観へのこだわりを棄てきれるかどうかが，これらを乗り切るためのコツとなる。最後まで見捨てない里親の根気は，後に里子にとっての大きな心の糧となって返ってくる。

2－里親の支援のあり方

里親は事前の調査や登録のための審議会審査などを経て選ばれているが，生身の人間である以上完璧な里親もいない。むしろ完璧を求めることは結果として里親の候補者を狭めることにも繋がり，制度の拡大に逆行することにもなる。であるとすれば，平凡な人が里子というある意味難しい課題を背負った子どもをどうすればうまく育てることができるのか，そのための十分な情報伝達と研修，さらには支援のための体制の整備を多様な形で用意する必要がある。

筆者自身の里親体験も踏まえれば，困ったときの相談・支援体制の整備，一時的な養育の代替，経験を分かち合える仲間の存在，周囲の身近な機関や人々の理解，里親としての成長を可能にするための支援などが大切な取り組みであるように思える。

繰り返しになるが，完璧な里親はいない。だがらこそ初期の養育里親は週末里親や比較的短い期間（1カ月～数カ月程度まで）の子育てを何度か経験するほうがよい。いきなり長期の里親体験をするのは負担が大きいし，そのぶん挫折の可能性も大きくなる。里親が体験を踏まえて徐々に成長していくプロセスを丁寧に用意する取り組みが，行政に求められるのではないか。

また，困ったときや負担感が強くなったときのために，一時的な養育の代替をスムーズに行える資源の整備も大切になる。この点に関しては制度上児童相談所の一時保護や児童養護施設などへの委託がなされることが多いと思われるが，子どもにとっては施設への入所は抵抗が強いことも多い。

そのため，なじみのある里親仲間や里親の親族・知人などを一時避難先として活用できる柔軟な制度運用が望まれる。

　制度活用や費用関係などの公式相談，あるいは実親との調整の問題などを担当するのは児童相談所が適しているが，日常の子育てのトラブルに関しては，必ずしも公的機関が適切とはいえない。児童相談所は措置権限を伴う機関であり，里親自身の評価とも直結する機関であるため，里親にとって自らの弱点を表現しにくい心理が働く。先に触れた東京の里子死亡事件でも，再三児童相談所が里親と接触していたにもかかわらず，里親は養育に行き詰まっていることを言えなかったという経緯がある。したがって，この点に関しては同じ経験をもつ里親仲間での気の置けない会話の場が必要であるだろう。

　また，日々養育里親として生活していくうえでは，細々とした問題がつねに生じてくる。里子の病院での医療券や予防接種の扱い，学校での給食や教材費支給のための証明発行の要請，里子の貯金や通帳管理などの扱い，パスポート申請の手続き，携帯電話の保護者契約の問題，里親と里子の姓が違うことや他児養育の事情に関わる周囲の関心と理解の問題，日常的な実親との調整に係る問題等々——

　相手が委託措置先の役所であれば慣れているにしても，そうでない医療機関や学校，その他の機関は里親子の対応に慣れていないし，周囲の理解の問題や実親との連携はさらに時間を必要とする。その意味で実親子であれば何でもないことが，里親子であるため妙に時間がかかったり，手間がかかってしまうことも少なくないのである。このような里親子の日常生活をスムーズにさせるための公的なガイドブックの作成や，里親子が地域生活をするうえで偏見を感じなくても済むようにするための周囲の理解の促進などは，今後もっと丁寧に取り組む必要があるだろう。

3－里親開拓の課題

　理念や政策のうえで里親制度が重視されるようになってきたとはいえ，

里親登録者を厚生労働省の目標に沿って伸ばしていくことは簡単ではない。筆者も多くの講演の場や大学での講義などに絡めて，里親の必要性を訴え候補者を募ったりすることがある。しかし，大切さと必要性については理解できたとしても，自分の家庭で里親をしてもよいと反応する人は極めて稀である。何が困難要素になるのかを問うと，さまざまな理由が返ってくるが，要は他人の子どもを家庭に受け入れ，共に生活をして育てるという行為そのものに，容易には取り組めないという目に見えない大きなギャップが存在していることを感じる。

　児童福祉施設で暮らす3万を超える子どもたちがいるという現実を知ったとしても，そのことが即自分の家庭での養育には繋がらないのである。つまり，あくまで他人事と自分事との間には深い溝があるということでもある。

　わが国で里親の数が伸びない理由として，これまでの行政の取り組みの弱さ，PRと一般の理解不足，血のつながりにこだわる国民意識，核家族化，共働き世帯の増加等々，さまざまな要因が指摘される。しかし一方，子どものない夫婦にとっては涙ぐましい生殖医療の努力が実施されているし，阪神・淡路や東日本で起こった大災害の際は，身寄りをなくした子どもたちの養育希望が次々にもたらされるという現実も存在している。

　これらのことを考えると，子どもを育て愛情を感じて喜びにつなげる行為には，血のつながりは関係がなく，かつ大災害のような他人事でない重大事は，実は日常の個々の家庭で形を変えて生じていることを社会全体がより認識する必要がある。

　筆者自身が里親になったのも，里子の家庭の不幸な出来事をわが娘とその友人を通して知っていたという理由が大きい。つまり，他人事を自分事に繋げて個々の子どもの存在やその成長を考えるという何らかの仕掛けがない限り，里親制度が拡充していくことは難しいと思われる。

　であるとするなら，全国の児童福祉施設は地域社会への一層の開放を具体化していかなければならない。たとえば，見学会や訪問ボランティアの受け入れ，一日里親体験の実施，週末里親の促進など，個々の子どもの顔

と情がともなった結びつきを，一層広げていく取り組みが求められるのではないだろうか。

　なお，現里親行政は都道府県単位で行われており，各自治体によるニーズや受給にもかなりの格差が見られる。このことを踏まえれば，より広域での需給調整が可能になる仕組みもぜひ考慮されるべきであろう。

▼註

1──里親委託率とは，その年度の児童養護施設在籍人員＋乳児院在籍人員＋里親委託人員の合計で，里親委託児の数を割った数字。

2──月に数回の週末，あるいはお盆やお正月などの時期に施設から家庭に連れて帰る制度外の里親。自治体によっては制度化しているところもあるが，多くの場合ボランティアとして，施設の家庭体験事業として実施しているところが多い。ベルギー人監督ジャン＝ピエール＆リュック・ダルデンヌがつくった映画「少年と自転車」は多くの賞を受けた秀作であるが，日本の施設の子どもの話にヒントを得て，ベルギーバージョンでの週末里親を題材にした，子どもと里親の心の繋がりをテーマにした映画である。なお，ベルギーでは子どもに心の拠り所を与えるために，週末里親を施設のすべての子どもに義務づけているという。子どもにとっては，定期的面会や関わりの有無が，日常の心の安定に大きく影響を与える要素になる。

▼文献

津崎哲郎（1986）大阪市における里親委託の追跡調査研究1──養子縁組ケースについて．大阪市社会福祉研究10号．
津崎哲郎（1987）大阪市における里親委託の追跡調査研究2──養子縁組ケースについて．大阪市社会福祉研究11号．

3-3
紛争中の両親の子育て支援
親の紛争に巻き込ませないためのヒントと工夫

橋本和明

はじめに

　実の父親と母親の間に生まれた子どもであれば，その両親が共同で子育てをするのは当然である。しかし，この大原則が何らかの事情によって実現できない場合が起こる。例えば，親が死亡してしまった場合であったり，親による虐待がある場合など，何らかの事情によって不本意にも施設に預けられた子どもがまさにそうである。また，両親間に紛争があり，別居や離婚となって親同士が協力関係を結べない場合も，これに該当する。

　筆者はこれまで家庭裁判所の調査官として，離婚や夫婦関係の事件，子どもの親権者や監護にかかわる事件を数多く担当してきた。そして，そのようなケースの子どもの多くが，知らぬ間に両親間の紛争に巻き込まれ，身動きが取れなくなったり，情緒的に混乱してしまう姿を見てきた。なかには，親のほうではそこまでされる合理的な理由が見つからないにもかかわらず，ある子どもは何かに取り憑かれたように過剰に一方的に親を非難し，敵意を抱くことさえあった。しかし，逆に子どもの存在が紛争を鎮火させ，両親が円満な関係に戻ったケースや，離婚後の面会交流が順調に行き，子どもは明るさを取り戻し，以前にも増して親子交流が深まったケースもあった。

　当たり前のことを言うようだが，子どもというのは，親に依存をしなけ

れば生きていけない。そうであるがゆえに，親が何らかの紛争途上にあると，その親の影響を必然的に受け，子どももその紛争に巻き込まれてしまいやすくなる。その意味では「共揺れ」が起きるのはやむを得ないことなのかもしれないが，揺れを最小限度にする方法はある。

　本論では，紛争中にある両親の子育てについて取り上げ，子どもを紛争に巻き込ませないためにはいかにすべきかを考えていきたい。特に，両親が紛争による離婚や別居をしている場合に，生活を共にしていない親と子どもが行う面会交流についても焦点を当て，その際に親として留意すべきことを論じていきたい。

1　紛争中の夫婦のストレスと子育て

　子育ては親にとって，どの程度ストレスになっているのだろうか。図1は，共働き家庭の母親と専業主婦における子育てへの負担感を調査した結果である（財団法人こども未来財団 2000）。それによると，専業主婦のほうが共働き家族の母親よりも，子育てに対する負担感を感じている人が多いことがわかる。また，いずれの母親も7割以上が子育てに対する負担感を中程度から重度に感じている。これらを見ると，どの母親にとっても子育てというものは負担を感じるもので，それがストレスとなりやすいと言える。そのためか，最近では結婚をしても子どもをもうけない，あるいは子どもは最低人数とする夫婦が増えてきている。

　子育てのストレスは，夫婦が互いに理解し協力することで解消していくのが理想的である。しかし，その夫婦が協力関係を築けなかったり，ましてや紛争中であったりするならば，親のストレスは子育てにおいて突出したものとなってしまう。さらに，そのストレスの影響は親同士の間だけでとどまらず，必然的に子どもにも波及してしまう。

　紛争中にある子どもは，先行きの見えない不安から情緒不安定になったり，目の前で両親の喧嘩を見たりすると心理的にも混乱しやすい。物事の

| | =負担感大 | =負担感中 | =負担感小 |

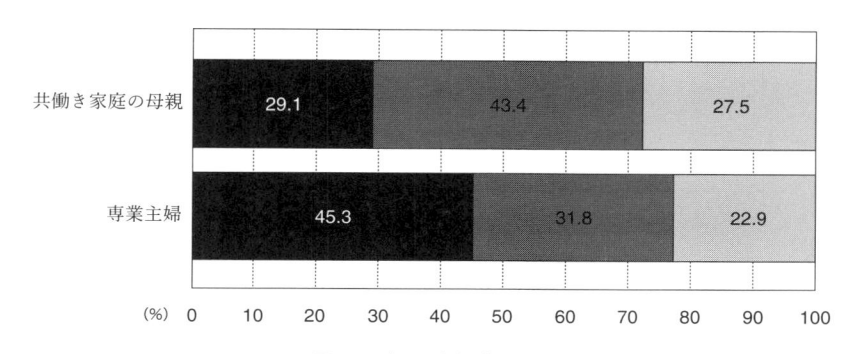

共働き家庭の母親　29.1　43.4　27.5
専業主婦　45.3　31.8　22.9

図1　子育ての負担感の状況
(http://www8.cao.go.jp/shoushi/whitepaper/w-2004/html-h/html/g1223220.html)

理解が進んでいない年齢の子どもほどその傾向は強い。なぜなら，子どもは目の前で起こっている両親の紛争について理解できず，いったいこれから自分はどうなっていくのかと感じ，根本となっている生活の基盤が脅かされるからである。また，自我が目覚め，親から少し精神的に自立を図ろうとする思春期にいる子どもの場合は，両親の紛争を目の当たりにして，親に過剰な反発をしたり，親を当てにできない孤独感を過剰に抱くかもしれない。しかも，これらの紛争が単発ではなく長期間にわたって続くと，子どもは慢性的な不安感や恐怖感さえも抱き，素直な感情表出がしにくくなることもしばしばある。例えば，幼少期であるなら夜泣きやチックなど身体症状として現れたり，学童期以降であるなら不登校，ひきこもり，非行などの問題行動となってしまったりする。そうなると，親としては子育てにますます負担を覚え，親子共々に抜け道のない暗闇を進んでいかなくてはならない。

2　紛争の渦中にいる子どもの心

　まずここで2つの事例を取り上げたい。いずれも家庭裁判所で面会交流事件として筆者が担当してかかわったものである。もちろん事例が特定できないように十分配慮していることを断っておきたいが，ここに登場する子どもたちがいかに両親の紛争のなかに身を置いているのかがわかるであろう。

1－砂遊び中に大声で近所の人に挨拶する男児のケース

　父母は一人息子が2歳のときに離婚し，母親が親権者となって現在まで息子と二人暮らしをしている。父親は離婚後，遠方で暮らしていたが，息子が4歳になった頃から，子どもに会いたいと申し出るようになった。しかし，母親はそれには断固として応じようとせず，「息子は父親の顔も覚えていないし，会うのを嫌がっている」という理由で拒絶した。そこで，父親は家庭裁判所に面会交流の申立てを行い，筆者が裁判官から子どもの意向調査を命じられた。

　筆者は母親と息子の住むマンションに家庭訪問し，まずは信頼関係を築こうとその子とアンパンマンの絵を一緒に描いたりして楽しく遊んだ。彼のほうも筆者になついてくれ，「次はドラえもんを描いて」などと要求もするようになった。ただ，隣の部屋に母親がいるので，彼に父親が会いたがっていることを伝えて彼の意向を聞いても，本心は言えないだろうと筆者は考えた。そこで，「この子と外で遊んできていいですか？」と母親に許可を得て，筆者はマンションの敷地内にある砂場に場所を移して遊ぶことにした。

　砂場でも筆者はその子とトンネルを掘ったりして楽しく遊んでいた。すると，彼はそこを通りかかる買い物帰りの主婦らしき女性に大きな声で，「コンニチワ」と挨拶するのであった。最初は近所の人で仲良くしている

人かと筆者は考えたが，彼は来る人来る人にやはり大声で挨拶する。「なんと礼儀正しいのだろう！」と筆者は感嘆さえしてしまった。そして，砂場を後にして家に戻ってから，筆者は母親に「この子はすごく礼儀正しいですね。いつもあんなに大きな声で挨拶するのですか？」と聞いた。すると，母親はキョトンとし，怪訝そうな表情でそれを否定するのである。そのため，筆者はますます彼のあの言動が不思議に思えたが，しばらくして，筆者は「そうか！」と合点した。

　彼は父親と同じぐらいの年代の男性と二人だけで遊ぶという経験が乏しく，たまたま筆者とそれができてうれしくてたまらなかったのであろう。だから，そこを通る近所の人に見せびらかすように，「コンニチワ」と挨拶をした。あるいは「僕にも父親がいるんだ」とばかりにアピールしたかったのかもしれない。筆者はそれを彼から直接言葉で聞き出したわけではないが，一緒に彼と時間を過ごすなかで，理屈抜きで伝わってきたように感じられた。筆者はそのような彼の内面を推察し，この子が父親と会えるように面会交流を進めていくべきだと考え，その旨を裁判官に伝えた。

　ただ，現実にはそううまく面会交流は軌道に乗らなかった。そもそも母親の面会交流に対する抵抗が非常に強く，試行的な面会交流をするものの，細かなところまで母親は父親に注文をつけた。また，息子が父親と会って楽しそうに戻ってきたときなどは，母親は見るからに不機嫌な様子で憮然とした表情を子どもに見せ，それを見て子どものほうもどうリアクションを示せばいいのか混乱していた。息子が手にしている父親からのプレゼントにも猛烈な勢いで母親は抗議し，筆者に「次回からはプレゼントを渡さないように父親に強く忠告してください」と言い放った。おそらく，母親にしてみれば，父親と息子の楽しそうな面会風景が自分への当てつけのように受け取られたのかもしれない。「プレゼントなんか買い与えて，自分になつかせようとしている。甘やかすだけ甘やかして，日常の世話をしている私の身にもなってほしい」とでも言いたげな様子であった。

　筆者は母親の心情を受け止めつつ，息子のためにこうして面会交流に協力している母親の姿を評価し，一回一回の試行的面会交流の実績を積み上

げていった。少しずつではあるが、母親も感情の荒波が穏やかになり、息子のためと割り切って面会交流の送り迎えを続けた。一方、父親も最初は会いたい一心で自分のことばかりを考えていたが、しだいに子どもの複雑な心情や協力してくれる母親の姿勢にも目が向けられるようになり、最終的には今後の面会交流の方法、回数などに合意ができ、調停が成立する運びとなった。

2－両親の離婚の成立を条件に面会交流をした女児のケース

　父親は母親にこれまで何度も暴力を振るい、母親は耐えきれなくなって着の身着のまま、小学6年生の娘を連れて家を出た。その後、母親は居所を隠して、家庭裁判所に離婚調停の申立てをしてきた。何度も調停が開かれたが、父親は母親との離婚には応じられないと主張し、話は平行線をたどっていた。ところが、あるとき父親は「娘に会わせてくれるのなら、離婚をしても構わない」と言い出した。父親はこれまで娘に手を上げたことは一度もなく、父親なりに娘を可愛がっていたところがあった。ところが、母親は「娘を父親に会わせたくない。今さら娘に会ってどうするつもりなのだろうか。あるいは娘から現住所を聞き出し、私たちを連れ戻そうとでも考えているのかもしれない」と反対した。そこで、筆者が直接娘に会って、父親との面会交流について意向を確かめることになった。

　数日後に筆者が娘に調査した際、彼女は「これで両親の離婚が成立するのなら、一度だけなら父親と会っても構わない」ときっぱり述べた。その覚悟というか、肝が据わっている姿に感心もさせられたが、筆者には紛争のなかでもがいている彼女の息苦しささえも感じられた。

　その後、父親と娘との面会交流の日程や方法を、筆者が両者の間に入って調整し、取り決めた。そのような苦難のプロセスがあったにもかかわらず、父親は面会交流の日時に指定された場所には現れなかった。そして、娘一人が待ちぼうけを食うこととなった。途中で父親が来ないという電話連絡が筆者のもとに入り、筆者も父親に連絡を取ったがつながらなかった。

筆者は約束を破った父親への腹立たしさもさることながら，自分を犠牲にしてまで両親の離婚を成立させ，母親を少しでも安心させたいとの娘の気持ちが痛いほどわかったので，やりきれない思いも湧き起こった。
　次の調停で，筆者は裁判所に出頭してきた父親と話をする場面があった。筆者は「娘さんがどんな思いでお父さんを待っておられたのか，おわかりになられますか？」と言った。今となっては筆者の思い入れがやや強すぎたと反省もするが，彼女の言いたいことを代弁する気持ちが強かったのであろう。すると，父親はその言葉に激情し，「お前に何がわかるんだ！」と筆者の胸元をつかんで，今にも殴りかからんとするのであった。父親の行動はすぐに制止されたが，父親はそのまま席を立ち，怒って裁判所を出ていった。そして，数日後に父親から連絡が入り，「二度と調停には行かない。離婚には応じるから協議離婚届を送ってこい」と伝えてきた。最終的には面会交流は実現せず，娘の親権者を母親と指定することで離婚が成立した。筆者としてはどこか後味の悪い幕引きで，娘の気持ちはもちろん，父親の言うに言えない思いへの理解も不十分なままの終結となった。

●

　上記の2つのケースで紛争のありようはそれぞれ違うが，そこにある子ども心情は極めて複雑で，子どもなりに親の気持ちを痛いほど感じ取り，自分の気持ちを素直に出せずに押しとどめようとしている姿は共通している。前者のケースにおいては，母親を気遣って父親に会いたいとは言い出せないものの，近所の人に大声で挨拶をして，自分にも父親がいることを必死でアピールする。後者のケースでは，本心は父親に会いたくはないものの，両親の離婚を優先させたいばかりに，自己犠牲的にそれを受け入れた。いずれも，両親の顔色や心情を子どもなりに受け止めた行動で，その渦中にある子ども自身は，紛争に巻き込まれながらもなんとか解決の糸口を見つけ出そうとさまよっている状態のように筆者には見える。

3　面会交流から学ぶ子育て

1－面会交流の歴史的変遷

　両親が離婚すると，その子どもはどちらかの親のもとで生活し，もう一方の親とは別れて暮らすことになる。今でこそ離婚は珍しくはなくなったが，わが国において一昔前までは離婚は「家の恥」と考えられ，離婚は夫婦の絶縁であり，一緒に暮らさない親と子どもも離婚と同時に絶縁を余儀なくされた。そのため，離婚後に別々に暮らす親が子どもに会いに来るということは恥の上塗りであり，あってはならないことであった。どうしても子どもに会いたい気持ちが抑えられない場合は，見つからないようにそっと陰から子どもの様子をうかがったり，自分が親であることを隠して他人のような顔をして子どもと接触するといった方法が採られた。いわゆる「塀越しの面会交流」である。当時は面と向かって会うことは許されず，陰ながらに子どもの成長を見守ることが美徳と重んじられたのである。また，離婚して家を出ていった親がノコノコ現れると，子どもは混乱し成長を妨げることになると考えられ，「お父さん（あるいは，お母さん）は死んだ」と伝えられ，親の存在そのものを抹消させようとすることが多かった。

　しかし，欧米の影響も受け，しだいに離婚後の親子関係のあり方もずいぶん変遷をたどってきた。女性の社会的進出や男女同権の考えが浸透してきたという背景も大きく，離婚後は母親が子どもを引き取り養育するケースが増加した。また，子どもを奪い合う場合などは，当時のアメリカでは母親優先原則（年齢の低い子どもは母親の愛情やかかわりが何にも増して重要になるとの考え方）が広がり，裁判では母親が親権者となって養育する決定が増えてきた。そこに登場するのが「訪問権」という考えであった。

　訪問権は，離婚後に別居している親が子どもを訪問して会うことができる権利のことで，現在の面会交流の走りとも言える。これには，離婚をしても親子の関係を途絶えさせないことが子どもにとっても望ましいという

考えが基底にある。そして今やアメリカでは，単なる訪問だけのかかわりではなく，離婚をしても両親は共同で子どもの監護に当たるべきであるという「共同監護」の考えが定着している。週のうちの何日は子どもは母宅で生活し，残りは父宅で過ごすというように，離婚時に今後の養育の具体的な方法を取り決めておくのが一般的となってきている。

　しかし，わが国ではまだまだそのような考えには追いつかず，法律上も離婚時にどちらかを親権者に指定する単独親権の制度が今も変わらず残されている。離婚後の面会交流については，それまでは民法のどこにも明記されていなかったが，ようやくそれが改正されることとなった。民法では，「父母が協議上の離婚をするときは，子の監護をすべき者，父又は母と子との面会およびその他の交流，子の監護に要する費用の分担その他の子の監護について必要な事項は，その協議で定める。この場合においては，子の利益を最も優先して考慮しなければならない」（民法766条1項）と規定されることとなり，2012（平成24）年4月1日から施行されている。

　これは民法改正前の平成23年度全国母子世帯等調査結果（厚生労働省2012）による数値であるが，面会交流の取り決めをしていると回答したのは，母子世帯の母では23.4％で，父子世帯の父では16.3％となっている。この数値を見る限り，まだまだ離婚後の面会交流が一般的になされているとは言い難く，この数値に現れない多くの面会交流が実現できずに苦悩する子どもがたくさんいるはずである。

2－関係性の見直しと再構築

　欧米と違って，わが国では面会交流が定着しない理由として，「出会い」よりも「別れ」に価値観を置く文化が今もなお根強く残っていることが挙げられる。昔話などを取り上げた研究（河合1982；森ほか1996など）においても，欧米では物語の結末は主人公の男女が出会うことで締めくくられるのが一般的であるが（「カエルの王様」「美女と野獣」など），日本においては別れのほうに力点が置かれる（「鶴の恩返し」など）。先に述べた

ように，離婚をして別々に暮らす親は死んだと子どもに伝えたほうが，子どもの心のなかに理想的な親像が残ると考えたのも，そのような理由のひとつかもしれない。しかし，最近ではそのような価値観を持っている人は少なくなり，現実的な親子関係をどのように維持し発展させるかを志向するのが一般的である。ただ，離婚後の親子関係はこれまでの親子関係の延長として捉えることがほとんどで，離婚によって，先述した「出会い」とまではいかなくても，新たな関係性を再度築き上げていくという視点に立つ人はそれほど多くない。しかし，筆者は離婚の前後で家庭の状況は変わるという捉え方をし，それまでの親子関係の一貫性を保ちながらも，その後の新たな親子関係を築いていくことが何より大切であると考える。その意味でも面会交流は，その親子関係の再構築の大きな舞台となるのである。

　また，通常の子育てにおいてもそうであるが，子どもの発達段階に伴って親子の関係性も変わっていく。面会交流の状況においても，やはり子どもの発達段階に応じた課題や問題が生じてくることはもちろん，面会交流そのものの段階によっても，その現れが違ってくる。仮にそれを「開始期」「定着期」「発展期」に分けてみたい。

3─新たな親子関係の構築──面会交流の開始期としての課題

　まず面会交流が始まった「開始期」では，親も子どももぎこちなく，一緒にいてもどこか居心地の悪さを感じる。親の側は，自分たちの離婚で子どもに辛い思いをさせているという申し訳ない気持ちがあったりもする。また，別居している親にしてみれば，わが子を引き取れずに手放した後ろめたさがあったり，同居している親にしても，わが子に寂しい思いや十分な生活をさせてあげられない気持ちが湧き起こる。一方，子どもの側も今の生活を共にしている親への忠誠心とともに，別居している親への申し訳なさや，面会交流をすることがどこか親を裏切っているような後ろめたさを感じたりもする。時には紛争を目撃し，子どもの問題で言い合いになっているのを聞いたりすると，子どもは，離婚という事態になったのは自分

のせいではなかろうかと考えたりもする。このようなさまざまな罪悪感は，それまでの満たされていない欲求が心の奥に横たわっているからこそ生じるものである。それを解消するには，単独の親の子育てだけではなかなかうまくいかず，問題が長引いてしまうことさえある。そのため，開始期の課題は，両親は事情があって別れることになったが，親子はこれまでと同様に継続し，生活様式は変わりつつも新たな親子関係を築き上げるスタートの意味を生み出せるかどうか，ということになる。そのためにも，別居をしている親も同居をしている親も共同で子育てに責任をもって引き受けていくことが重要なのである。まず両親がそこに立脚することが面会交流の大前提となる。

4－非日常性から日常性への転換──面会交流の定着期としての課題

　面会交流が少し軌道に乗り出しても，それが定着するまでには，まだまだ乗り越えなければならない課題が待ち受けている。面会交流の開始期は親子の再構築のスタートとしての位置づけがあると述べたが，開始期の段階は概して不安定性を伴いながら行われることが多い。別居する親は久々のわが子との対面に大きな期待をし，子どもを喜ばせよう，楽しませようと，プレゼントを用意したり，動物園や遊園地に連れ出したりする。アメリカではこのような親のことを「ディズニーランド・パパ」や「ウィークエンド・ファーザー」と呼んでいるが，このような面会交流は親も子どももくたびれてしまい，長続きはしない。それは言わば，非日常性としての面会交流と言ってもよく，面会交流が何か特別なイベントとなってしまいがちとなる。本来の親子の交流は日常性のなかでこそ深まるのである。それが面会交流の「定着期」の大きな課題となる。

　少し古い映画であるが，「ミセスダウト」（クリス・コロンバス監督による1993年のアメリカコメディ映画）にはそれが如実に示されている。ストーリーは，妻は子どもと遊ぶことしか能のない夫に愛想を尽かし離婚を宣言する。裁判で養育権は母親と決まり，父親は週1回の面会交流しか認

められないことになった。子煩悩の父親はもっとわが子とかかわりをもちたいばかりに，新聞広告に出ていた家政婦募集を知り，初老の女性に変身し，ミセスダウトと名乗って家に入り込むのである。父親は母親にもわが子にも気づかれないように家政婦を続け，子どもたちを躾ける。最終的には父親の変装がばれ，父親の正体が家族にもわかってしまうが，母親は父親の子どもたちへの愛情の深さを知り，夫婦が和解するという結末を迎える。

　この物語で，週1回の面会交流では物足りない父親が求めたものは，日常性であったのではないだろうか。確かに両親が離婚をすれば，子どもは両親と同居することは不可能となる。四六時中生活を共にすることはできないかもしれないが，どこか生活を共有している感覚が子どもにとっては大切である。言い換えれば，たまに出かけるレストランでの食事も子どもにはうれしいかもしれないが，粗食であっても家で日常的に食卓を囲んで食べる食事は，それ以上に子どもには必要なのである。

　日常性が意識できるまでには，何度も何度も同じことであっても繰り返され，切れ目のないかかわりが必要となる。これを面会交流においても心がけていくことが重要である。年に1回のクリスマスプレゼントも子どもにとっては親から与えられた愛情の証として大切かもしれないが，実はそれ以上に毎日の朝昼晩の食事の提供など，日常的なケアは，かけがえのない親の愛情の証である。子どもはそれに今すぐ気づくことはないかもしれないが，きっと将来はそれが自分を支えてきたものであるとわかるはずである。面会交流もそのような日常性を伴うものでありたい。

5－主体性の尊重──面会交流の発展期としての課題

　面会交流が長年継続してなされ，子どもが思春期や青年期にさしかかると，今度は親からの分離もしくは独立というテーマが持ち上がってくる。これは面会交流の「発展期」にしばしば生じやすいものでもある。

　具体的には，子どもがしだいに別居する親と会いたがらなくなり，クラブ活動や友だちとの交際を優先し，親と共にいる時間をそちらのほうに回

すようになる。あるいは生活を共にしていた親に別居している親と暮らしたいと言い出したりすることもある。これは何も同居している親に対して嫌悪感や敵対心をもったためではない。その背景には，"自立"ということが大きく関係している。

　親からの自立は，離婚家庭に限らず，どの家庭においても直面するテーマである。言わば，子どもの成長過程で誰しもがそこを通過せねばならない。しかし，別居する親，あるいは同居する親は，このような子どもの傾向を素直に受け止められず，これまで以上に濃密なかかわりをしようとしたり，逆に一気に子どもを突き放そうとしがちとなる。そうなってしまうと，逆に子どもの自立の機会を損ない，後々の関係性に火種を残すことになってしまう。

　仮に，この段階で子どもが面会交流に消極的になったとしても，面会交流の開始期の抵抗とはまったく意味が違う。つまり，この発展期に見られる特徴は，先にも述べた面会交流の定着期の安定性を通過しているからこそ生じる消極性とも言える。関係性という点から述べれば，安心できて信頼できる関係があるからこそ，逆に不安を抱かずに離れられるのである。そう理解すると，同居する親との生活から別居する親のもとに拠点を移したいと子どもが述べるのも，ひとつには同居している親との安定した関係性があるからこそ出てくる考えだと言えなくもない。

　いずれにせよ，親としてここで考えなくてはならないのは，子どもの主体性の尊重という課題である。確かにどの時期でも主体性の尊重をすることは親としては当たり前ではあるが，特にこの段階においては，今後の親子の関係性の発展を考えるうえではなおさら大切となる。

　ところで，子育てに終わりはあるのかという議論がしばしばなされることがある。筆者は子育てには終わりがあってよいと思うし，それは終わるべき性質のものだと考える。多くの動物も一定期間は親が子育てをするが，その時期が来ると親は子を突き放し，自立を促そうとする。そうしないと，その世界では生き延びられないからでもある。動物と人間はさまざまな点で違うかもしれないが，人間もいずれは自立して親のもとを離れることを

考えると，子育てには終わりがあるはずである。そして，面会交流における子育てのあり方も，いずれは親に会わなくてもやっていける時期がきっと来るに違いない，ということを意識したものでありたい。筆者は子どもの主体性を尊重することによって，子育ての終わりが意識されるものと考えている。

おわりに

　就労には休みがあるが，子育てには休みがない。両親が互いに協力的であれば，どちらかが子育てから離れてリフレッシュできるが，その両親が紛争中であるとなかなかそうもいかない。そんななかで，子どもを紛争に巻き込ませないようにするためにはいかにすべきかについて，面会交流に焦点を当てて論じてきた。

　面会交流を円滑にし，しかも親子両方にとって意味があるものになるために，本論ではいくつかの留意点を取り上げた。そこには紛争中の両親の子育て技術が凝縮されていると考えたからである。

　ただ，あまりにも紛争がこじれたり，親や子どものパーソナリティに課題がある場合などは，「片親疎外症候群（The Parental Alienation Syndrome : PAS）」（ガードナーが 1992 年に提唱（Gardner 1992））に子どもが陥ってしまっているのではないかと思えることもある。子どもは，両親が婚姻中はいずれの親とも関係性が良かったにもかかわらず，離婚に至ると別居している親に対して急にあからさまな敵対心を示し，結果としてその親との面会交流を拒否したりする。ガードナーはそれを，監護をしている親の子どもに対する洗脳と，監護をする親を喜ばせたいといった生き残りをかけた子ども側の貢献という 2 つの要因から生じるものと説明している。この片親疎外症候群には診断学上の症候群という名称でくくったことに対する批判もないではないが，いずれにせよ，子どもが凄まじい葛藤に巻き込まれやすいことは，少し想像力を働かせるだけで理解することができる。

筆者がなぜ面会交流に焦点を当てるかというと，面会交流が親子の再構築につながるもので，そこには紛争中の両親の子育ての技術が凝縮していると思えるからである．両親の離婚は父親と母親の婚姻の終局を意味するが，決して親子関係の終局を意味するものではない．ある意味では，離婚によって新たな親子関係の始まりが訪れ，親子関係の再構築になっていかなければならない．

▼ 文献

Gardner, R.A.（1992）*The Parental Alienation Syndrome*. New Jersey : Creative Therapeutics Inc.
河合隼雄（1982）昔話と日本人の心．岩波書店．
厚生労働省（2012）平成 23 年度全国母子世帯等調査結果．
森 省二・橋本和明・森 恭子（1996）昔話と心の深層．創元社．
財団法人こども未来財団（2000）子育てに関する意識調査事業調査報告書．

▼ 参考文献

E・P・ベイネイディック＋C・F・ブラウン［高田裕子＝訳］（1999）離婚しても子どもを幸せにする方法．日本評論社．
R・A・ガードナー［深沢道子＝訳］（1972）パパとママの離婚．三笠書房．
A・リチャーズ＋A・ウィルス［詫摩武俊・大江 基・佐山菫子＝訳］（1986）親の離婚——ひきさかれた子どもたちへのガイド．ブレーン出版．
S・シュトロバッハ［柏木恭典＝訳］（2007）離婚家庭の子どもの援助．同文書院．
棚瀬一代（2007）離婚と子ども．創元社．
棚瀬一代（2010）離婚で壊れる子どもたち．光文社新書．
E・S・セイアー＋J・ツィンマーマン［青木 聡＝訳］（2010）離婚後の共同子育て．星雲社．
R・A・ウォーシャック［青木 聡＝訳］（2012）離婚毒——片親疎外という児童虐待．誠信書房．

第4部
問題行動と子育て技術

4-1

非行臨床と子育て支援

村尾泰弘

1 少年非行をどのように理解するか——被害者意識のパラドックス

1 − 非行臨床の特殊性

　非行少年の処遇については，古くからダブルロールという難しい問題が存在することが知られている（井上1980）。簡単にまとめると，非行少年の対応においては，少年の行動規制を課す役割と，少年の自由意志を尊重する役割という2つの役割が求められ，その相克に非行臨床に携わるものはしばしば困惑させられるのである。これがダブルロールの問題である。非行臨床の難しさは，このダブルロールの問題に尽きるともいえる。

　本論ではまず，この非行臨床の特質に目を向けながら，非行少年と家族への支援のあり方を考えてみたい。なお，ここで取り上げる事例は，プライバシー保護のため，いくつかの事例をつなぎ合わせてひとつの事例にしたり，内容を修正したりして，加工を施してあることをお断りしておく。

2 − 非行少年——加害者でありながら被害者意識が強い少年たち

　少年たちのなかには，再犯を繰り返し，罪の意識がほとんど深まらないように見えるものがいる。彼らにはもちろん理屈のうえでは悪いことをしたという自覚がある。ではなぜ罪の意識が深まらないのだろうか。次の2つの事例に目を通していただきたい。

● 事例1──少年A／14歳男子
Aは13歳のときに激しい校内暴力を起こし，窃盗，シンナー吸引，恐喝などで警察に捕まり，家庭裁判所で試験観察に付されたが，いっこうに行動は改善されず，児童自立支援施設に送られた。しかし，そこでの生活も安定せず，1カ月に5回の無断外出を繰り返して浮浪生活を送り，バイク盗と無免許運転・物損事故を起こして再び捕まったのである。
家族はA，母親，姉の3人家族。父親はAが4歳のときに仕事中に事故死している。母親によれば，Aは幼少期からその場逃れの詭弁を弄するのが巧みで，裏表の激しい行動を繰り返してきた。Aは驚くほど嘘がうまいと母親はいう。
筆者はAと面接したが，Aは「僕は父親がいないことでいじめられてきた」「僕はいつも運が悪い」「こんなこと（非行）をするようになったのは友達が悪かったからだ」などと自己弁護に終始し，自分を被害者の立場に置こうとする傾向が顕著であった。

● 事例2──少年B・19歳男子
Bは15歳時に傷害，窃盗，放火などで家庭裁判所に事件送致され，その後，強盗強姦を繰り返し，さらに強姦致傷などを起こして特別少年院に入所後，仮退院したが，再び強盗強姦，強姦致傷を起こした。
Bの家族は母親，兄3人，姉3人，妹の計9人。父親はBが就学する直前に「蒸発」して行方不明になった。母親はたくさんの子どもを抱え苦労を強いられてきた。
Bは無口だが，短気で立腹しやすい。「友人に裏切られた」「人は信用できない」などと言い，対人不信感が強かった。筆者との面接が深まるにつれて，Bは「自分は人とのかかわりを避けてきたが，本当はとても寂しがり屋である」と複雑な気持ちを訴えはじめた。そして，「僕は友達との関係でもいつも除け者にされる」「いじめられてきた」と述べ，被害感情が根深いことを示すに至った。

以上2例を見ると，そこには共通点があることに気づく。それは，双方とも被害者意識が強いということである。
　少年A, Bともに罪を犯した加害者でありながら，気持ちのうえでは，あたかも自分が被害者のような立場に立っていることがわかる。彼らには理屈のうえでは悪いことをしたという自覚が一応はある。しかし，心のなかでは「自分は不幸である」「不運である」「不当な扱いをされている」といった被害者意識が根強く，生活や行動はむしろこのような被害者意識に左右されているために，罪悪感が深まらないのだと考えられる。
　このような「加害者でありながら被害者意識が強い」という逆説（パラドックス）は，非行少年一般に当てはまると考えられる。例えば，村松(1978)は，非行少年の被害者意識をとりあげ，この被害者意識が更生への障害になっていることを指摘している。このように考えると，非行少年の心理の理解とカウンセリングのポイントは，まさにこの「自らの被害者意識ゆえに罪悪感が深まらない」という点にあることが理解される。この被害者意識に対する理解とケアが非行臨床の最も重要な点であると筆者は考えている。では，なぜこのような問題が起きるのだろうか。その背景には，非行臨床特有の問題としての行動化（アクティング・アウト）が介在している。その問題を検討していくために，非行臨床の治療的アプローチを，いわゆる神経症者の治療と比較して考えてみたい。

3 － 神経症との比較 —— 行動化への対応と苦悩の理解

　いわゆる神経症者も非行少年も内面に苦悩を抱えている点では同じである。ところが両者ではその苦悩の表れ方が異なっているのである。
　神経症者は自らが苦しんでいくタイプ，つまり，自分を苦しめていくタイプだといえる。ところが，非行少年は周囲や他者を苦しめていくタイプと考えることができる。力の向く方向が逆である。非行少年たちは，苦悩の表れ方が外へと向かう。悩みを抱えるよりも，悩みを行動でまぎらわせようとするといってもよいかもしれない。言い換えれば，「悩みを抱えら

れない少年たち」（生島 1999）ともいえる。非行がしばしば行動化の病理といわれるのは，そのことと関係している。しかし，非行少年も内面に苦悩を抱えていることを忘れてはならない。その苦悩に共感し理解していくことが，非行少年への支援の基本なのである。

さて，彼らの心のなかが被害者意識に満ちていること，これは彼らの心が傷つき体験を繰り返してきたからだといえる。

実際，法務総合研究所が少年院在院者について虐待等の調査を行った結果（法務総合研究所 2001）によると，50.3%の少年（男女）に身体的暴力や性的暴力（接触や性交），不適切な保護態度のいずれかの虐待を繰り返し受けた経験があると報告されている（橋本 2004）。

非行を繰り返す少年たちの胸の内には，親に虐待された，裏切られた，教師に不当に扱われた等の被害者意識が深く鬱積しているのである。このような心の傷に対しては，カウンセリング的な手法で対応することになる。しかし，非行少年たちは神経症者と違って，激しい行動化が伴う。問題行動や犯罪を繰り返し，せっかく治療者と少年の間にできあがった信頼関係をすぐに壊してしまうのである。そのため内省は深まらない。この行動化に対する対応が非行カウンセリングの大きな特色である。

こう考えると，行動化に対する対応として行動規制を課す必要があることがあらためて理解できるだろう。ところが，カウンセリング的な治療は本人の自由意志を尊重するのが原則である。これはある種の矛盾である。これが最初に述べたダブルロールの問題と呼ばれる問題の核心なのである。

2　少年非行の家族支援

それでは，ここで家族療法の立場から非行事例を考えてみたい。

1 — Cの事例——強盗致傷

事件の概要

パチンコ屋で金を使い果たしたC（16歳男子）は，弱そうな男（被害者，大学生）を見つけて恐喝をすることを思い立ち，被害者に声をかけたが無視されたので腹を立て，被害者の背中を殴って転倒させた。抗議した被害者に対して見境なく殴る蹴るの暴力を加えて，被害者から無理やり強奪し，被害者に傷害を与えた事件である。

筆者が家庭裁判所調査官（以下，調査官）として，少年鑑別所で初めてCと会ったときの印象は，少し意外なものだった。体は大きいのだが，終始おびえが強く，これが粗暴犯なのかと呆れるくらいであった。筆者は，まずこの小心さと強盗致傷という内容のアンバランスに驚かされた。

家庭状況

Cの家族構成は，父，母，姉，Cの4人家族。母親（43歳，パート看護婦，高卒）は支配的で過干渉で，姉（17歳，高校3年生）もやはり過干渉であったという。一方，父親（45歳，会社員，大卒）は家庭内での発言力が弱く，そのうえ3年前から単身赴任をしており家庭を離れていた。

2 — 面接経過と事例理解

Cは，父親は家庭で影が薄いという。母親はいわゆる過保護・過干渉で，家のなかを支配している。Cは「姉はおふくろそっくり」と述べた。Cがいうには，「母親は自分を子ども扱いする」「家のなかは何でも女っぽい考えで動いていて嫌だ」ということになる。

調査官が，「君はいつごろからつっぱるようになったのか」と聞くと，「中学2年の頃から」と述べた。それはちょうど父親が単身赴任した時期と一致している。

Cと面接を繰り返す一方で，父母に会ってみると，たしかにCの言う

ことがよくわかった。両親から話を聞きたいのに，母親がひとりで話をするのである。父親はかたわらで静かに相づちを打つだけである。筆者が「C君は自分のことを子ども扱いするのが嫌だと言っていましたよ」と言うと，母親は「わかっているんですが，どうもあの子は要領が悪くてみていられないんです」と弁解する。そして，横にいる父親をさかんに非難しはじめた。

「だいたいこういうこと（非行）には父親の対応が必要なのに，この人は単身赴任で家にいない。単身赴任の前は，仕事仕事で帰りは遅い……相談しても，ああとか，うんとか，なまくらな返事をするだけで，ちっとも頼りにならないんです。結局，私が一人で悩んできたんです」。

父親は母親から一方的に責められるばかりで，母親の前では，特に発言がなかった。父親の話も聞いてみたかったので，母親に部屋を出てもらうと，父親はそれなりの弁解を語った。

「家に居場所がないんですね」。父親はしみじみ語りながら，こんなことを口にした。「妙なことなのですけどね，私があいつ（C）のことを厳しく注意しようとするでしょ。そうすると，女房のほうが妙にかばうのですね。そんなこんなで，いつのまにか家のことに口を挟めなくなってしまったのですね。今となっては弁解ですが……」。

この夫婦の特徴は明らかである。夫婦の間の連携がきわめて悪いのである。母親は「相談のしがいがない夫」と言い，父は「口出しをさせない女房」と言う。

さて，この家族の問題は具体的にどのように考えればよいのだろうか。

3－非行を生み出す家庭内の悪循環──強い母の孤立という悲劇

Cの家庭では，母親が強くて支配的な存在と受け止められがちである。しかし，実際は，母親は決して強くはない。むしろ不安定で孤立しているのである。

母親は父親のことを「頼りにならない」「相談のしがいがない」などと責め，拒絶するようになった。そのために母親はますます家庭のなかで支

配的にならざるを得なくなったのだが，その一方で母親は心理的にますます不安定になっていったことに注目したい。

　母親は，父親が「頼りにならない」ために，父親を拒絶して家庭外に排除していく。このことは，逆に母親の孤立を深め，内面的な支えを失うことにほかならない。つまり，父親を侮蔑すればするほど母親は孤立し，内面的に不安定になっていくのである。したがって，母親は一見強そうに見えるが，その内面は不安定そのものなのである。そのために母親はますます心配性になり，過干渉な態度を強めていったと考えられる。

　この家族の機能不全は，家庭からの父親の排除と母親の不安定化の悪循環として理解される。

　支配的な母親は父親を「頼りにならない」として侮蔑して家庭外へ排除する（父親の排除）。母親はいっそう支配的となるが，内面的な支えを失い，内面的な不安定さは増大する（母親の不安定さの増大）。母親は不安定さを補償しようとして，ますます子どもを支配下に取り込み過干渉に接する（母親による子どもの私物化）。そして子どもは母親の過干渉を拒否して非行に走る。するとますます母親は父親を「頼りにならない」として家庭外へ排除する。

　図示すると図1のようになる。このような悪循環の図式のなかで非行が現れることは，臨床のなかで頻繁に認められる。

　父母は筆者との面接のなかで，この悪循環に自ら気づき，家族関係は改善されていった。父親は「もっと家庭のことに関わるべきだった」と反省し，母親も自分の姿勢を改めた。興味深いことに，母親は「私は逆をやっていたのですね」と述べた。つまり，面倒なことが持ち上がると，父親は仕事という名目で家庭外へ逃げようとした。それに業を煮やした母親はその背中を押した。そのことを認めた母親は，「本当は父親を家庭に引っ張り込まなくてはいけなかったのですね」と語ったのである。

　この事例においては，試験観察において，筆者による家族支援的なアプローチが行われ，父母の連携，つまり親（夫婦）サブシステムの連携強化と少年の自己決定を尊重する家族の姿勢を強化することが目標になった。

```
            父親が頼りにならず
            母親は父親を非難する
                                    母親は父親を
                                    家庭外へ排除する
  Aは母親の過干渉が嫌で      悪循環
  非行へ走る
                                    母親は支えを失う
                                    不安定となる
            母親は不安が増大し
            ますます過干渉になる
            （子どもの私物化促進）
```

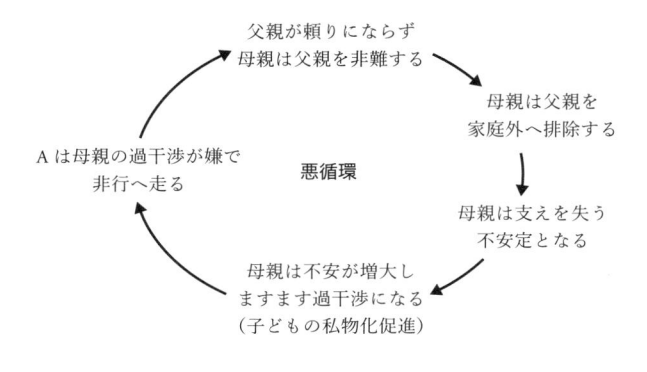

図1　非行をめぐる悪循環

　試験観察の面接は家族参加のセッションとし，父親の積極的な発言を促すとともに，少年が自分自身のことに関しては自分の意見を積極的に述べ，父母がそれを検討し，家族としての意思決定をするという家族システムの形成に努めた。

　少年は少年鑑別所を出所した時点で高校は中退したが，「実は，僕は別の高校に行きたかった。でも，担任の先生が無理だと言うから諦めていた」と述べ，本当に行きたかった高校の受験を試みることを主体的に「自己決定」した。その結果，高校受験に成功し，試験観察は終了。保護観察決定で事件は終結したのである。

3　非行カウンセリング──受容するということ

　さて，具体的な事例を通して，非行と家族の関係を見てきた。今度は，カウンセリング技法の立場から，親子関係と非行の関わりを考えていきたい。

1－非行カウンセリングと受容

　カウンセリングにおいては，傾聴や共感，受容といったことが大切であるといわれる。では，非行カウンセリングの具体的場面ではどのように対応することになるのであろうか。まず，受容ということを取り上げ，具体的な事例をみながら考えていきたい。

● **事例**──中学2年生・男子「親父を殺してやりたい」①（ありのままの気持ちの共感）
この少年は学校内で暴力的な言動を繰り返している少年である。担任教師に威嚇的な態度をとり，親との関係も険悪である。父親は激高しやすい性格で，少年に対して体罰で対応してきた。母親は小心でおろおろするばかりの人物である。

筆者が少年と面接した際，この少年は「あの親父を殺してやりたい」と吐き捨てるように言った。

さて，この少年の「親父を殺してやりたい」という発言を受容するとはどのようなことなのだろうか。常識的に考えても，父親殺しを勧めることが受容ではないことは明らかである。では，どのように考えればよいのだろうか。ここには非行カウンセリングの本質的な内容が関わっている。我々は，受容とは評価をせずに共感することだと考えている。評価をしないとは，「良い・悪い」の判断を持ち込まないということである。ここが教師の対応と根本的に異なるところであろう。「親父を殺す」。このことは良くないことに決まっている。だから，教師であれば，この少年が父親を殺さないようにアドバイスすることを考えるかもしれない。

「君がお父さんを憎んでいることはわかる。でも，殺すのは良くない。もっと違う形で，お父さんとどのように関わっていけばよいか，ここで話し合いをしよう」。この対応もきわめて教師的な対応である。教師はものごとの善悪を教えることがひとつの主要な仕事であろう。この対応は，「父親を殺すことが良くないことであること」を自覚させ，より良い形で父親と関わる方法について一緒に考えていこうとしているからで

ある。

しかし，筆者の考えるカウンセリングでは，このような展開はしない。「親父を殺す」ということが「良いこと」か「悪いこと」かという「良い・悪い」の次元でとらえることをまず一時的に棚上げするのである。「良い・悪い」の次元で考えることをいわば網棚の上に乗せ，この少年がどのような気持ちであるか，そのありのままの気持ちを共感していこうとする。これが我々の考える受容である。

では，具体的にどのような対応になるかというと，「そんなことを考えるくらい，君はお父さんが憎いんだね」「初めてそんなことを考えたのはいつ？」「そのときどんなことがあったの？」というものになる。

このように「親父を殺したい」と述べるに至ったその背景の苦悩を理解していくのである。つまり，「親父を殺したい」という言葉を発するには，その背景に，この少年固有の苦悩があると考える。この少年は自分の苦悩を筆者に伝えるために「親父を殺してやりたい」という表現を使用していると考え，苦悩そのものを共感的に理解していくのである。そうすれば，少年は「親父を殺してやりたい」などという表現を使用しなくてすむようになる。そのような表現でなくても自分の苦悩を理解してもらえるからである。そして，この少年は自分の本来的な苦悩に直面していくことになる。その苦悩に直面していくことを支えるのが，筆者の考える非行カウンセリングなのである。

● **事例**──中学2年生・男子「親父を殺してやりたい」②（苦悩の理解）

この少年と面接を深めていくうちに，少年と父親との関係が明らかになってきた。父親は暴力的ではあるが，子煩悩なところもあったという。しかし，小学校高学年になった頃から，少年野球を続けるかどうかで父親と決定的な対立となった。

少年は「父親は自分の言い分を全く聞いてくれない。頭ごなしに続けろとばかり言った」「（小学校6年生のとき）友達を殴ったのには理由があったのに，一切事情を聴いてくれなかった」と語り，そんな父親に「（自分を）

もっとわかってほしい」「もっと優しくしてほしい」と語ったのである。この少年の苦悩は「父親にもっと自分を理解してほしい」「もっと愛してほしい」が、「それがうまくいかない」苦しみである。その苦しみの表現として「父親を殺してやりたい」と表現していることがわかる。
このように，「親父を殺してやりたい」などという少年にかぎって，言っていることとは裏腹に，実は父親からもっと愛されたい，自分をもっとわかってほしいと思っている場合が少なくない。そして，それが成就しないことで苦しんでいるのである。
そのような少年に，父親を殺すことがいかに悪いことかを教え諭すことにどれほど効果があるだろうか。また，「人の命は地球より重い」などという「教訓を話すこと」はいかがなものだろうか。
このような対応を受けた少年は怒り出すに違いない。なぜなら，このような対応をされると，「自分が理解されていない」という気持ちをいっそう深めるからである。
我々はきちんと少年の気持ちを受けとめて，その気持ちや考え方に共感していくことこそが大事だと考える。この少年の場合は，少年の父親に対する複雑な思いをしっかりと受け止め，どのようにすれば父親が自分をわかってくれるかを相談していくことが重要なカウンセリングの課題になった。
先ほどの神経症との対比でいえば，神経症者は内に抱えた苦悩が自分を苦しめる方向で展開するのに対して，非行少年は内に抱えた苦悩が周囲を苦しめる方向で展開していく。つまり，苦悩が向かう方向が違うのである。非行少年も苦悩を抱えていることを忘れてはいけない。その苦悩を受けとめることが，非行カウンセリングの基本なのである。
「非行」という言葉には「行いに非ず」という意味が込められている。これは，すでに「良くないこと」という評価が入っていることが理解できる。だからこそ，評価を一時棚上げすることに意味があるのである。そして，その少年の生の気持ちに寄り添うのである。

2－非行の子どもと家族支援の基本

1－社会的な相互作用を利用する

　非行臨床においては，社会的な相互作用を利用することが最大の特徴となる。この点が不登校などへのアプローチとの決定的な違いとなる。非行少年は警察に捕まったり，家庭裁判所から呼ばれたりと，社会的な相互作用を経験する。非行臨床では，この相互作用を最大限に利用することがカウンセラーの重要な仕事となる。また，このことが非行臨床の最大の特徴である。

　問題行動を家庭内で親が注意するだけで止めさせることは，きわめて難しい。むしろ，注意が空回りするうちに，叱責が激化していき，親子関係が悪化し，さらに少年を非行に追いやることがしばしば見られる。だから親子関係を良好にすることがまず必要ではあるが，それを積み上げていくうちに，その一方で多くの場合，少年は家庭外で問題行動を引き起こすようになる。そして警察に捕まり，家庭裁判所に呼ばれるといった事態が生じる。しかし実は，これがチャンスなのである。これは「権威を治療的に使う」（生島 1999）ことでもある。

　家庭裁判所に呼ばれることは少年にとって非常に大きな不安要素となる。このとき親子で，家庭裁判所でどのように対応したらよいかを話し合うのである。言い換えれば，このとき親子できちんと話し合えるように，そのための準備として，親子関係を良好にしておくことが非常に重要になる。

　また，非行臨床においては親がカウンセリング来ても子どもはカウンセリングに来ないことが多い。しかし，この家庭裁判所からの呼び出しを好機として，少年をカウンセリングの場に引き出すこともできる。家庭裁判所でどのように対応するか，家庭裁判所に行くまでに何をすればよいのかなどを，親子揃ってカウンセリングの場で話し合う。これこそが家族療法的な非行臨床になりえるわけである。カウンセラーにとって，ダブルロールの問題が大きくなるのもとりわけこの段階からである。

2－自己決定の原則を貫く──他罰的姿勢への対応

さて，非行少年の心理臨床においては，激しい行動化が伴うことも特徴であることはすでに述べた。

このような激しい行動化は，具体的には責任転嫁や他罰的な姿勢となって現れる。平たい言葉で表現すると，非行少年たちは責任転嫁や言い訳に終始するのである。このような態度に適切に対応することが重要な課題となる。

例えば，少年が「転校してもよいですか」と許可を求めてきたとする。これに対して，どのように対応すればよいかを考えてみよう。

少年の実情を考慮して「転校したほうがよいか」あるいは「転校しないほうがよいか」を真摯に考えたとする。ところが，「したほうがよい」「しないほうがよい」といういずれの結論を出しても同じ問題が生じるのである。

転校を許可した場合，転校先で事態が悪くなったとき，少年はまずこう言うだろう。「あなたが転校しろと言ったからこんな悪い結果になった」。

また逆に，転校を許可しなかった場合はどうだろうか。事態が悪くなると少年はきっとこう言うのである。「あなたが転校させてくれなかったからこんなひどい結果になった」。

つまり，いずれの場合もカウンセラーが悪者になってしまい，少年は被害者的立場に逃げ込んでしまうのである。このように，非行少年の行動化の背景には，他罰的な姿勢がみてとれる。したがって，少年たちが他罰的な姿勢がとれないような対応を講じなければならないことが理解できよう。

では，どうするか。少年にとって肝心なことは，自分自身で決定するということである。つまり，自己決定の原則を貫くことが大切だと考えるのである。そして，その結果がうまくいけば本人を誉め，うまくいかなければ内省の材料にする。これが非行臨床の要だと筆者は考えている。

ダブルロールのところで再三言及したが，非行臨床には行動規制を課すことがどうしても必要になってくる。行動規制を課すがゆえに，だからこそ肝心なことは自分で決定させるという自己決定の原則を貫き，そのことでバランスが保たれるのである。自己決定なくして責任感は生まれない。

ひいては加害者意識も深まらないのである。

　非行少年の家族には、少年が被害者的な立場に逃げ込む構造がすでにできあがってしまっている。だからこそ、カウンセラーは家族と協働して、少年の自己決定を重んじる家族システムを作っていく。このことができるかどうかが、支援のポイントになるのである。

おわりに ── 逆説には逆説を

　本論では、非行臨床の難しさの原因を非行少年の行動化にあると考えた。そして、彼らが行動化を繰り返し、内省が深まらない原因は、非行少年たちは加害者であるにもかかわらず被害者意識が強いためだと考えた。そして、少年の自己決定を重んじる家族システムを構築できるかどうかが大きなポイントになると論じた。

　このことは次のように考えることもできるのではないだろうか。

　非行少年たちは「加害者であるにもかかわらず被害者意識が強い」という、いわば逆説的な存在である。一方、対応はどうかというと、「行動規制を課しつつも、自己決定を重んじる」ということになる。これも逆説性をはらんでいることがわかる。つまり、非行少年たちは「加害者であるにもかかわらず被害者意識が強い」という、いわば逆説的な存在であるからこそ、この逆説的存在に対する治療的対応もまた、「行動規制を課しつつも、自己決定を重んじる」という逆説的なものにならざるをえないのではないか。ここに非行臨床の難しさがあり、それは同時に臨床家にとって、臨床活動を行ううえでの妙味となるのである。

▼ 文献

橋本和明（2004）虐待と非行臨床．創元社，pp.11-15.
法務総合研究所（2001）法務総合研究所研究部報告 11 ── 児童虐待に関する研究（第 1 報告）.
井上公大（1980）非行臨床．創元社，pp.147-148.

村松 励（1978）被害者意識について —— 対象者理解の方法概念として．調研紀要 33；45-55．
生島 浩（1999）悩みを抱えられない少年たち．日本評論社．

4-2
児童福祉施設の子育て技術

楢原真也

1 児童福祉施設で暮らす子どもたち

1 ― 児童福祉施設の現状

　児童福祉施設とは，保護者のない子どもや虐待を受けた子どもなど家庭環境上養護を必要とする子どもに対して，公的な責任として社会的養護を行う施設であり，現在およそ4万人の子どもたちが暮らしている（表1）。

　厚生労働省の調査（厚生労働省2008）によれば，児童福祉施設で暮らす子どもたちの半数以上が虐待を受けている（図1）。本来自分を慈しみ愛してくれる家族からのこころない行為は，子どもたちのこころに深い傷を残す。養育者に十分に護られずに育った子どもたちのなかには，歯磨きや洗顔といった基本的な生活習慣が身についていない者もいれば，幼いうちから過剰な刺激に曝され，わけもわからず暴力や性的な行為を再現する者もいる。養育者との応答的な環境が不足し，心身の発達に遅れを抱えていたり，生き延びることに精一杯で，新しいことや学習などに取り組む余裕のなかった子どもも少なくない。家庭や家族に対する複雑な想いを抱えながら，しかも施設退所後の家族からの支援はあまり期待できないことが多い。

　こうした子どもたちに対して，発達の道筋に沿って成長していく過程を支えると同時に社会的な規範を教えること，被虐待体験に対する治療的アプローチ，個々の子どもに応じた学習支援，将来の自立に向けて生きる力

表1　児童福祉施設の種別（厚生労働省 2013）

	施設種別	対象	設置数	子どもの現員
児童福祉施設	乳児院	乳児（必要な場合は幼児も可）	130 カ所	3,000 人
	児童養護施設	2歳以上の子ども（必要な場合は乳児も可）	589 カ所	29,399 人
	情緒障害児短期治療施設	情緒障害を有し治療を必要とする子ども	38 カ所	1,286 人
	児童自立支援施設	不良行為のある子どもなど生活指導を必要とする子ども	58 カ所	1,525 人
	自立援助ホーム	義務教育を終了し、児童養護施設等を退所した子ども	99 カ所	390 人
	母子生活支援施設	母子が利用	263 カ所	6,028 人

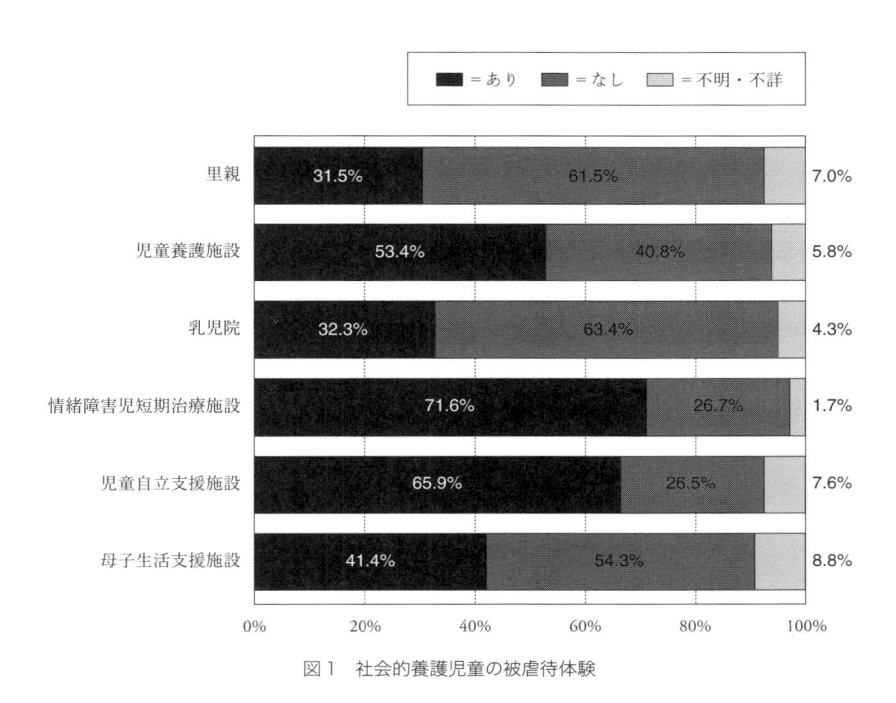

■ ＝あり　■ ＝なし　□ ＝不明・不詳

施設	あり	なし	不明・不詳
里親	31.5%	61.5%	7.0%
児童養護施設	53.4%	40.8%	5.8%
乳児院	32.3%	63.4%	4.3%
情緒障害児短期治療施設	71.6%	26.7%	1.7%
児童自立支援施設	65.9%	26.5%	7.6%
母子生活支援施設	41.4%	54.3%	8.8%

図1　社会的養護児童の被虐待体験

を養うこと，失われた他者や世界への信頼感を取り戻すこと，といった決して容易ではないさまざまな要素を総合的に提供することを求められているのが，児童福祉施設における子育てであるといえよう。

2－虐待を受けた子どもの特徴

　不適切な養育を受けた子どもたちは，大人への不信感を強く抱えている。他者に対する反応が乏しかったり，虐待的な人間関係を再現し，無意識に大人を挑発するかのような言動を示す。性虐待を受けることによって親密な人間関係のあり方に混乱が生じ，意図せず他者から性的行為を引きだしてしまうこともある。また解離をしやすい子どもは，緊張を強いられる状況でぼうっとしてしまい，真面目に話を聞いていないように見えがちである。このような虐待がもたらす症状や影響，対人援助についての専門的な知識や技術などを知らずに，重い課題を抱えた子どもたちに向き合っていくことは難しい。

　また，児童福祉施設における子育ては中途からの養育であるため，「生まれたときの周囲の反応」「飲んでいたミルクの銘柄」「初めて話したことば」といった，子どもがそれまでに成長してきた歴史や育ちにまつわるエピソードを職員は十分に知らず，家庭内で暗黙の裡に形成される文化や作法も共有されていない。子どもたちが施設入所前にいやおうなく身につけてきた生活習慣や社会に適応するためのスタイルは，平均的なありようから隔たっていることも多く，一般的な常識や共通感覚が伝わらなかったり，ことばで通じあうことが困難なこともめずらしくない。そのため，子どもと共に暮らし，関係を形成していくことが一層困難になりやすい。

　それゆえ，子どもたちを理解し，適切に愛情を伝えるためには，ベッテルハイムが「愛はすべてではない」（Bettelheim 1963）と説いたように，愛情だけでは不十分であり，相応の専門性を身につけることが要求されるのである。

2　子育てにおける「技術」

1－施設職員と子育て技術

　"技術"ということばに対しては，少なからず抵抗を覚える施設職員もいるであろう。生活を共にし，重い責任を負って日々子どもたちに向きあっている職員は，技術ということばにどこか「小手先のもの」「うわべだけのもの」というイメージを抱きやすいかもしれない。「子育てに大切なのは技術などではなく愛情である」と感じるのも，ある意味では当然のことだろう。他の業種とは異なり，対人援助に携わる人間にとっては，技術とはそれを用いる「人」のあり方と不可分だからである。「あの人は優れた技術をもっているけど，人としては信用できない」と言われる人は施設職員のなかにはあまり存在しないだろうし，そうであってはならない。むしろ，多くを語るのではなく，地味でありながらも，自分の求められていること，子どもにとって必要なことをコツコツと実践している職員がほとんどではないだろうか。このような人はあまり自分のしていることを特別とは思っておらず，他人に自分の技を伝承しようと強く思っているわけではない。しかし，一緒に働く後輩は，「あの人のようになりたい」「あんなかかわりが自分もできたら」という憧れを自然に抱き，その口調や立ち居振る舞いやかかわり方（技術と呼ばれるもの）などを真似てみようと感じていることが多い。

　しかし，児童福祉施設では，子どもが呈する問題の重篤さにもかかわらず，職員の配置基準はきわめて厳しく，1人の職員が10人以上の子どもたちに目を配らなければならない状況が生まれることもある。子どもの最善の利益のために懸命に努力を重ねつつも，厳しい労働環境で心身ともに疲弊し，辞めていく者も後を絶たない。そのため，先輩職員から子どもへの対応や専門家としてのあり方をじっくりと時間をかけて学び，子どもと共に成長していくというよりも，即戦力として一定の水準に早く達するこ

とが求められがちである。

　また，施設における養育は私的な営みではなく，社会から委託された子どもの子育てであり，交代勤務や多職種協働が前提となる。したがって，施設養育においては，子どもの様子や日々の変化，ふとした違和感や気がかりなことなど多くの情報を，勘や経験といった独自の感性によってだけではなく，互いに了解可能なことばで共有し，自分のかかわりの意図や目的を，他の職種や他の機関に公共性をもって説明することが必要となる。

　このようなことを考えたときに，職人が自らの道具にこだわり己の技術を磨き上げていくように，施設職員もまた子育てのプロフェッショナルとして，時に先人に学び，時に専門的な知見を取り入れ，自分自身の器を広げていく努力が求められる。

2－さまざまな技法の導入

　近年児童福祉施設では，コモンセンス・ペアレンティング，CARE，セカンドステップ，TEACCHといった欧米から導入されたさまざまなプログラムが導入されている。こうした技法は，二者関係から三者関係への移行を手助けし，社会生活の基盤である対人スキルの向上を目指したり，かかわりの難しい子どもとの円滑なコミュニケーションの基礎を築いたり，性や暴力についての規範を教えるうえで役に立つものである。これらのプログラムは，行動療法やアタッチメント理論などの科学的な理論に基づいて，養育における基本的・普遍的な要素がわかりやすくまとめられたもので，経験の浅い職員も学びやすく，子どもに対する一貫性のある適切なかかわりが期待できる。現代の児童福祉施設（あるいは社会全般）において職員間での子育ての継承性が途絶えかねないなか，それを補ううえでも，こうしたプログラムが重要になりつつあるのかもしれない。

　一方で，アメリカには暴力の防止教育プログラムだけでも100以上存在しており，私たちが知るのはそうした数多く存在する技法のなかから輸入されたほんの一部にすぎないことも知っておく必要がある。多くのプログ

ラムが生まれた背景や対象をよく理解し，そのなかから個々の子どもに即したものを精査して適用するのと，どの子どもに対しても同じ対応を機械的に行うのとでは，大きく意味合いが異なる。既存の方法を用いる際も，理論や技法が先立つのではなく，生活の営みのなかにこうしたプログラムのエッセンスがさりげなく活かされていることが望ましい（村瀬2002）。虐待を受けた子どもの回復と成長を促すのは，「一緒においしいご飯を食べること」「あたたかい布団が用意されていること」といった，何気ない生活の積み重ねである。子どもたちと暮らしていると，「大人の人が自分を守ってくれること」「自分が生まれてからの歴史を知る人が傍にいること」「帰る場所があること」など，ごく当たり前のことがいかに重要であるかを強く感じさせられる。それは，これまでどこか平凡なことだと思われていた子育ての意義をあらためて浮かび上がらせるものである。「子育て技術」の基盤となるのは，こうした当たり前の生活を豊かに彩る良き生活人としてのセンスである。

　子育てとは幾年にも及ぶ営みであり，日々の生活を共にするなかで，職員自身の人格や生き方を通して届いていくものは，子どもたちのなかに確実に根づいていく。一緒に暮らしているうちに，子どもの雰囲気や口調，価値観や考え方といったものが，少しずつ担当職員に似てくることは珍しくない。子どもたちのこころに浸透していくのは，一つひとつのかかわりの背景に存在する施設職員の人としてのあり方であり，ことばを裏づける「態度」「まなざし」といった本質的な姿勢である（国分2001）。各種のプログラムに代表されるような「技術」とは，「誰が使っても同じ効用がある」といった種類のものではなく，施設職員それぞれの人間性のありようによって大きく変わってくることを，こころに留めておくべきであろう。

3　問題行動への対応

　児童福祉施設で暮らす子どもたちのなかには，窃盗，暴力，自傷，性的

逸脱行動，ひきこもりなど，さまざまな「問題行動」を呈する者も存在する。この場合の「問題」とは，主に子育てに携わる大人の側から見たとき，あるいは社会の規範に照らし合わせたときに問題となる言動を指す。以下では，児童養護施設におけるある思春期男児の事例をもとに，子どもの示す不適応行動の理解と支援のあり方について考えたい。なお，事例は本質的な事実を損なわないように改変を加えていることをお断りしておく。

● **事例**——高校1年生男子A

　高校1年生の男子Aは，施設の分園（グループホーム）で生活を送っている。年度の終わりが迫った2月に担当養育者から「Aが今何を考えているのかよくわからない。一度話を聞いてほしい」との依頼があり，施設心理士である筆者が面接をすることになった。
　担当養育者によれば，高校受験の際に必死に努力して高校に入ったにもかかわらず，入学後は怠学傾向が目立ち，クラスの友人ともあまりうまくいっていないようで，以前に学校で暴力をふるって停学になったこともあるとのことであった。職員は何かとAを気にかけ，一つひとつの出来事を丁寧に振り返り，これまでのAの努力を評価するとともに，心配もしていることを伝えてきた。しかし，なかなか行動は改善せず，間もなく迫った期末試験の点数次第で留年になるかもしれないが，本人は「勉強はもうめんどくさい。留年したら高校を辞める」と話しているという。筆者は自分にできることがあるのだろうかと思ったが，まずは本人に会って，今の気持ちを素直に聴いてみようと考えた。
　本人に会うと，「期末試験は死力をつくして頑張る」と話す一方で，〈今どんな勉強しているの？〉と聞くと，「だるいし，なんとなくやる気がしない。勉強のやり方もわからない。帰ると家でゴロゴロして，パソコンいじって寝るみたいな感じ」と答える。〈勉強する気を1〜10であらわすとどれくらい？〉と聞くと「10段階中の3だな」と答え，勉強方法についても具体的に話し合うが，「やる気が出ない，将来はバイトで生きていく

からダメなら別にいい」と突き放すように答え，それ以上会話が発展しなかった．

現在の生活状況を知ろうと〈今のホームではいつから暮らしてるの？〉と尋ねると，「小4から学園（施設）に来て，中3のときホームに移った」と話し，しばらく分園のメンバーや生活の様子などを話してくれる．施設に来る前の暮らしぶりを尋ねると，「母子家庭でお母さんと妹と3人で暮らしてた．でも，親はいなくて，ほとんど妹と2人だった」という．食事については「いつも千円札が置いてあった．2人で分けて1週間ぐらい持たせてた．お母さんいないかなって2人で駅前を回ったこともあった．遅くなってパトカーで保護されたこともあった」と答えた．〈1週間で1,000円じゃあ全然足りないね．給食とかでなんとかしのいでいたのかな？〉と聞くと，「そんな感じ．俺，だから学園に来たときすごい細かったよ」と話し，自分の腕を見ながら「骨と変わんなかった……」としみじみと話す．入浴や身だしなみについても同様の状況で，家のなかは不衛生でゴキブリがよく大量に発生していたという．〈今の話を聞くと，とても勉強どころじゃなかったね，妹と2人で頑張って生きてきたんだね〉と感想をもらすと，「そうだよ，勉強してる姿なんて思い出せない」と強くうなずく．

〈学園に来たときのことは覚えてる？〉と聞くと，「お母さんと福祉司と車に乗って児童相談所に行った．「また会いに来るから」って．1カ月後に学園の職員が迎えにきた．妹は学園に入って最初の頃，お母さんに会いたいって毎日泣いてた」と話す．入所当時の施設では年長児からの暴力が横行しており，時折面会に訪れていた母も小学5年生を最後に行方不明になったという．「俺ね，周りの奴らにああだこうだ言われると，「お前ら，こういう環境で育ってみろよ，絶対俺と同じになるよ！ お前らに一体何がわかるんだよ！」って思う」としっかりとこちらを見据えて訴える．Aが育ってきた過酷な環境を想像しながら，〈周りの人は家族と暮らしていて恵まれた境遇で，自分のことなんかわかるはずもない……そう考えるのは当然だと思う．前に学校で暴力振るったのもそういう気持ちが関係しているの？〉と聞くとうなずき，「今はだいぶ減ったけど，中2ぐらいのと

きはよく暴力問題を起こして，気に食わない奴らを学校でもボコボコにしてた。腹が立つと頭真っ白になっちゃうんだよ」と続けた。暴力が減ったのは，担当職員から「殴るな」と言われつづけてきたことが大きいという。

「何か俺，嫌なことばっかり覚えてるんだよな」と，小さいときに溺れたというエピソードをきっかけに幼少期の話になる。「俺ね，3歳のとき，たまたま目が覚めたらお父さんとお母さんが話してたときがあったの。おいでって言われて，「どっちに行きたい？」って聞かれた。それでお母さんって答えた。もし，お父さん選んでたら，今全然別の人生だよね」と言うのに応えて，〈3歳にして，ものすごい決断を迫られたんだね〉と言うと，「そう，すごいでしょ」と答える。〈でも，3歳の子の気持ちをきちんと聞いて，それに応えようとしてくれる両親というのはなかなかいないと思う。ご両親は3歳のあなたの気持ちを大切にしてくれたんじゃないかな〉と言うと，「そうなのかな……？」としばらく考えこむ。〈今はお父さんやお母さんに会いたい気持ちはある？〉と聞くと，「ない。今さら出てきても，何やってたんだって，俺怒ると思う」ときっぱり語る。〈お父さんやお母さんの昔のことを知りたいと思ったりする？〉と重ねて聞くと「ないな。今の俺には関係ないし」と答える。〈そうだね，もしそういう状況でご両親に会えなくなってしまったら，当然自分のことを見捨てたんじゃないかって悲しくなったり，怒りたくなったりするよね。でも，もしお父さんやお母さんがそうしなきゃいけなかった事情がわかれば，全部じゃなくても少しは親のことを許せるかもしれない〉と伝えると，「それはそうかもしれないね」と答える。彼が母親に再会するのは，もう少し後の話である。

退室する前に「俺こんなに過去の話したの初めてかも」とつぶやき，今日話したことを担当養育者にも伝えてほしいと希望を告げてきた。〈正直にいろいろなことを話してくれてありがとう。話を聞いてるうちに，Aのことを尊敬するような気持ちになった。今までよく頑張って生きてきたと思った。昔のこと，自分にとって大変だったことを話すのは，今の生活が落ち着いていないとできないと思う。入所前の生活は生きていくことで精一杯だった，施設での生活も最初大変なことの連続だったと思う。だから

今のホームに移って初めて安心して生活できるようになったんじゃないかな。担当の職員さんもAのことを大切に考えている。できれば今しっかりと勉強を頑張って，これからも今のホームでの生活を大切にしてほしい〉と話すと，「まあ，頑張ってみるよ。学校辞めてもしばらくはホームにいれるって言ってたし」と笑顔を見せた。

　その日は，首都圏には珍しく雪が降った。面接を始める少し前に降りはじめた雪は，2時間に及んだ話を終えて外に出るとすっかり降り積もっていた。雪のなかをしっかりとした足取りで帰っていくAを見送りながら，ある種の頼もしさを覚えると同時に，それまでAが生きてきた過酷な境遇の一端にふれ，それでも自分の生を引き受けていかなければならない厳しさを考えると，その場に立ちつくすような思いであった。その後，Aは人が変わったように勉強したというが，試験の点は思うようにはいかず高校を退学した。自立援助ホームでの暮らしを経て，現在は社会人として地に足をつけて生活している。

1－痛みと痛みに基づく行動

　Aは，暴力，喫煙，夜遊び，怠学など，さまざまな「問題行動」を示していた。それ自体は決して褒められるべきものではないが，その背景には複雑な家庭環境があることも忘れてはならない。子どもは自分の家庭を選択して生まれてくることはできない。彼の不適応行動は彼自身が選び取ったというよりは，幼少期の父親との別離，勉強が十分にできない家庭の貧困状況，施設で暴力に曝された体験，「普通ではない」施設での育ちに起因する周囲と隔絶された感覚，いつまでも迎えにこない母親への怒りなどさまざまな事情が背景にあり，そうするより他になく，やむをえず不適応行動に至っていたというほうが正しいのではないだろうか。それでも，自分に与えられた運命を静かに引き受けようとしているAの姿勢に，筆者はこころを打たれたのだと思う。子どもたちは自分の内面で揺れ動いているさまざまな想いをうまくことばにすることはできなくとも，私たちが考

えるよりもずっと多くのことを敏感に感じとっている。私たちが普段,「わかっている」と思っている子どもの姿は,彼らのほんの一面にすぎないのかもしれない。Aとの対話は,彼の行動には彼なりの必然性があったことをあらためて教えてくれるものであり,同時に「お前に本当に俺のことがわかるのか」と,支援者としての自分のありようを問い質されるような体験であった。

　アングリンは,過去の体験によって引き起こされる子どもたちの症状や言動を「痛みと痛みに基づく行動（pain and pain based behavior）」と呼んでおり（Anglin 2002），子どもの「問題行動」の背景を汲みとったことばを用いている。子どもたちが示すさまざまな言動は,彼らが生きていくなかでやむにやまれず形成されてきたものである。理不尽な運命にさらされてきた子どもたちに,個人的な価値観や道徳観を押しつけたり,形ばかりの謝罪を求めるのでなく,彼らがどれほどの「痛み」を抱えて生きてきたのか思いを巡らせ,そう振る舞わざるをえない事情を深いところで受けとめてくれる大人の存在によって,初めて子どもは自分の行為に向きあうことができるのではないだろうか。

　これは,ものわかりのいい大人のふりをして,子どもの不適切な言動を許容するということではない。先を歩く人間として,物事の道理や,人として譲れないことや,物事の是非については毅然とした姿勢で示しながらも,恨みや憎しみの世界にとらわれるのではなく,この世の中には楽しいことや見捨てない人間も存在することを伝えていくことが大切である。子どもがいわば自分の生を賭けて訴える言動に対しては,私たちもまた自分の存在を賭けて向きあっていくことがときに求められる。

　「問題行動」は危機であると同時に,その言動のなかに潜むメッセージに耳をすませることによって,明日へとつながる希望や可能性もはらんでいる。Aが筆者に対して,素直に自分の過去の出来事や今の気持ちについて話してくれたのは,口では「どうでもいい」と言いながらも,A自身も自分の置かれた状況に危機感を抱き,「今のままではいけない」「どうにかしなければ」と考えており,自分のこれまでの歩みについても「話したい」

「わかってほしい」と，どこかで思っていたからではないかと感じられた。そして，施設での養育を通して芽ばえていた大人への信頼感が，危機に臨んではじめて，こころのなかに秘めていた想いを打ち明けることを後押ししてくれたのではないだろうか。

　自分のなかでモヤモヤと感じていることや，うまくことばにならない考えを整理するためには，良き聴き手との出会いが必要である。特に児童福祉施設で暮らす子どもたちは，一緒に生活する人や場所が幾度となく変遷し，喪失体験を何度も重ねているため，自分の人生が途切れがちである。こうした子どもたちの自分史を適切な機会に取り上げ，共に振り返ることは，断絶した子どもの過去－現在－未来をつないでいくことにもなる。

2－施設養育の意義

　紹介した事例のなかでの筆者の役割は心理職であり，あくまで直接的に子育てを担う立場にはない。特定の養育者の存在はもちろん重要だが，子育ての孤立化が指摘されている現代社会にあっては，保育士，ファミリーソーシャルワーカー，栄養士など多職種の専門家が子どもにかかわり，重層的な養育が営まれているところに，施設養育の意義がある。

　現在でも「家庭」のモデルとなりやすい核家族は近代の先進諸国において出現した形態にすぎず，歴史的には（また現在も多くの国々において）母親以外の多数の大人が子育てにかかわる「アロペアレンティング」が一般的である（根ヶ山・柏木 2010）。子育てとは本来，私たちが形成してきた共同体のなかに子どもを迎え入れる社会的な営みである。他の職員の考えやかかわりにふれ，お互いに学びあい支えあいながら，より良い養育のありよう，施設という共同体のあり方を模索していくことができる施設養育の利点は大きい。特に虐待を受けた子どもやその家族の支援は，一個人や一機関で担えるものではなく，先進諸外国においては多機関・多職種連携が基本である。養育を担うケアワーカーとその他の専門職は，子どもの最善の利益を共に育むチームであり，困ったときや悩んだときに互いに助

けあえる環境作りが望まれる。

　付け加えるならば，お宮参り，お食い初め，節句，七夕，餅つき，節分など，失われつつある古来の伝統や風習が施設の行事のなかに生きているのも，児童福祉施設の子育ての大きな特徴といえよう。実際に児童家庭支援センター，保育園，児童館などを併設し，地域の子育ての拠点となっている施設もあり，さまざまな課題を抱えた子どもとのかかわりのなかで得られた知見を社会に発信していくことも，これからの児童福祉施設の役割だと考えられる。

おわりに

　子育てとは親が子どもを育てる営みであると同時に，当然のことながら，子育てを通して親もまた多くのことを子どもから教わっている。特に児童福祉施設における子育ては，日々子どもたちから学ぶことの連続である。私たちは子どもから謙虚に学び，子どもの成長や変容を一方的に期待するのではなく，足りない部分をもちながらも，「こんな大人になりたい」「自分の親はこんな人だったのかもしれない」と子どもが感じるような大人として，共に成長していこうとする姿勢が大切であろう。

　筆者が施設の職員として働いていた当時，担当の子どもが連日問題を起こすことに疲れ果て，尊敬する先輩職員につい不満を漏らしたところ，「俺はもう30年以上，そんな気持ちを抱えながらやってきたよ」と話された。続いて，つい先日自分の子どもを連れて来訪した施設の卒園生も在園時は荒れていたこと，長く困難なかかわりを通して少しずつ生きる希望を見出していった過程を淡々と語られた。筆者は自らの不明を恥じ，目の前の職員がたどったであろう30年間に思いを馳せた。

　元関東少年院院長である杉本（2006）は，治療教育の目標は信じることの回復であると述べ，「人は誰でも学んで変わる可能性を持っている」「人はその信頼するものからのみ学ぶことができる」「人は誰かには気に掛け

てもらっており，期待されており，大切に思われているという実感がないと安定していられないものである」という前提を，支援者は無条件で飲み込むことができなければならないとしている．

　児童福祉施設の子育ては苦労が多く，すぐに成果が出るものでもない．点のようなかかわりが少しずつ子どもの成長につながっていくこともあれば，現在の支援がずっと後になって実を結ぶこともある．施設での生活を通して子どもが一条の淡い光を見出し，人が人を信じるという大切な過程を歩みはじめるためには，理論や思索に裏づけられた専門性と日々の生活に裏打ちされた知恵と人間性に基づいて，子どもの未来を諦めることなく，緻密に配慮された生活を共に歩んでいくことが求められている．

▼文献

Anglin, J.P.（2002）*Pain, Normality and the Struggle for Congruence Reinterpreting : Residential Care for Children and Youth.* New York : The Haworth Press.
Bettelheim, B.（1963）*Love Is Not Enough.* New York : The Macmillan Publishing.（村瀬孝雄・村瀬嘉代子＝訳（1968）愛はすべてではない．誠信書房）
国分美希（2001）被虐待体験からの再生と成長を支えるもの．臨床心理学 1-6 ; 757-763.
厚生労働省（2013）社会的養護の現状．
厚生労働省（2008）児童養護施設入所児童等調査結果．
村瀬嘉代子（2002）子どもの福祉とこころ．新曜社．
根ヶ山光一・柏木恵子（2010）ヒトの子育ての進化と文化．有斐閣．
杉本研士（2006）頭上の異界——不信の国の若者たちと重大少年事件．講談社．

4-3
いじめに直面する親の支援

伊藤亜矢子

　わが子のいじめ被害を知ったとき，保護者の混乱はどんなに大きいだろう。わが子の傷つきと今後も危険にさらされる不安。子育ての自信喪失や，解決策の見えない戸惑いや怒り。いくつもが頭を駆け巡り，混乱せざるを得ないと思う。しかもそのなかで，何かしら子どもに対応せねばならないし，解決にむけて動かなければならない。ともかく被害を止めようと相手の家庭に直に申し入れする保護者もいれば，学校は無為無策と立腹して教師に迫る保護者，仕返ししろと子どもに迫る保護者，動揺したまま事態を静観する保護者もいる。いずれにせよどの保護者も大きな支援ニーズを抱えている。子育て支援の専門家には，そうした保護者の苦悩に寄り添いながら，いじめ解決への具体的な手立てや，学校等の関係機関との連携など，必要な知識や手順を踏まえた対応が求められる。

　また，潜在的な支援ニーズは被害者だけでなく，加害者の保護者にもある。例えば，学校からわが子の加害について連絡を受けた保護者は，いじめ被害を知った保護者同様に動揺するであろう。事実なのか，冤罪か。学校から悪意をもって見られているのではないか，実は被害者ではないのか。相手の保護者とどう話せば良いのか。さまざまな思いが錯綜し，子どもとその将来を守るために何をすべきか悩むと思う。加害者もその家族も，大なり小なり家族の危機に陥るだろうし，それを成長へと転じていくことが，支援者に求められる。

　本論では，上記のような保護者の支援ニーズを踏まえ，支援者として考慮すべきいじめ理解の基本点や，保護者への対応の留意点について考える。

1 いじめの理解と対応の基本情報

1 －いじめの定義

　周知のように文部科学省は，平成 18（2006）年度の「児童生徒の問題行動等生徒指導上の諸問題に関する調査」より，いじめの定義を「当該児童生徒が，一定の人間関係のある者から，心理的，物理的な攻撃を受けたことにより，精神的な苦痛を感じているもの」とし，被害者の苦痛を中心にいじめを捉えることとした。支援者はこうした変化の意味を考慮する必要がある。

　さらに，平成 24（2012）年度調査からは，以下が追記された。

> この「いじめ」の中には，犯罪行為として取り扱われるべきと認められ，早期に警察に相談することが重要なものや，児童生徒の生命，身体または財産に重大な被害が生じるような，直に警察に通報することが必要なものが含まれる。これらについては早期に警察に相談・通報の上，警察と連携した対応を取ることが必要である。

　いじめ行為は，一つひとつは些細でも，繰り返され，黙認を含めて多くの子どもが関わることで，当事者に非常に大きな苦痛をもたらす。本人の訴えが弱く，場合によっては被害者本人が苦痛を否認したとしても，繰り返される不当な行為は，当事者を深く傷つけ，PTSD につながるようなトラウマになる場合があることを支援者は十分に認識すべきである。いじめの定義の変化の意味もそこにある。

　ゆえに支援者は，例えば保護者が，「これはいじめだろうか」「子の訴えについて学校に相談しても良いだろうか」と躊躇する場合にも，子どもの傷つきを考えて保護者と共に何らかの対処へと一歩を踏み出すことが重要に思う。すでに子どもに何らかの変化が現れ，何らかの具体的な事柄の把

握があって保護者は悩むのだから，判断に迷うよりも，被害者本人の苦痛を軸にしたいじめの定義を保護者に伝え，解決のために大人が慎重に協働する必要があることを伝えたい。

また，強制わいせつ（刑法第176条），傷害（刑法第204条），暴行（刑法第208条），強要（刑法第223条），窃盗（刑法第235条），恐喝（刑法第249条），器物損壊等（刑法第261条）といった犯罪行為と見なされる行為はもちろんのこと，些細な行為であっても，被害者に苦痛を与えるいじめ行為について慎重な対応が求められることを，支援者はまず認識しておきたい。

2―いじめの解決方法

いじめの解決方法については，文部科学省をはじめ各地方自治体の教育委員会等が，対応指針を公表している。事実関係の確認や被害者・加害者への支援・指導はもちろんのこと，学校や地域の人権意識の向上や，組織的対応，いじめの生じない学校・学級環境づくりが，いじめの解決や予防に重要であることを明記しているものが多い。支援者としては，個々の保護者に寄り添う丁寧な支援を行う一方で，いじめは加害者・被害者の問題にとどまらず，学級・学校全体の状況にも左右されることや，学級あるいは部活などいじめの舞台となっている集団全体の変化が解決に必要かつ有効な場合もあることを理解しておきたい。

具体的な解決のプロセスについては，例えば，①いじめ情報の把握と事実確認，②対応チームの編成とケース会議の実施，③対応方針と役割分担の決定，④事実の究明と支援および指導，⑤いじめの関係者への指導という流れが指摘されている（文京区教育委員会 2013 ［p.10］）。ここで挙げた④は，被害者・周囲の者・加害者の順に話を聴く際に，事実究明だけを徹底的に行うのではなく，支援・指導に力点を置くべきという主旨である。また⑤では，被害者だけでなく，加害者からも日頃の満たされない気持ちなどを傾聴し，生活ノートや面談等の関わりを通して教師との交流を継続

しながら，本人の学級での承認感を高めるような継続的な支援が求められている。

このようにいじめは，担任教師だけでなくチームで役割分担して対応すべき事柄であり，当事者の居場所と成長を確保すべく継続的に支援を行うべき事柄である。そのことを支援者も認識し，保護者とこうした流れを確認することで，解決に向けたイメージをもって相談先や保護者が行うべきことを検討できる。

また，文部科学省（2006）は，いじめ対応のポイントとして，被害者・加害者の席替えやグループ替え，さらには学級編成替えを，子どもの立場に立って弾力的かつ適切に行うべきであると指摘している。周知のように，学校の秩序維持と子どもたちの教育を受ける権利を保障する目的で，学校教育法第35条を根拠に加害者の出席停止措置を行うことも教育委員会権限で可能である。もちろん，こうした事柄が実際に行われることは稀であろうし，稀であってほしいが，必要な場合には幅広い策を実施できる余地があることを知っておきたい。

さらに，いじめへの予防的な対応についても，学級づくり等の重要性や具体例が公表されている（文京区教育委員会 2013；文部科学省 2006；文部科学省・国立教育政策研究所 2007；国立教育政策研究所 2012 など）。加害者・被害者への個別の指導だけ，問題が生じてからの指導だけではない対応が学校に求められており，いじめの事実が曖昧な場合にも，学級づくり，人間関係づくりについて，保護者も協力しながら指導を工夫することが改善策として考えられる。

3－相談の窓口などの社会資源

支援者は，学校・保護者・地域の連携に向けて，各相談機関とその特徴を知っておく必要がある。できれば当該地域の担当者を知り，保護者と子どもへの支援を関係機関と連携して進める準備が，日頃から必要ではないだろうか。

● 学校

スクールカウンセラー──校内のいじめ相談はまず担任にすることが原則であるが，事情により話しにくい場合であれば，スクールカウンセラーにも相談できる。週1回勤務のスクールカウンセラーは，比較的中立・客観的な立場で話を聴きやすい立場にある。出勤日に電話予約など相談申込みの手順を確認しておくとよい。

養護教諭──居場所としての保健室はもちろん，校内での傷病等への対処を一手に負う立場から，養護教諭はいじめに関する校内状況を最も把握しやすい一人である。保健管理・健康相談といった養護教諭の本務からも，また，特別支援コーディネーターや教育相談担当者を兼務している場合が多いことからも，いじめの相談窓口として保護者にとって相談しやすい立場にある。

管理職・生徒指導担当者・学年主任──担任への相談に進展がない場合などは，管理職，生徒指導担当教諭，学年主任に相談することもできる。いじめに関しては，法的にも学校の安全配慮義務の観点から，校長はじめ学校は子どもの安全を守るべきという解釈も成り立つ。教育的な観点だけでなく学校運営上の観点からも，管理職はいじめの予防や解決に当たる責任があり，もちろんそのための相談も可能である。

● 警察・司法等

スクールサポーター──警察の再雇用職員等からなるスクールサポーターは，学校を含む地域の見回りやセーフティ教室の開催などを通して，学校・地域・警察を結ぶ役割を担っている。特に犯罪行為に該当するいじめ行為に関しては，日頃から学校警察連絡協議会やスクールサポーター等を活用して学校と警察の連携を進め，子どもの安全確保と非行防止等の観点から，必要に応じて早期から学校が警察に相談し，いじめ行為の拡大を防止する必要があることが指摘されている（文部科学省 2013）。こうした事柄についても支援者は知っておきたい。

少年センター──少年非行の防止を主な目的とした相談機関であり，東京都の場合には，警視庁設置の少年センターが都内8カ所にあり，非行・い

じめ・犯罪等の相談を受け付けている。電話相談も可能なところが多い。
法務局・地方法務局——子どもの人権110番 0120-007-110（全国共通）では，最寄りの法務局・地方法務局に無料で電話がつながり，法務局職員または人権擁護委員が相談を受ける。同級生やその保護者の目撃情報なども含めて，相談や通報があった場合，法的な見地から子どもの人権が守られるよう，必要に応じて被害者救済措置を講じる。

● 地域

教育センター——教育センターには区市町村設置のものや都道府県設置のものがあり，心理職が母子並行面接等を通して，心理面での支援を行う場合も多い。地域によっては，教育センターから相談員やスクールカウンセラーが学校に派遣されている場合もある。地域の教育委員会との関係も密接であり，教育委員会や学校と連携する解決に向けた相談の窓口として活用できる。

教育委員会——相談機関ではないが，教育委員会は学校を管理する立場にあることから，学校に相談しても有効な対処が行われない場合などに，相談先として考えられうる機関である。なお，24時間いじめ相談ダイヤル 0570-0-78310（なやみ言おう）は，最寄りの教育委員会設置の相談機関に電話がつながる。

児童相談所・子ども家庭支援センター——児童相談所は児童福祉法に基づく機関であり，主に福祉の立場から18歳未満の子どもに関する相談を受ける。子ども家庭支援センターも区市町村等に設置され，同様に相談に乗る。このほか，地域によって，スクールソーシャルワーカーが設置されている。

● その他

大学附属の心理教育相談室（心理臨床センター）等——日本臨床心理士資格認定協会が指定する臨床心理学の大学院コースをもつ大学が，学生への教育訓練と社会貢献として市民一般に開いている相談室がある。民間機関に比べて低額な料金で心理面接を受けることができる。詳しい内容は各大学の

ホームページ等で知ることができる。

民間の支援組織や電話相談——このほか，NPO法人や民間団体，私的な組織等による多様ないじめ相談がある。活用の前に，どのような組織が運営母体となって何を目的とした相談機関であるかの確認と理解が必要である。

4－家庭と学校の協働による問題解決の大切さ

　以上，いじめ理解と解決に関する基本情報を記してきたが，最後に重要なこととして，いじめ解決における家庭と学校の協働がある（Roberts 2008）。
　例えば，素朴に考えても，加害者の行動を学校だけがコントロールすることは難しい。一方，学校と家庭が同じことを子どもに伝え，学校も家庭も加害者の行動変容を信じて，背景にある課題を理解していくことができれば，子どもの安定はそれだけ確かなものになるのではないだろうか。少なくとも，学校と家庭がそれぞれ別個に対応する場合よりも，子どもを取り巻く環境は安定し，それだけで良い変化につながることもあるのは周知の通りである。
　また，被害者の子どもに，学校に知られたくない，密告はしたくないなどの懸念があったとしても，最終的に家庭と学校が事実を共有し，双方が協力して見守り，丁寧に問題解決を考えてもらえれば，子どもにとっても利点は大きくなる。
　家庭と学校の協力が困難な事例もままあるが，家庭と学校がそれぞれ別々に努力するのではなく，一致した方向性と緊密な情報交換や役割分担で解決に向けた協働を行うことが，結局は解決の早道であることを支援者は忘れずにいたい。

2　保護者への支援に必要なこと

　保護者への支援には，①保護者の不安感や不満等を理解すること，②子

どもにどう接するかを考えること，③いじめ解決にむけて保護者が何をするかを考えることなどが必要だが，諸々の事例に共通して次のような点も必要に思う。

1－事実の記録

まず第 1 に，客観的な事実の記録を残すこと。支援者も学校も保護者も，いじめやいじめが疑われる事実はもちろん，面談やその概要，出来事に対する対処など，ごく簡潔でよいので事実を記録しておくとよい。いじめでは，事実関係の確認が重要になる局面も生じやすいし，簡潔な記録があれば，それぞれの解決にむけた努力や，知り得た事実等を保護者や関係者で端的に共有できる。心理面接の記録とは違う意味で，いじめ対応には記録が重要になると思う。

2－支援者の中立的な視点

第 2 に，支援者の中立的な視点が重要になる。支援者は保護者の気持ちに寄り添うことが大前提であるが，最終的な解決は，加害者・被害者の両者を含む学級・学校全体が安全な場になることである。加害者である相手を責めるだけでは問題の解決にならないし，誰にとっても学校が安全になるように学校や関係する大人が努力しないと，いたずらに犯人探しに終始したり，協働すべき大人が互いに対立して方向性を見失なったりする。その結果として，一方の保護者に巻き込まれ，支援者も振り回されたり，相手を傷つけたりすることにもなりかねない。被害者の安全確保はもちろん大切だが，問題の解決は片方に加担していたずらに対立を深めることではなく，誰にとっても安全な場，安全な関係を築くことである。その意味で，関係する子どもたちを守りながら大人たちが協働できるよう，支援者は中立的な視点を保持し大切にすべきではないかと思う。

わが子のいじめ関与を知ったとき，加害者・被害者にかかわらず保護

者は学校に不信感を感じやすい。いじめ問題は基本的に対立の構図を含み，その対立はいじめそのものの反映であるから，対立の構図がある限り，いじめは解決されない。支援の最終目標が「どの子にとっても安全な学校」であることを認識しておくことは，学校や他機関など多様な立場の機関と連携する際にも，互いの立場を尊重しつつ同じ目的に向かって協働するための重要なポイントである。

3－保護者から子どもに伝えるべきメッセージ

　第3に，保護者から本人にぜひ伝えたいこととして，①事実を打ち明けることは勇気ある肯定的行動であること，②加害については自分なりの責任を取る必要があること，③大人も協力しあって本人の成長を見守る用意があること，が挙げられる（Roberts 2008）。わが子のいじめを知ると保護者自身が動揺して，「やり返せばよい」「なぜ仕返しできないのか」「仕返ししないから，弱いからやられる」など，対立をさらにけしかけたり，子どもを責めたりする言動を取りやすい。保護者が動揺するのを見れば，子どもは窮地を訴えたくとも保護者を案じて訴えられなくなってしまうかもしれない。ただでさえいじめ被害によって自己肯定感が低くなっている子どもは，保護者までも傷つけてしまうダメな自分と思い込んだり，保護者には頼れないと絶望したりしかねない。どのような形であれ，助けを求めることは敗北ではなく，積極的・肯定的な問題解決に向けた行動であり，勇気ある行動であることを，保護者が子どもに明確に伝える必要がある。

　この点は，被害者だけでなく傍観者や加害者の子どもにも共通する。特に小学校高学年から中学生のいじめが多発する時期は，思春期に入り，大人の支援を子どもから求めにくい年頃である。戸惑いや苦しさがあるからこそ，口を閉ざしてしまう。それだけに，本人からの訴えがあれば，保護者がしっかりと耳を傾け，話してくれた勇気を認め，解決に向けて本人を守りながら適切な行動を取ることを約束することが大切になる。傍観者も問題が大きくなることや巻き込まれることを恐れ，また，加害者も処罰さ

れることや叱責を恐れ，支援の必要性を感じながらも，なかなか大人に支援を求めないのが実情であろう。加害者ながら自分は被害者であると感じている場合もある。いずれにせよ，周囲の大人に事実を打ち明けることは，問題解決の勇気ある一歩であることを子どもに伝え，子どもも大人も協力して問題解決に向かう大切さを子どもが理解できるよう，保護者が子どもに働きかけることが求められる。

　さらに，加害者の子どもに対しては，してしまったことは取り返しのつかないことであるけれど，自分自身のしたこととして相応の責任を取る必要があることを伝える必要がある。ただの叱責は，叱られるから止める，叱られたから相手に仕返しする，などという発想につながりかねない。自分でしたことの責任は自分で取らなければならないから，自分を守るためにも，相手に配慮ある適切な行動を取らなければならない。そのことを子どもが学べるように，保護者が子どもを支援する必要がある。保護者が学校を疑ったり，自分たちが被害者だと相手方を責めたり，保護者自身が対立を深める方向で動いては，子ども自身の成長につながらない。保護者として冷静に子どもの成長を支援する態度を保持できるよう，支援者は保護者を手助けする必要がある。

　こうした点を伝えたうえで，保護者を含めた大人たちが，解決に向けて慎重に協力しつづけることを子どもに伝える必要がある。特に支援者は，保護者がこれらを子どもに伝え，学校との協働に踏み出せるよう，保護者を支えなければならない。

3　保護者の不安や混乱に向き合う

　それでは具体的に保護者の不安や混乱に向き合うには，どのような点に留意したらよいだろうか。以下，いくつか例を挙げて考える。

1－保護者の動揺

　保護者によっては，いじめの事実を知っただけで，子どもの傷つきに動揺し，子育ての自信を失って，自分自身が心理的に行き詰まってしまう場合も多い。そうした場合には，まずは保護者を心理的に支えることが支援者の大きな役割になる。ただその場合にも，保護者の思いを汲む一方で，いじめそのものを解決する道筋を見出すべく，中立的かつ客観的な視点を支援者が保持することも必要になる。例えば母親面接に子育てのガイダンス的な側面が含まれるように，現実的な対応として何が必要かを保護者と一緒に考える視点を支援者がもちつづけながら，保護者の気持ちに寄り添いつつ，解決に必要な情報を伝え協働していく。そのためにも，まずは保護者の安定をめざしながら，それと並行して学校への関わりや子どもへの言葉かけなど，保護者の懸案事項に沿って，解決のための行動を一緒に具体的に考えていく必要がある。

2－保護者の怒り

　多くの不安や動揺が，怒りの形を取る保護者もいる。特に，学校の指導不足を感じて不信感がある場合や，子どもの被害が大きい場合などは，それだけ怒りも増す。そうした場合には学校側も動揺し解決を焦っていることが多く，保護者の怒りに追い打ちをかけられると，協働どころか一気に態度を硬くせざるを得なくなる。そして，保護者の怒りへの対応に終始する学校に，いきおい保護者の怒りがさらに増す悪循環に陥りやすい。保護者の怒りが学校に向かうとしても，それはあくまでいじめの解決を望んだ結果であって，学校を責めるのが第一の目的ではない。そのことを支援者は学校に伝え，保護者には学校側の努力を伝えて，双方が冷静に協働して子どもたちに対応できるよう支援していく。まずは保護者の気持ちを汲んで落ち着けるように支援しながら，必要なことを学校・保護者の双方に伝え，両者のコミュニケーションを良好に保つことが突破口になる。

3－保護者の疑い

いじめに関する学校の対応に猜疑心が高まり，自分なりの解釈が正しいと信じてその根拠を探ろうとする保護者もいる。子どもの訴えやいじめの事実確認が保護者からみて曖昧であれば，それは当然でもある。しかし現実には，事実確認を厳密にすることよりも，加害者・被害者双方の子どもたちが成長できるようにすることや，周囲の子どもたちの協力，学級・学校全体の安定が問題の解決につながる。猜疑心をもつ保護者ほど，相手の非を見出そうと，相手はどうしているのかなど，状況をさぐる質問を繰り返すかもしれない。そうした一方の保護者の猜疑心に巻き込まれて，相手方についての個人情報等をついもらすと，結果的に，学校や教師の中立性が損なわれ，一方の保護者に学校や教師が巻き込まれ，解決を難しくしてしまう。学校がすべての子どもにとって安全な場であるためには，被害者側も加害者側もプライバシーが守られなければならない。もし，一方の保護者が相手の情報を得て個人的に行動を起こせば，対立を保護者のレベルでも深めて，安全な場づくりを後退させてしまう。安全な場をつくるためには，双方のプライバシーを守ることがその一歩であることや，疑いよりも協力が必要であることを保護者に伝えつづけることが，支援者にも学校にも必要になる。

4－「プレイヤー」になってしまう保護者

いじめは子どもの間で生じたことであるにもかかわらず，保護者が直接相手の子どもに報復するなど，子どもの世界にいわば子どもの一人のように登場してしまう保護者もいる。子どもとの境界を失って，保護者自らが「プレイヤー」となってしまうのである。そうした行動が生産的でないのは説明を要しないと思うが，そのような保護者の動きについて支援者は，いてもたってもいられない保護者の気持ちを受け止めながら，行動の不適切さに保護者自らが気づけるよう，状況を整理して保護者と客観的に見つ

める作業が必要になる。子どもの世界に保護者が割って入ることは，問題を複雑にして大きくするだけである。必要なのは，保護者同士や教師と保護者など大人同士のしっかりした協働であることを，支援者自身がしっかりと認識し，保護者の動きに巻き込まれず，保護者が落ち着いて状況を整理できるよう支援することが重要になる。

◆

　以上，いじめ解決を難しくする保護者の状況とその対応についていくつかのポイントを考えてきた。いじめ解決のためには，立場を超えた大人の協働が重要である点については，いくら強調しても強調しすぎることはない。立場を超えた大人の協働は，子どもたちのいじめを超えた協働のモデルにもなる。そのことを支援者は忘れず，保護者の気持ちに寄り添いつつ，子どもたちの成長を促進していきたい。

▼文献

文京区教育委員会（2013）いじめ対策指針及び対応マニュアル＝http://www.city.bunkyo.lg.jp/var/rev0/0057/6031/ijimetaisakusisinn_taioumanual.pdf

国立教育政策研究所（2012）生徒指導リーフ8――いじめの未然防止＝http://www.nier.go.jp/shido/leaf/leaf08.pdf

文部科学省（2006）学校におけるいじめ問題に関する基本的認識と取組のポイント＝http://www.mext.go.jp/a_menu/shotou/seitoshidou/06102402/002.htm

文部科学省（2013）いじめ問題への的確な対応に向けた警察との連携について（通知）＝http://www.mext.go.jp/a_menu/shotou/seitoshidou/1331896.htm

文部科学省・国立教育政策研究所（2007）いじめ問題に関する取組事例集＝http://www.nier.go.jp/shido/centerhp/ijime-07/index00.htm

Roberts, W.B.（2008）*Working with Parents of Bullies and Victims*. New York : Corwin Press.（伊藤亜矢子＝訳（近刊）いじめっ子・いじめられっ子の保護者支援マニュアル――教師とカウンセラーが保護者と取り組むいじめ問題．金剛出版）

4-4
「自己破壊行動」に直面する親の支援

森 省二

はじめに──ある情景

　どんな病気でも一番辛くて苦しいのは本人自身である。それが子どもの場合，親もまた心配になって何かをしようとするけれども，知識がなく対処が的外れになったり，事態はもっと深刻になったりする。
　特に自分が自分を打ち壊していく「自己破壊行動」については，親は訳が分からないというのが実際だろう。宗教的な修行やイニシエーションの儀式，谷崎潤一郎の『春琴抄』に描かれる耽美的マゾヒズムなどは例外である。人間は痛みや苦しみや怖さを避ける存在であり，通常は自分で自分を傷つけるような行動をしないからである。
　こんな情景から思い浮かべれば，その複雑さが分かるだろうか。たとえば傷口から血が流れているわが子を見つけると，親は駆け寄ってとっさに「痛いでしょう」と声をかける。ところが，その子どもの手の傷が転んで怪我したのではなく自分から切った傷であり，本人は「痛い」とも言わずに，洗面所の水槽に手を入れて流れる血が水面に模様を描くのを見つめているケースもある。また別のケースでは，ちょっとした自傷なのに駄々っ子のように大泣きして周囲を巻き込み，親のせいでこうなったと親を詰るのである。
　自己破壊行動はしばしば繰り返されて長期化する。手首自傷と大量服薬を繰り返したある高校生の親は，「叱れば子どもがもっと落ち込むし，叱らないと自分が親として情けなくなる……ただ茫然と見つづけるしかない

のか」と，子どものいない場面で尋ねてきた。

　辛い気持ちを受け止めたいが，必ず上手くいくという方法が筆者にもあるわけではない。ここで述べることは臨床での僅かな知見であり，エビデンスに裏打ちされたものではない。掲げるのは何ケースかを合成した例話であり，「筆者」という表現ではケースA子での経験を，「治療者」という表現では自己破壊行動の精神療法の基本を述べる。

1　親面接——救急対応と本人の来所につなぐ

　自己破壊行動が繰り返されるとき，家族では対処ができず，専門機関に応援を求めることが多い。しかし，病院に無理矢理に連れて来たりすると，本人の自尊心を傷つけることにもなる。その切り出しのタイミングが難しい。外見よりも彼らはナイーブである。

　ところが，自己破壊行動をした現場に救急車が来て即入院となるケースもあるし，自分から119番通報をして救急搬送されるケースもある。そんな場合，親はその場に駆け付けてその行動の危なさに驚きを示してほしい。一方，度重なる場合に「またか」と呆れる親の態度は，さらなる自己破壊行動を誘発しかねない。

　相談という形で先に親だけが訪れることもある。しかし，思春期以降となれば治療は本人が中心である。その段階では，本人が来所できるワン・ステップとしての方策を検討する。本人のことを知らないで，親の支援を優先するのは間違いのもとである。自己破壊行動では，親が子どもに目を向けるようになると，たいがいは子どもを伴ってやってくるようになる。

　面接は親子別々が原則である。子どもは親に，親は子どもに話したくないこともある。しかし，別々の治療者で行う場合は，両者が話し合って見解の共通をはからないと，逆に混乱を招く。以下に解説をしていくA子のケースでは，一人の治療者（筆者）が両方を担い，毎回の親面接は近況報告ぐらいに限り，親面接は親の必要に応じて別枠で設定した。親面接で

できることは，次の5つの項目に分けられる。

①親の視点からの生活環境や生育歴を聞く。
②子どもについての親の捉え方や考え方，普段の態度を聞く。
③親の気持ち，心配や不安を聞いて，その軽減を図る。
④子どもの現状や将来について一緒に考え，親にできることを模索する。
⑤親の問題点や悪いイメージなどを話し合い，改善へと支援する。

　治療者は親から情報を得るだけでなく，親が子どもの心理と病態を理解して一番の援助者となり，親子関係が改善することを目標に面接する。①～⑤は段階的にというよりも行き戻りしつつ進む。本音や弱音が出る③は重要なポイントである。治療者は，親には親の立場があるという受容のスタンスで話を聞く。話のなかで問題点に気づいても，指摘するタイミングを計る。信頼関係ができない段階で慌てると，親が③を自己防衛的に避けて早く具体的な解決策を求めて右往左往し，④と⑤が先に進まずに治療が遷延化する。ケースA子の場合にもそのような失敗があった。

2　アセスメント──見立て（診断）と見通し

　自己破壊行動者は胸の内を言いたくても言えずに行動化するタイプであり，思いを断片的にしか語ってくれない。話の断片や観察所見を繋ぎ合わせ，親からの情報もまた本人のそれとの違いをチェックしながら加えてアセスメントを進める（門本 2012）。自傷と過食・嘔吐を主症状とするA子のアセスメントを例示する。【　】は治療経過中の変化である。

①初診──15歳。母と姉からの精神保健相談を経て，ほどなく受診となる。
②問題行動──不登校（適応障害），引きこもり，自傷，過食嘔吐（摂

食障害)。【高校入学後に定まらない相手との異性交遊】
③契機と初発——不登校を家族に叱責されて,自室で隠れてリストカットが始まる。
④身体——中背,体重は十数キロ範囲で変化。右利きで左手首・左腕・左大腿に切傷跡が多い。【16歳から右腕右大腿,さらに腹部にも広がる。体型はその後やや肥満で安定】
⑤精神——知能に遅れはない。学業成績は上の下だったが,不登校になり下降する。多動や能力のバラツキはなく,発達障害を疑わせるサインはない。幻覚妄想はなく,感情は抑うつ的。認知は自己イメージが悪く自己否定的。行動は表現抑制的で前に出るタイプではなく,集団内ではいつも自分の位置を意識している。
⑥家族——幼児期に両親は別居しており,母方の祖父母,母親,姉と3世代5人同居。母親は本人が3歳の頃からインテリア工房に勤めており,養育は祖母が中心。姉は看護学校に通う。【卒後は看護師として就労】婿養子だった父親は家を出てアパートでひとり暮らし。父親は受診に合わせて会社を休み,付き添う。父親のアパートは家にいることが辛いときにA子が逃げ込む場所になっている。
⑦学校——中学2年後半から不登校。【昼間定時制高校に入学するが,1年の夏で退学】
⑧交友——友達は少ない。中学以前の友達とは交流がない。【高校時代のクラスメート2人とわずかな交流がある。後にメル友が何人かでき,さらに後に子供服ショップで同年輩同性のアルバイト店員と仲良くなる】
⑨非行性——万引き,薬物乱用,暴走などの非行はない。
⑩キーパーソン——仕事優先の母親,看護師の姉,別居している父親。
⑪家族以外の援助力——アルバイトを始めてからは店長。大学生のボーイフレンド。
⑫趣味——絵画(イラスト)。

治療中に新たな問題も起こってくる。見立て（診断）は変わることがあり、そのつど見通しも修正していく。A子の医学診断は「適応障害＋摂食障害」となる。

3　支援のポイント──本人が自己破壊行動をやめるための働きかけ

　自己破壊行動はやめさせるのではなく、本人がやめなければ真の解決にはならない。親が「いけないことだ。やめなさい」と注意して治まるなら簡単だが、現実は難しい。「そんなこと分かっている。馬鹿じゃないから」と抗言され、ますます不機嫌になり、逆効果となることが多い。総じて長短はあるが、暗いトンネルのなかを進むような経過となる。

　支援の第一は、本人が心身両面の大切さの自覚を促し、痛みや怖さの感覚を取り戻して危険な行動に走らなくてよい状態へと導くことである。それにはまず身近な家族のなかで大切な存在として認められていると感じることが必要で、親はそのためのキーパーソンである。

　支援の第二は、自尊心の回復と、希望のある未来を開き、それに向かって進むことへの働きかけである。彼らはこれまでの人間関係や学校適応などの問題で躓いた経験が重なって人間不信や自信喪失に陥り、引きこもっている（トンネル内にいる）ことが多い。それらの改善には家族や友達とのあり方、受け止められ方を再検討し、日々の生活のなかでやりがいや喜びを感じられる好きなこと（趣味、仕事、役割）、助け合える人や相談できる人や好きな人ができることである。治療者は専門的な相談ができる人の役割を担う。

　小さなことでも一つずつ成功体験を重ねて自尊心を培うことが有効である。失敗体験でも大きなダメージとならずに教訓として生かされ、過去に拘らずに未来へと向かって（トンネルを抜けて）いく礎石となる。この点でも、親は子どもの活動を支えるキーパーソンである。

4　親への説明

　親に対して治療者は，その心情を量りながら病態について過不足なく説明して不安を減じ，逆に疎んじる親には警告を発していくことである。説明のための基礎知識を先にまとめておく。

1─多種多様の「症候群（シンドローム）」

　「自己破壊行動」は，自分が自分を打ち壊していく行動の総称である。国語辞典に1つの単語としては載っていない合成語で，「症候群（シンドローム）」として理解することもある。

　どのような行動タイプがあるかというと，自分の手首や腕や大腿部や腹部を刃物やガラス破片で切りつける「自傷行為」，自分の頭や顔，体全体を叩いたりぶつけたりする「自己殴打」，ライターなどで火傷を負わせる「自己火傷」，自分の手や腕を噛む「自己咬傷」，指や性器などを切断する「自己切断」などがある。

　少し視野を広げると，常用量を超える薬を一気に服用して意識レベルが下がる「大量服薬」，有機溶剤や覚せい剤などの有害薬物を使用する「薬物乱用」も身体を害することになり，自己破壊行動といえる。無免許運転や交通ルールを守らず暴走して事故を起こす「暴走事故」，見境なく異性と性交渉を重ねるような行動も，自己破壊行動の要素をもっている。また，万引きや暴力行為などの非行を繰り返して自分の尊厳や社会的信用を失っていくことも，精神的な自己破壊行動という見方ができる。

　さらに1つの精神疾患として分類されているが，拒食や過食を繰り返す「摂食障害」も自己破壊行動の一種と考えられる。これらを視野に収めると「パーソナリティ障害」というカテゴリーが見えてくるが，18歳未満にはこの障害名は付けないので，ここでは言及しない。

　しかし，気分障害や統合失調症などの精神疾患の部分症状として自己破

壊行動が表れることもある。たとえば統合失調症で「お前を切り刻め」という命令性の幻聴や極悪自罰的な妄想に支配されて自己破壊行動をする場合，それは作為体験であり，幻覚や妄想に有効な薬物療法が必要となる。

また，知的障害や発達障害の衝動の自虐的な発散として表れることもある。これらの精神疾患が背景にあると疑われるとき，知能の程度や能力のバラツキを検査して把握する必要がある。不安という症状はいかなる病態にもありえて，その回避のために心と体を切り離す解離性障害があり，自己破壊行動は不安の尖鋭化による解離，離人状態で起こる行動化という見方もできる。

なかでも多いのは，手首を切る手首自傷（リストカット）で，いつの頃からか若者たちの間では「リスカ」と略されて呼ばれ，テレビ映像や誰かがするのを真似するモデリングの形で広がった（林 2007）。手首自傷は男性よりも女性，中高校生年代の女子に多い。20代後半や30代に出現するケースは10代に経験していったん治まっていたものの再発という形であり，その場合，言動やファッションは思春期の心性をそのまま引きずっているという印象がある。

2－自殺との違い／隠れたメッセージ

自己破壊行動は事故的に自死に至ることもありえるが，致死性は低い。対応上では万が一のことを考えながらも，自殺とは区別したほうが言動に振り回されなくてすむ。自殺との違いを列挙すると，次のようになる。

①意志が曖昧で，遺書など訣別の言葉がない。
②周到に準備された行為ではなく，瞬間の衝動で行われることが多い。
③隠れて行われるが，たいがいは普段の生活の場で行われる。
④マゾヒスティックな快感となり，しばしば繰り返される。

激しく騒いだり，ブログで日記を公開するような顕示的なケースでも，

それ自体が行動化で，本心を述べていないことが多い（南条 2004）。大量服薬をしていたある少女は「理由なんか分からない。死ぬなんて思ってなかった」と後で振り返った。

　できれば1回の経験，好奇心の範囲の行動で，本人が怖くなって止めるのが望ましい。しかし，この種の行動化は強迫性障害と似て繰り返され，エスカレートする傾向がある。行動は回が増えるにしたがって慣れの効果が生じて危機感が下がり，防備が弱くなるという関係にある。ある少年は「大声で叱ってほしかった」と訴えた。周囲は自虐的な行為に隠されたメッセージを読み取り，対処しなければならないのである。

　自己破壊行動を繰り返す者は，「自分なんて，どうなってもいい」という自己否定感や無価値感，「皆に迷惑をかけている」という罪悪感をもつ一方で，「自分は愛されていない」「自分のことを誰も分かってくれない」などの妬みや僻みの感情，「見捨てられた」「裏切られた」「いじめられた」などの被害感情をもっている。表裏するいくつかの感情が混在するゆえに，本人自身も周囲の者もその気持ちを理解して受け止めることが難しいのである。

　A子はひとり隠れて行うタイプだが，人前で行って周囲を騒動に巻き込む他のタイプもある。タイプは分かれるが，寂しさの感情を通り越えた孤独感といえるような，何か共通する心理があるように思える。ネット上のメル友，行きずりの遊び友達はあっても，親しい友達は皆無に近い。

　面接を重ねていくと，言葉の端々や拗ねた態度や固い表情，じっと見つめる眼差しに，絶望感よりも「分かってほしい」「受け止めてほしい」「助けてほしい」という意味が読み取れる。そこには自殺についてK・メニンガーが述べた「救いを求める叫び」があり，甘えたいのに甘えられない状態に置かれており，想いは自殺よりも強いといえる（林 2007；森 1989）。

5　本人の治療と親への支援──治療経過

　自己破壊行動は本人に「悪いこと」という意識があるので，治療者はと

りあえずそこを括弧に入れ,「自分を大切に」という思いを示しながら話を聞くことから始める。

A子は口が重く,「話したって意味ない……虚しくなるだけだから」と言い,諦めの表情を浮かべた。それでも「そうかな……」と問いかけて,筆者は本人が話し出すのを待った。本人の様子を観察しながら,「少しは応援するから……」といったニュアンスが伝わる程度のスタンスがよい。

自己破壊行動には,自分の気持ちを言葉で上手く表現できない(外に向けることができない),できる環境にいないという背景がある。饒舌に喋るケースでも実際とずいぶん違い,強がっているだけで,治療者は言語化も行動化の一種だという見方を頭の片隅に置いておこう。

この初期の段階では,親に病態の説明をしながら事態を荒立てないことをお願いする。親が中途半端に加わると甘えと憎しみが未整理のまま表面化して,不満が親に向かって火に油を注ぎ,悪化することが多い。本人が求めない限り親子の合同面接はしないほうが無難である。

さらに面接を重ねると,ぽつぽつと本心を語る〈打ち明け話〉の段階に入る。治療者を信頼しはじめたサインである。A子の場合,隠していた過去の傷跡をすべて見せてくれ,動機やそのときの状況を話し,「イライラすると食べる……いつの間にか食べていることもある」と,過食の実態も教えてくれた。不仲の両親に気を遣い,「何も言えない,自分が我慢するしかない」と訴えた。筆者は軽く包み込むような気持ちでこれを聞いた。

●

自己破壊行動者は,しばしば引きこもり,周囲のことに「自分は関係ない」というかのように目を閉ざそうとしているが,同時に周囲にとても敏感である。面接のなかでA子は学校の制服が夏用から冬用に変わったことを話し,「ダサい」と批判した。自分は学校に行っていないのに学校のことを気にして,「襟の幅が狭い」とか「ボタンの位置がよくない」など,細かいことまで気にかけていた。「なるほど。若者のセンスと大人のデザイナーのセンスの違いかな」と筆者が応じると,「だから大人は……」と

後の言葉を濁して沈黙した。思春期心性が如実に表れている言動である。

やがて怒りが外に出てきた。家族や学校での人間関係で内に秘めてきた思いを語りはじめた。辛さを語り，涙を滲ませる場面もあった。〈内から外へ〉の段階である。クラスメートたちよりも，元担任など大人に対する批判が噴出した。偏っていると思える話があっても，治療者はコメントを差し控えて，もっと言葉で吐き出せといった感じで聞く。

A子の場合，最初の頃に聴取した彼女の様子とはずいぶん違った面が出てきた。看護師の姉に対して尊敬して慕い頼っているように見えたが，強く劣等感を抱いてもいた。A子はその両極を揺れて，その気持ちを素直に表現できないことが分かってきた。

同じように母親に対しても頼らないと生きていけないという現実と，仕事中心で聞く耳を持たないという不満の間を揺れていた。また，父親については家に居辛くなるとき駆け込む場所と思っているが，父親のアパートに行くと母親や祖父が嫌な顔をすると分かっているから「めったに行けない」と言い，「お母さんを避けているからだらしがない」と父親を批判した。親への不満が表出される〈親攻撃〉の段階だった。筆者は受け止め，なだめつつ聞いた。

本人が不満や攻撃感情を家族にぶつけるようになると，自傷や過食だけでなく，家庭内でも物に当たり，突然泣き叫ぶような問題行動が起こり，親も辛い立場に置かれた。しかしこのとき，親は子どもを叱りたくなっても叱ってはいけない。本人の不満に耳を傾け，静かに話し合うことを心掛けねばならない。大声で怒鳴ることは逆効果である。翻って親が自責的になることもあり，両極を揺れるのが多くの実情である。

この段階は親面接を増やして，治療者は親の行き詰まった状態を理解し，解消を図らねばならない。しかし治療者も，本人優先の原則と親の気持ちを受け止めようとする思いが拮抗してぶれることがある。前節「親への説明」で述べた基本知識を羅針盤にして発達変化を信じ，「あわてない」「過ぎ去らない嵐はない」と，治療者も自分に言い聞かせる。

A子の場合，「お母さんだって，仕事が上手くいかないとき周りに当た

り散らして荒れた」と前に聞いていたことを，筆者が母親にフィードバックすると，「その通り」と言うので，「親子って，性格が似ているところがあるよ」「同居する両親に対してあなたの抑えてきた気持ちと甘えてきた気持ち……」と応じると，母親は頭を縦に振った。

　その後，A子は家に引きこもってはいたが，少し穏やかな状態が続き，いろいろな話題が出て，自傷についても「切ると痛いよ」と〈痛み感覚の取り戻し〉を訴えるようになった。しかし，治療は順調に進まなかった。その矢先，「家の手伝いぐらいしたら？　忙しいのだから」という母親の苦言をきっかけに自傷が再燃した。そしてA子は大荒れの状態で，母親に連れられて来院した。

　傷は手首から上腕まで広がり，大腿部や腹部に至るまで何重にもなっていた。A子はそうなった経緯を（以前とは違って）しっかり語り，「痛いけど平気」と言いながらも，その呪縛から逃れられない辛さを語った。

　筆者は無力さを感じながらA子の傷口を手当てした。消毒薬が傷口に沁みる痛みで表情を変えたので，「痛いか」と聞くと「痛い」と言った。筆者は「それでいい」と応じた。そして「危険だから」と入院を勧めると，A子は「したくない」と拒否した。しかし母親は「入院させてほしい」と訴えた。仕事の予定があり，家では世話できないという理由からだった。その言葉を傍で聞いていたA子は「お母さんなんか，分かっていない」と泣き叫んだ。

　この場面でA子の叫びを聞くと，筆者は母親の意図とは反対に入院させたくない気持ちに傾き，母親に「（時間と経済に）余裕はないの？」と問い，激化する危険を感じながらも子どもを信じて，自傷はしないという約束のもとで外来通院のまま治療を続けた。

　このエピソードは〈危機・転回のチャンス〉といえる。治療的判断の難しい場面である。次の個別の面接で，母親は「自分は家付き娘……家事や子育てよりも仕事が好き。それが間違いの元……」と後悔の念を語るが，「確かにそうかもしれないが，今それを言ってもA子の解決にはならない」と返すと，母親は「仕事に逃げている」と言った。「世間によくある話だ

が，それに気づけば仕事の仕方が自ずから変わるかも……」と，筆者は返した。前にA子から，「お母さんに仕事を辞めて家にいてほしいとは思わない。家にいるとお爺さんやお婆さんとすぐ喧嘩になり，家のなかが荒れるから」と聞いていたからである。

　この段階では，A子に対しては親子関係の機微については深入りせず，後述する「代替え策」（後述──「8 支援の周辺」参照）を提示しながら，自傷行為からの脱皮を図った。A子は16歳になった。まるで子どもというわけでなく，親との距離のあり方も課題となる。母親に対しては位置で近く精神的に遠く，父親に対しては位置で遠く精神的に近い距離が，筆者は気になっていた。

　A子は部屋にいるとき，よくイラストを描いていると言った。すぐには作品を見せてくれなかったが，ほどなく持参して見せてくれた。筆者には（制服のデザインのことが思い浮かび）若者的な鑑賞力がないので「同じ年代の誰かに見てもらったらいいと思うよ」と言うと，「ネットや携帯の写メで3，4人の仲間に送っている」と応えた。親には「見せてない」というので，「それでいいのでは……もう小学生ではないから」と，癒しとなっている行為を肯定し，〈自熟とコミュニケーション・ツールの足掛かり〉が育つのを願った。

　「美術的センスはお母さんに似ているのかな？」と筆者が問うと，A子は「私，お母さんのようにはなれない。悪いところばかり似ている」と答えた。「そうかな。悪いところは良いことに変わるから」という意味を込めた返答をして，それを願った。本人にも親にも変化への願いを込めての面接となるが，期待が過剰にならないよう注意した。

●

　ほとんど引きこもっていたA子が，姉の励ましもあり，思い切って昼間定時制高校を受験した。「試験は小論文と面接だけだったから」と，はにかみながらも合格を嬉しそうに話した。〈新規巻き直し〉の段階といえる。
　母親は喜んで一緒に入学準備の買い物に出かけたりしたが，自分のペー

スで動き，A子の自信のなさを受け止めていなかった。心配性の父親は「通えるかな」と進学に半信半疑だったが，「最初は送り迎えをしようか」とA子に声をかけてサポートをするという考えだった。両親の考えと態度の違いが如実に出た一面で，「激励よりサポートが大切かも……」と，母親にフィードバックした。

その後，学費や書類記入の問題があり，父親と母親は密かに会っていた。「それはよかった」と筆者は別々に来院する両者に同じことを言った。夫婦間について父親は歩み寄りたいと言うが，母親は拒否的だった。

A子は，中学のときとは違い，同じように不登校などの経歴をもつクラスメートがいて，当初，高校通学は順調に見えた。しかし，外出するようになると駅などで異性から声をかけられ，誘惑の言葉に乗って傷跡が多く残る身体で恋心を寄せては交わる関係ができるが，長続きはしなかった。「寂しかったから」と言い，短い間に3人から信じては裏切られるパターンを重ねた。自傷はまた再燃した。

このように恋愛と失恋を繰り返す事件が重なり，母親に叱られ，父親のもとに逃げた。父親はA子を受け入れるが，異性関係には触れない。1泊か2泊させて，母親のもとに帰すことを繰り返した。「気づいていても，男女の問題は言えない。自分には娘を叱る資格がない」と，父親は言った。

A子は父親と母親との間の繋ぎ役を果たしているかのようだった。母親の気の強さ，父親の気の弱さは水と油……一緒に暮らすのは無理だとA子は見ていた。「お父さんは折り合いが悪くて家を出たが，今も家族への仕送りを続けている」と，面接で聞いた父親の暮らしぶりを伝えた。「でも家にいたときは，いつもお酒飲んで当たり散らした。母との約束を破って……今でも毎晩呑んでいる」と，A子は否定的に語った。

この両親の関係や過去の有様については姉もほとんど同じ見方をしていた。「姉はお母さん似，私はお父さん似。性格が違うもの」とA子は言った。この見方は，それぞれの親面接にフィードバックして，少しずつの理解を求めた。

高校には夏休み少し前に「クラスメートから嫌なことを言われた」と言っ

て通えなくなり，いったん止まっていた自傷と過食が日々連続した。母親はパニック状態になり，ついに仕事を休んで来院するようになった。

秋になりA子は，親から授業料の納入を問われて，結局中退した。〈現実直面〉である。「これまでお金のことなんか考えたことがなかった」と言ったので，「それだけ大人になったのかな？」と，筆者は返した。通院して2年になる。短期間でも高校に通えたことは外に出る契機となり，学校で同性の友達が2人でき，携帯電話で今も交流が続いていた。遅々としているがワン・ステップずつ発達の階段を上がっていることが分かった。それを両親にフィードバックした。

17歳になり，姉の紹介で，A子は子供服ショップで週に2日のシフトのアルバイトをするようになった。出勤日はその時刻に間に合うように起きるようになり，昼夜逆転が是正され，いくらか規則正しい生活となった。〈不規則な生活の改善〉は，親の忠告よりも何らかの理由で外出するようになると実行されることが多い。

アルバイトに出ることは，ショップで仲間もできて嬉しいことだったが，相手を過剰に意識するA子にはストレスも溜まった。続けたい気持ちと辞めたい気持ちが葛藤した。「友達がほしいよ。でも，上手く付き合えない」「みんなの前でみんなと同じように働きたい。でも，できない」と訴えて，こういう気持ちも行き詰まるパターンも「中学から変わっていない」と言った。そして自傷に走りそうになるが，「夏，半袖になるとバイトに行けなくなるから，我慢している」と言った。

A子はずいぶん気持ちを言葉にできるようになり，「ファッションには興味がある。子供服は好き」と言った。ショップでの人間関係が上手くできれば，子ども時代から抱えていた課題の改善につながる。しかしそれは口にせず，「何とかやっていこう。きっといいこともあるから」と筆者は支えた。「きっと……」という言葉は嘘になるかもしれないが，見通しは信じて言うしかないと考えていた。ここで，職場に適応するためのストレス軽減策を話題にした。

自己破壊衝動に駆られるとき，その発散の方法を話題にすることも，手

前で思いとどまらせるためには必要である。そんなとき身体が固くなり，首から肩が凝っていることが多い。一例として，肩の力を抜いて首から肩をゆっくりと回し，呼吸を整え，大きく胸から腹へと呼吸を下ろして落ち着かせる……自律訓練的な策である。

◆

　A子は18歳になった。ショップの店長（30代女性）やバイト仲間に支えられてアルバイトはどうにか続き，自傷や過食は半年以上なくなっている。異性関係は微妙だが，4カ月以上特定の大学生との交際が続いている。

6　親支援のポイント

　まだ一人前になっていない子どもにとって，親は物心両面で頼らなければならない存在であり，また，育ちのなかで大きな影響を与えてきた存在である。関係の持ち方によっては一番の害になるし，一番の援助者ともなる。害を減らし，援助力を引き出すのが親への支援の目的である。親を非難し責めるわけではない。

　自己破壊行動者は概して親に対して良いイメージをもっていない。さらにいえば，幼い頃はむしろ良好なイメージをもっていたが，いつの頃からか悪いイメージを抱き，そのギャップに苦しんできた時期があり，その後に自己破壊行動が発生するというパターンが多い。A子のケースも同様で，この時期は思春期，第二反抗期と重なるといえる。

　親面接では病態の説明に加えて思春期心性の説明も必要で，問いかけ方は「あなたにも同じ年頃があったはず……」と言って理解力を高める。「自分はこうではなかった」と認めない親もあるが，分かるまで子どもの状態とタイミングを計って何度も話題にする。

　親には，仕事が忙しいとか夫婦が不仲だとか，いろいろな事情がある。治療者はその話も聞く。A子の父親のように無口な親は話を引き出すのに

時間がかかるが，母親のように饒舌に喋るほうが，話すことが防衛になっていて厄介である。いずれの場合も，最初は「なるほど，もっともだ」という気持ちで聞く。ネガティブな返答をすると，親はさらに自己防衛的になり話が萎んでしまう。何度か面接を重ねている間に，親は問題点を語りはじめる。

　Ａ子の場合，最初に相談に来た母親は，自分にはあまり問題がないと正当化して，夫が軟弱な性格で家を出て不在だから悪いと批判的に語り，姉と比べてどうしてＡ子が不登校になり，自傷と過食・嘔吐を繰り返すのか分からないという態度だった。そして夫に対する非難がひと通り出ると，「仕事に出て両親に養育を任せたことがいけなかった……仕事を辞めて家にいればよいのか」と訊ねてきた。筆者は，Ａ子が「そうではない」と言っていることを伝えた。すると母親は「夫の稼ぎが少ないから仕事に出た。本当は行きたくなかった」と弁解した。「なるほど，生活もあるから……難しいね」と，筆者は返した。

　「仕事」という理由の扱いは難しい。生計の実情もあるし，多くはそこに生きがいを見出している。「家に爺さん婆さんがいるから外に出ていたほうが……」という理由もよくある。Ａ子の母親もそういうパターンで，特技をもち，職場でも重要な役を担っていた。親が仕事に出れば子どもとの接触時間は減るが，親子関係は時間ではないこと，家庭と仕事の関係は微妙なバランスの上にあることを話し合う必要がある。仕事と家計という２つのことが前面に出るとき，子どもは親に何も言えなくなることを，親面接のなかで押さえておこう。

　Ａ子の場合，母親は「夫婦の不和は改善できない，すでに別々に暮らして過去の話」と蓋をして，その点に立ち入らせようとしなかった。父親のほうは気弱な性格ということもあり，家を出たことや給料が少ないことに負い目を感じて積極的にものを言わなかった。確かに長い軋轢の歴史があるという受容のスタンスで，両方の話を根気よく聞く以外になかった。

　両親の関係は改善しないまま，月日だけが流れた。そんな矢先，「家の手伝ぐらいしたら」という母親の言葉を契機に，一杯だった風船が割れる

かのように騒動が起こった。弁解や小手先の対処では済まされなくなり、親は現実直面を迫られた。自己破壊行動は、そういう意味を突きつける行動化である。親面接も増え、深まる。

その後、A子では少し好転の兆しが見えてきた。父親と母親が高校入学をめぐり会って話し合っている。子どもへの愛情があること、親の義務という面では両親の考えが一致していた。親の支援に活路を見出せる点だった。父母がどのような関係であれ、子はその両親から生まれた。父母の一致点を探り、道筋を見出すのも治療者の役割で、親支援のポイントである。A子の父母は、それから時々、外で密かに会って話をしているようである。その雰囲気の変化は、それを知らないA子にも何となく感じられていた。

子どもの自己破壊行動は、父母に対してその関係の見直しと再構築を求めるストライキ行動という見方ができる。そのことを治療者は、父母に気づかせていく話題を折々に取り上げる必要がある。改善には遠い道程であっても、親支援の重要なポイントである。

思春期の治療では、自己破壊行動に限らず、特技や楽しみを見出し、親が子どもを支持していくことが大切である。それが将来の仕事となることは稀かもしれないが、そこまでは考えない。大人の草野球のような趣味のレベルにとどまってもよい。作家や画家や音楽家はこういう世界から育っている。「マンガばっかり描いている」とネガティブな言動をしないようにと治療者が親に話すのも、支援のポイントである。

再登校だけでなく転校や進学などの子どもの再チャレンジは、親のサポートがあってこそ可能である。A子では、結果が中退でも高校に行けたことは大きな転機となり、次のアルバイトへの道を開いた。アルバイト以降は治癒への兆しも見えてきて、親は少し安堵できる段階だが、油断すると危ない。長く続くことが必要で、その間に父母は2人の関係の改善を図ることだろう。雰囲気で、改善度は子どもに伝わるのである。

7　親以外への支援の必要性

　思春期の若者たちの治療は，子どもから大人へと育っていく発達の課題を抱えている。それは親から分離して自立していくという課題であり，親では役不足で，他の誰かの存在が必要である。自己破壊行動の場合，友達がいても遊び仲間の域を超えず，周囲に信頼して心を打ち明けられる友達や大人がほとんどない状態からの脱出，以前からの関係の見直しと，新しい人間関係の構築が求められる。
　Ａ子では頑張り屋の姉が劣等感を抱く対象ではあっても，治療過程で重要な助け舟だった。看護学校で学び，精神保健相談に繋いだのも，家に引きこもるＡ子に通えそうな昼間定時制高校進学を勧めたのも，Ａ子ができそうなアルバイトを紹介したのも姉だった。
　中学から友達のいなかったＡ子が，高校を中退した後もコミュニケーションできる友達が2人できたこと，ショップで可愛がって世話をしてくれる店長に出会えて，自傷行為や過食のことなどを打ち明け，理解されて支えられたことは重要な意味をもっている。
　ショップを管理指導する店長は年齢的にも立場的にも母と姉の中間に位置するような存在で，親代理の役割を果たしていることを親面接で話題にしていくことは，親支援のうえで大切だった。
　こういう存在は，治療の流れのなかで現れるときの氏神である。自然に現れることが望ましい。出会いのチャンスを面接のなかでピックアップしていこう。親戚や幼い頃の知り合いの誰かに親が依頼するという策もあるが，考えるほど有効ではない。特に自己破壊行動の子どもはそういう作為に敏感である。それよりも家族でペットを飼うことのほうがコミュニケーションの介在となり，癒しの方法としても役立つ。「アニマル・セラピー」という言葉もある。
　親は親だが，だからといって子育て，子どもの治療を担うのは親だけでなく，身近な人たち，社会で出会う人たちの支援も不可欠ということを意

識して，治療者は親の支援を考えなければならない。

8 支援の周辺──代替え策と育ちの策

　破壊的な衝動を自分にではなく，比較的安全な他のものへと向けることを本人と話し合うことも，ひとつの方法である。たとえば自傷行為では，自分の手首を切りたいと思うときに大根などの野菜を切ることで発散する。自己殴打では空気人形にパンチキックをするという代替え策もある。ぬいぐるみだと生々しさがあるため，後で廃棄でき，心理的に過去を引きずらないもののほうが無難である。

　代替え策は自虐から他虐へのシフトを含んでいる。エスカレートして対象が他人や動物（動物虐待）に及ぶと危険である。自己破壊行動には他人に向けられない衝動を自分に向けてきたという心理的背景があるので，慎重に代替え策を探さなければならない。

　安全な（代替え的）発散にはスポーツが有効である。自己破壊行動に走る人はフラストレーションの解消がうまくできず，身体の内に鬱積した状態にあることが多い。運動が得意でよく動くように見えても，チームプレーが苦手だったりする。

　身体を動かしているとき，運動力だけでなく精神力も身体の安全性，達成感，競技では勝ち負けのほうへと向けられる。でないと怪我をするからである。ドッヂボールでボールが投げられれば，受けるか逃げるか，とっさに判断する。スポーツでこの本能感覚を取り戻すことも，自己破壊行動の改善につながると思う。

　スポーツと同様に，音楽や美術や造形などの活動も，癒しとして，さらに仲間を得るサークル活動への発展として，親は見守ることが必要である。

おわりに

　例話を軸に，自己破壊行動を呈する思春期の子どもとその親へのアプローチを述べた。それほど重症ではないA子でも3年を経ている。思い通りに進まないというのが筆者の本音である。しかしそれでも，親も子も治療者も，「破壊」という言葉の怖さに身構えず，治療の流れのなかでチャンスを見出していくことが必要だろう。かかわっていく間に，親も事情があるなかで現実を暮らしながら変化するし，子どもも立ち直って明日に向かって進みはじめるという印象をもっている。

▼ 文献

林 直樹（2007）リストカット──自傷行為をのりこえる．講談社．
門本 泉（2012）自傷行為が疑われる事例．臨床心理学・増刊第4号．金剛出版，pp.112-117.
森 省二（1989）正常と異常のはざま．講談社．
南条あや（2004）卒業式まで死にません．新潮文庫．新潮社．

第5部
子育て技術のヒント

5-1
ステップファミリー
津崎哲郎

1　ステップファミリーの現状

　ステップファミリーという言葉は，必ずしもまだ社会に浸透している言葉ではない。わかりやすく言うと，連れ子を伴った形での再婚家族のことを指す。実はこのステップファミリーが今急速な勢いで増加しつつある。背景に離婚と再婚の増加現象があるためだが，2011年の統計（日本子ども家庭総合研究所2012）では，1年間の結婚カップル661,895組に対して，夫または妻，あるいは双方が再婚であるカップルは25.8%，つまり，およそ4組に1組が再婚家庭となっている。したがって，地域の保育所や学校などにはステップファミリーの子どもたちが多く存在していると思われるが，ステップファミリーでの新たな家族形成の課題やノウハウが，一般住民に，あるいは子育てを支援する立場にある機関の職員にさえ，全くといってよいほど周知されていない。つまり，言葉を換えればこの問題は個人家庭任せになっており，中途からの親子関係の構築は，実は想像以上に多くの困難要素をともなうことも十分知られていない。この困難要素が，場合によっては親子関係のトラブルを巻き起こし，最悪の場合には児童虐待に発展してしまうことも決して少ないとはいえないのである。事実2011年の警察統計（『犯罪白書』（法務省法務総合研究所））によると，警察が事件として関与し検挙した児童虐待件数409件の加害者で，最も多いのは養父・継父と母親の内夫の142人（34.7%）であるから，親子形成がこじれた場合は重篤なケースになりかねないことにも留意しなければならない。

筆者は，これらの事実を踏まえ，行政が住民や子育て支援者に対して，もっとステップファミリーの子育て情報を発信すべきと発言してきたが，行政の問題認識は未だ十分ではない。そのようななか，筆者が理事長を務める NPO 法人（大阪）児童虐待防止協会が大阪市に働きかけ，2012 年に全国で初めてステップファミリーに関する啓発冊子を行政として発行することができた[1]。今後は全国の自治体が，それぞれのバージョンで啓発冊子を発行し，住民および支援者にその理解が深まっていくことを期待したいところである。

　ところで，離婚や再婚の「先進国」であるアメリカでは，一足先にステップファミリーの家族形成の困難に気づき，今は，民間組織のステップファミリー協会が，全国レベルで助言や相互交流の場の提供を行って，個々の家族を支援する取り組みが進んでいる。しかし，これと比較するとわが国では，個々の家族が孤立して地域に埋没し，支えのないまま，困難を増幅させている可能性が高いのである。

2　ステップファミリーの子育て

1 ― 離婚と再婚に至るプロセスと子ども

　ステップファミリーでの家族形成がうまくいくためには，実親との離婚，そして新たな再婚を子ども自身がどのように受け止めているのか，その思いに丁寧に配慮することが大切になる。大人の都合で繰り広げられるこれらの大きな家族変化に対して，子どもは全く無力で，ときには大きな喪失体験にもなる。さらに，再婚による新たな家族形成が，今は会えない実親に対する裏切り行為に映っているかもしれないのである。

　したがって，子どもの思いをどれだけ汲み取れるかが重要になるため，実現できるかどうかは別にして，原則としては離婚や再婚のプロセスに丁寧に子どもを参加させることが望まれる。仮に完全な同意を得ることが困

難であったとしても，子どもは自分が大切にされていると実感できるだろうし，子どもの認識にありがちな"自分が原因で親が離婚に至った"という不適切な罪障感を背負わなくてもすむ。また，新たに出会う実親の再婚相手に時間をかけてなじんでいくことは，いきなりわが家に入り込んできた他人としての違和感を和らげ，新たな家族形成に向けた下地を形作ることになる。

2 − ステップファミリーでの親と子

　ステップファミリーは，実・継親子，ときには新たな兄弟など，かなり複雑な家庭生活をいきなり経験することになる。夫婦だけによる結婚でさえ，当初の共同生活はなじみのない習慣や作法の違いに戸惑うことが多いが，ステップファミリーの関係ではそれがより複雑になるため，些細な日々の生活上の違和感が頻発して当たり前と捉える必要がある。これを誰か一人の考えや作法で押し通そうとすれば，不満やトラブルが発生するのは目に見えている。したがって，たとえば母子家庭の母親が新たな男性と結婚した場合を想定すれば，父親はこれまでの母子の生活を尊重し，一歩退いた形で家族に加わるほうがよい。

　そして，より注意が必要であるのは，子どもの心の理解とその対処である。通常子どもは母親の愛情を半分とってしまった新たな男性にライバル心と違和感を感じている。これは，男性側から見ると，かわいげのないやりにくい子どもと映ることになるが，それをいわゆるしつけで矯正しようと思わないことが最も大切になる。必要なことは，肌で感じる新たな大人への安心感の形成である。したがって，共に遊んだり行動したりすることで，安心感の形成に極力努めることが，後の安定した家庭を築くことにつながる。この原則を無視し，しつけと叱責で矯正しようとすると，親子関係破綻につながる危険性が高くなる。新たな家族としての安定が得られるには通常5年ほどの歳月が必要であることを十分に理解しておきたい。

▼註

1── 大阪市こども青少年局子育て支援部こども家庭課＝発行（2012）「これからの人生にホップ・ステップ・ジャンプ／おとな編」「泣いて 怒って 笑って／こども編」（大阪市北区中之島1-3-20／Tel：06-6208-8032）

▼文献

日本子ども家庭総合研究所＝編（2012）日本子ども資料年鑑2012．KTC中央出版．

5-2
生殖医療・代理母出産

才村眞理

1 生殖医療

　現在，妊娠を望んでいるカップルの約10％が不妊症と言われている。夫婦間の不妊治療，つまり生殖医療は，父母のDNAが子に引き継がれるので遺伝的には問題がない。しかし，夫でない男性の精子や妻でない女性の卵子を使う生殖医療は問題が大きい。なぜなら，その出生の真実を生まれた子どもに秘密にしたために，これまでさまざまな問題が起こっているからである。1949年より非配偶者間人工授精（Artificial Insemination with Donor's Semen：AID）は日本で実施され，これまでに約15,000人が生まれているとされる（吉村2010）。最近になってAIDで生まれた子どもたちが声を上げはじめ，種々の問題点が浮き彫りになった――「1. 自身の半分のルーツが不明で，自分のアイデンティティが混乱している。自身の遺伝的病歴も半分が不明で，同じドナーから生まれた人同士が結婚する可能性もある。2. 親にずっと嘘をつかれていたことへの怒りで，親子関係が悪くなる。突然知って混乱している子どもをサポートできない親がいる。3. 人工的に生まれたことでの気持ち悪さが残る」（才村2013）。この医療が子どもを不幸にしているなら，この医療はやめるべきだろう。しかしそれでも夫婦がこの医療を選択するなら，子ども自身が生まれて良かったと思えるよう，出生の真実を子どもの幼少時からテリング（お話）し，オープンにする姿勢が必須である。その場合，専門家による親のテリングのサポートや，長い不妊治療で理想化された子どもと現実の子どもとのギャッ

プを埋めるべく，育児のサポートが必要である。

　生殖医療には，夫婦間の治療と，非配偶者間生殖補助医療がある。後者には精子提供，卵子提供，胚提供，そして代理懐胎がある。日本には生殖医療に関する法律がないため，実施規制もなく，また生まれた子どもの出自を知る権利も保障されていない。スウェーデンやイギリス，ニュージーランドなど多くの国では生殖医療に関する法律が創設され，実施には一定のルールを課しており，生まれてきた子どもが遺伝的親を知る仕組みができている。法律のない日本でこの医療を選択する場合，親子にとってのメリットとデメリットをよく考えてみなければならない。複雑な親子関係が想定されるなか，親子をサポートする公の仕組みはなく，医療者の考え方もさまざまであるので，選択した親の責任は重大だ。

2　代理母出産

　次に代理母出産は，先に述べた代理懐胎が正式名である。これには子を望む不妊夫婦の受精卵を妻以外の女性の子宮に移植する場合（ホストマザー）と，依頼者夫婦の夫の精子を妻以外の女性に人工授精する場合（サロゲートマザー）がある。日本産科婦人科学会による 2003 年の代理懐胎に関する見解は，両者とも倫理的・法律的・社会的・医学的な多くの問題をはらむ点で共通しており，代理懐胎の実施は認められないとしている。日本が批准した子どもの権利条約の観点からみると，産んだら他人に渡すという契約のもとで子どもを産むのは，子どもを取引の対象にしていることになり，この条約の趣旨に反すると思われる。アメリカでは実際に裁判事例もある。サロゲートマザーとしての代理母が出産児の引渡しを拒んだ事件として「ベビー M 事件」（伊藤 2006）があり，ホストマザーとして出産した女性が，生まれた子の引渡しを拒んだ裁判事例（金城 1996）もある。

　また，母子保健の理念からは，妊娠中からお腹の赤ちゃんに声をかけ，

すでに母子関係が始まっているのである。昔から胎教といって，良い音楽を聞いたり，ゆったりとした気持ちで妊娠中を過ごし，生まれてくる赤ちゃんを親が待ち望む時間が重要とされている。しかし代理懐胎では産んだ人は母とならない。このようにさまざまな問題を含む代理懐胎で子をもつ人には，ぜひ熟考してほしい点がある。①あなたは子どもがなぜほしいのか，不妊の受容はできているのか。②戸籍上は養子縁組して親子になるが，では養子の選択はないのか。③出生の真実を子どもに幼児期から話し，周りにオープンにできるか。④代理母は親にはならないが，子どもに対してはルーツとしての役割はもちつづけることを受け入れられるか。⑤長い育児期間は複雑な家族関係に陥ることがある。テリングのサポートとともに，専門家の支援を受けられるか。

◆

　どのような生殖医療であろうと，生まれた子どもの福祉を最優先し，子どもが幸せになることが家族の幸福につながるということを肝に銘じてほしい。子どもさえできれば何をしてもいいということにはならない。また，夫婦においては，血縁を超えた養子を得る方法や，子のない人生の選択も視野に入れた，柔軟な考え方のできる人生観，人間観をもつことを望みたい。社会もまたその考えを受け入れることが成熟した社会と言える。

▼文献

伊藤晴夫（2006）生殖医療の何が問題か．緑風出版，pp.68-69.
金城清子（1996）生殖革命と人権．中央公論社，pp.86-87.
才村眞理（2013）精子・卵子の提供により生まれた人（子ども）のためのライフストーリーブック作成の試み．帝塚山大学心理学部紀要 2；110.
吉村泰典（2010）生殖医療の未来学――生まれてくる子のために．診断と治療社，p.109.

5-3
慢性疾患児の子育て

小池眞規子

1　小児慢性疾患

　近年の医学の飛躍的進歩により，重い病気をもつ多くの子どもの命が救えるようになってきている。しかし，人生の長い時間を病とともに生きることを求められる子どもも少なくない。慢性疾患に罹患している子どもの数がどのくらいであるか，詳細の把握は難しいが，平成20（2008）年度小児慢性特定疾患治療研究事業では，11疾患群514疾患を指定しており，その全国登録人数によると，最も多い疾患は内分泌疾患27,876人であり，次いで心疾患14,815人，悪性新生物（小児がん）12,802人などとなっている（藤本2009）。

　小児の慢性疾患は，①つねに成長期に直面していること，②義務教育を含む教育年齢であること，③心理的葛藤の多い思春期が含まれていること，④慢性から生じる経済的背景，⑤長期に薬剤を使用する必要があり副作用の問題があることなど，多くの問題を抱えている（大西ほか1977）。そのため，小児慢性疾患児の子育てにはその年齢に応じた多くの配慮が必要となる。

2　子どもの自律性を育てる

　小児がんなどの慢性疾患では，個々の疾患に関するガイドラインをもと

に，病気・治療・検査について子ども自身に伝える必要性や重要性，そしてその影響などについて専門医を中心に研究がなされている（堀越 2006；小澤 2005）。子どもの年齢によって理解力は異なるが，その年齢に応じた説明を行い，隠し事をすることなく接することで，子どもは日々の成長のなかで徐々に理解できることが増え，治療に伴うことや生活のことなど自分で決められることも増えていく（堀越 2006）。病気について伝えられた子どもは「今行っている治療の目的や今後の治療計画がちゃんとわかった」という安心や，両親，医師，カウンセラー，学校の友人・先生が支えとなったことを記している（財団法人がんの子どもを守る会 Fellow Tomorrow 編集委員会 2001）。支援においては，病気について伝えられた子どもの不安やおそれを理解するとともに，それらが少しでも軽減され，子どもが自分の病気とともに自律性をもって生きていく力を育てていくことが大切である。

3　子どもの日常生活を支える

　長期にわたる入院治療が必要なときには，病棟での生活に変化をもたせる工夫もさまざまに試みられており，季節の行事を取り入れたり，学校に行けない子どもたちのために病院内での教育も行われている。就学前の子どもには遊びを通して情緒的な安定を図り，発達を促すことができるような環境作りも必要である。子どもにとっては入院生活という非日常において，体調が良いときにはできるだけ日常の生活が送れるようにすることが必要である。

　長期入院中に義務教育期を迎えた子どもが病院内学級で教育を受けるためには，原則として子どもが入院前に通っていた学校から院内学級へ転校の手続きをとらなければならない。元の学校に復帰するまで，院内学級と元の学校との連携は十分に図ることが大切であり，元の学校の教員，友だちの理解を得ることが，病気の子どもの治療意欲，退院後の生活への適応にとって大きな力となる。長期入院が必要であっても，治療と治療の合間

には短期間の一時退院や外泊などが行われるときがある。そのような機会を利用して，元の学校との交流を図ることも期待され，そのための医療者等による働きかけや調整が求められる。

4　家族を支える

　家族の一員が病気に罹ったとき，家族全体に与える影響は当然のことながら大きい。患者が子どもの場合，病気を知らされた両親は大きな衝撃を受ける。このような急性期には十分な時間をとって話を聴き，家族が感情と思考を整理できるようにすることが大切である。そして家族とともに子どもにどのように対応するかを相談していくことが必要である。また，同じ病気の子どもをもつ親の会の紹介や，病気にかかわるさまざまな援助資源についての情報提供も有効な支援になることがある。

　子どもが病気に罹ったとき，両親の関心が病気の子どもに偏ることは避けられず，病気の子どものきょうだいにもさまざまな影響が出てくる。子どもが入院した場合，約3分の1の家庭にきょうだいの不登校，いじめ，夜尿などがみられ，きょうだいが10歳未満の場合には患児の入院中（母親不在のとき），10歳以上では退院した後にそれらの影響が生じるという報告もある（稲田 2001）。病気の子どもを含め，家族がともに支え合い，協力していくためには，きょうだいにも患児の病気について年齢に応じた説明を行い，きょうだいにできる仕方でケアに参加してもらうことも有効である。

5　チーム・アプローチ

　現代医療はチーム医療であると言われる。病気の子どもがその後の治療過程で直面する多様な問題には，さまざまな職種からなるチームによる対

応が不可欠であると考える。チーム医療の構成要員として，複数の医師や看護師のほかに，薬剤師，理学療法士，栄養士，臨床心理士，ソーシャルワーカー，チャイルドライフスペシャリスト，院内学級教師，病棟保育士，ボランティアなどが加わっている。これらの職種が参加するチーム医療の利点は，子どもの状態，あるいは家族を含めた子どもを取り巻く状況を総合的に判断できるということである。各職種は互いの尊敬と信頼において，ゆだねるべきところをゆだね，積極的にかかわることが求められるときには積極的に行動していくという実践的判断が求められる。

▼文献

堀越泰雄（2006）小児がん患者に真実を伝える．がん患者と対症療法 17-2；60-66．
藤本純一郎（2009）平成 21 年度厚生労働科学研究．法制化後の小児慢性特定疾患治療研究事業の登録・管理・評価・情報提供に関する研究報告書．
稲田浩子（2001）小児がんにおける告知とインフォームドコンセント．ターミナルケア 12-2；93-97．
大西 雅・塩野 寛・坂本房子・木村健修・松本 猛・門脇純一（1977）小児慢性疾患の医療と教育——腎疾患・気管支喘息を中心に．医療 31-12；1398-1403．
小澤美和（2005）小児がんの子どもとその家族．児童青年精神医学とその近接領域 46-2；120-127．
財団法人がんの子どもを守る会 Fellow Tomorrow 編集委員会（2001）病気の子どもの気持ち．財団法人がんの子どもを守る会 Fellow Tomorrow．

5-4
聴覚障害児の子育て

永石 晃

　まだことばを理解しない赤ちゃんのうちから，親はわが子との触れあいのなかで，話しかけ，ことばを投げかける。こうした親子の情緒的交流は赤ちゃんに快をもたらし，積極的なやりとりを促進させ，親子は体験世界を共有しようとするようになる。やがて子どもはさまざまな世界がことばによって意味づけられていることを知り，話しことばとして獲得されていく。聞こえる子どもたちの母語は日本語である。しかし，聴覚障害のある赤ちゃんは，聴覚音声を意味ある刺激として知覚しにくいために，音声コードから発展してきた日本語を自然には身につけることができない。

　聴覚障害児のおよそ9割は両親とも健聴者の家庭に生まれている。わが子に聴覚障害があると分かったとき，健聴の親はその事実をどのように受け止めるだろうか——子どもは私のことを「お母さん」と呼んでくれるのだろうか。自分と子どもとの間をとりもつはずであった日本語が通じなければ，わが子と気持ちを通わせる手段を喪失したような思いに駆られるといっても過言ではない。とりもなおさず人は成長し，必ず社会と接点をもつようになる。わが子の将来を考えたとき，健聴者と関わることなしに生きていくことはありえない。わが子に日本語を身につけてほしいと願う切実な気持ちは，互いに通じ合いたい，そして社会のなかで多くの人々と関われるようになってほしい，という2つの意味でごく当たり前の希求であろう。

　聴覚口話法と呼ばれる教育方法により，聴覚障害児が日本語を習得するまでの困難はかつて「いばらの道」と喩えられた。「ことばの風呂につけろ」を標語に，心通わせたいと願って始めた熱心な親子・教師と子どもとの関わりは，いつしかきわめて訓練的になり，日本語理解の代償としてコミュ

ニケーションを通して憩うという大切な要素が抜け落ちてしまうことすらあった。▼1

　現在はどうか。今なお日本語を身につけることは易しいことではない。だが，新生児聴覚スクリーニング，人工内耳，高性能のデジタル補聴器などといった医療やテクノロジーの発展はめざましく，わずか十数年前の状況でさえ隔世の感がある。こうした進歩により，以前ならば聴覚を活用することが不可能と言われていた子どもに劇的な補聴効果を与えてくれる場合があり，聴力障害の改善に光明をもたらした。上記のケアは，一日も早く聴覚的音声情報の補償をスタートさせ，刺激として受け止めやすくすることを通して，日本語を身につけやすい土壌を整えていこうとするものである。こうした進歩の恩恵を受け，通常の学校を選び学べるようになった子どもも増えている。しかし，現在の高い技術水準をもってしても，聴覚障害に伴うさまざまな不利が全てなくなるということはない。「聞こえが改善して，ことばが身につけば，あとは普通の子と同じように生活ができる」というオリエンテーションは，いささか子どもの具体的な生活実感とは遊離したものだと思う。

　筆者が勤務する聾学校で難聴がある同僚からふとこんな話を聞いた。「小さい頃から「分からなければすぐに尋ねればよいのに」と母親から言われて育った。でも状況そのものが飲み込めず，自分の何が悪かったのか，何が分からないかすら分からないから困っていたのに……。だがこのことは何度伝えても分かってはもらえなかった」。

　聴覚障害の情報障害という側面の本質的な難しさ，すなわち障害を抱える当事者の苦しさを，聞こえることを自明のものとして暮らす健聴者が，まさに実感を伴って理解することの難しさを端的に言い表している話だと思う。一対一のやりとりにとどまらず，環境音も含めると，音声は周囲360度多様な情報をもたらしている。こうした情報を健聴者は特別な努力なく，選択的に受け取り状況判断できる。しかし，いかに難聴の程度が軽くても，難聴者は，周囲を観察して状況をとらえ，想像や類推を働かせなければ，十分な情報を得ることができない。特に人が集い話し合う場，例

えば家族の団らんや学級会のような場面で，配慮なしに情報を得ることはほぼできないと聞く。本来楽しみを共有するような場にいながら，そこでやりとりされていることを知ることができない疎外感，分からないために何となく笑ってやり過ごす寂寥感や孤独感，それが常態となっていることへの無力感。何気ないふるまいにより，そうした気持ちを知らないうちに当事者に抱かせていることすらあることに，支援者は敏感でありたい。聾学校では聴覚障害のある教員が多く働いている。顔を見て読話しやすいように車座で話し合う，要約筆記を表示する，手話をつけて話すなど，情報保障の方法は多様だが，当事者が自分にとって必要な手立てを遠慮なく言える雰囲気そのものが大切だと思う。

　聴覚障害があるきょうだいのいる健聴の同僚からこんな話を聞いたこともある。「聾学校で働くようになって，親の努力なしに子どもが日本語を身につけるのがいかに難しいか実感している。でも，自分が小さい頃は，なぜ母親が弟のために毎日聾学校について通い，(なぜ自分のためでなく) 弟のために毎日こんなに丁寧に絵日記を描いてあげているのか……羨ましく思いながらも親には言えなかった」。そう言って，数十年も前に母親が弟のために描いた遠足の絵本を「教え子の保護者に参考になるかもと思って」と，大切そうに見せてくれた。

　筆者自身の浅薄で苦い経験も未だ記憶に新しい。教え子の母親から「先生は「子どものため，子どものため」と言うけれど，私自身は一体どうなってしまうのですか」と痛切に問われた。

　聴覚障害を抱える本人のみならず，きょうだい，そして親，彼らを支える家族一人ひとりがそれぞれに自らの人生を生きている。一人ひとりのおかれた状況に思いを巡らせ，その気持ちに身を添わせてみるとき，家族一人ひとりが等身大の努力で実を結ぶような教育や子育てのあり方，そして健聴者の気遣いや配慮で当事者が少しでも生きやすくなる支援とは何か，聴覚障害に対する理解を深めつつ，広い全体的視野のなかで一人ひとりがおかれた状況をとらえ，あらためて考えてみなくてはと思う。

▼註

1——聾学校の多くは現在，手話を聴覚障害児の重要なコミュニケーション手段と位置づけて教育を行っている。一方で指導理念や指導方法の多様化が進み，音声を中心として教育を行う考え方から，手話を聾者の第一言語として教育を行う考え方まで幅広く，受けた教育が聴覚障害児の愛電ティ知形成にも深く関わっている。

5-5
コーダとその家族への支援

澁谷智子

　コーダ（CODA）とは，"Children of Deaf Adults"の頭文字を取った言葉で，聞こえない親をもつ聞こえる子どものことをいう。聞こえない人から生まれる子の9割は耳が聞こえ，幼い頃から視覚的コミュニケーションや手話などに触れて育つ。

　コーダにとって，聞こえない親と双方向で通じ合えるコミュニケーション手段は，とても大切なものである。聞こえない親のなかには，聞こえる子のために，できるだけ声を出して話しかけたほうがいいのではと考える人もいる。実際，生まれて間もない聞こえる赤ちゃんは，声のない手話の話しかけに対しては，見ているのか見ていないのかわからない反応を示すが，音声に対しては，音のするほうを振り向く。こうしたことから，聞こえる子にとっては音声が自然なのだろうと親も思うようである。しかし，子どもにとって，これはかなり複雑なコミュニケーション方法になる。親は声で話し，子どもにはそれが聞こえるのに，子どもが同じように声で答えても，それは親に聞こえないからだ。子どもの言葉が限られている1歳頃までは，親は子どもの唇を読んで内容を察することもできるが，子どもの語彙が増えてくると，読唇だけで内容を理解してそれに合った返事を返すことが難しくなってくる。親が子どもの言ったことを何度も訊き返し，それでもわからないと，子どもは，「なんでママはわからないの！」と怒ってしまうこともある。聞こえる子の側にしてみると，音声で話しかけてくる相手に視覚的に答えるというのは，かなり難しいことなのだ。そのような意味で，聞こえない親と聞こえるコーダの親子関係を育むときに，手話や視覚的コミュニケーションは重要な役割を果たしている。

　親が子どもに辛抱強く手話で話しかけていれば，子どもも手話を覚えて

いく。子どもが手話や視覚的な方法で話せば，聞こえない親もすぐにそれに合った反応を返せるので，子どもは自分が親に受けとめられているという安心感をもつことができる。親が手話を使っていても，聞こえる親戚や友達，保育所の人たち，テレビ番組や絵本に触れるなかで，コーダの日本語の語彙は増えていく。

　こうしたコミュニケーション上の特徴をもつコーダとその親を支援するときには，支援者は，親が親としての役割を果たせるよう，その役割への支援をしていくことが重要である。「障害のある親は〜ができないだろう」と勝手に判断して，親の本来の役割を支援者が代わりに担ってしまってはいけない。まわりから弱者と扱われている親を見て，子どもはその親をどう評価するだろうか。確かに，聞こえない親には難しいこともある。たとえば，聞こえない親は，子どもが間違った発音をしても気付かないかもしれない。また，音声での多人数の会話についていくのは難しく，ママ友同士のやりとりから充分な情報を得られないこともある。そのようなときには，まわりの聞こえる人は，子どもが親への敬意を保てるような方法で，必要な情報を親に補助的に伝えるようにしていくことが望まれる。保護者会への手話通訳者同伴や携帯メールを使った情報交換などに教師が協力的な態度を見せることも，親にとって心強い支援になる。

　コーダが何を意識するかは年齢によっても違う。たとえば，小学生以降のコーダは，友達の親子関係や，手話に対するまわりの反応を見たりしながら，自分の家は他の家とは違うのかもしれないという意識をもつようになっていく。通訳することや手話を教えることを期待されて，負担を感じることも出てくる。しかし，まわりの聞こえる大人はそのことに配慮が至らず，安易に「お母さんに伝えて」「手話を教えて」と言うことがあるようだ。コーダが幼い頃は診察内容を丁寧に書いてくれたお医者さんが，子どもの通訳を当てにして，わずかしか書いてくれなくなることもある。通訳がコーダの年齢に合った内容で，コーダが達成感をもてるものであれば，それはコーダにとってもプラスになるが，コーダが負担の大きすぎる責任を負うことがないよう，まわりの人は気をつけていく必要があるだろう。

思春期のコーダは，自分と親の違いを意識するようになる。聞こえる人として教育を受け，人間関係を築いていくなかで，自分の親を「マイノリティ」と感じることも増えてくる。この年齢のコーダには，聞こえる／聞こえないという身体性の違いや言語感覚の違いが実際にどういう状況を生むのか，その感覚を共有できる人が身近にいると助けになると思われる。年上のコーダや，聞こえない人の視点をよく知る聞こえる人と話すことで，自分や自分の家族を違った角度から見られるようにもなるだろう。自分の家族の話を聞いてもらい，共感してもらうという経験が，思春期のコーダの安心感につながっていく。

　コーダと聞こえない親は，何か問題が起こるとそれが「親が聞こえないから」に結び付けられると感じながら，親子の関係を生きていくことが多い。コーダや聞こえない親のそうした意識を和らげていくことも，支援者にできる大事なサポートである。

5-6
地域コミュニティの子育て
武田信子

1 子を育てる力をなくした地域コミュニティ

1960年代以前，子どもたちにとって道路や地域がさほど危険な場所でなかった時代には，子どもたちは放課後，各家庭から路地に自由に出てきて異なる年齢同士で暗くなるまで遊んでいた。ガキ大将や年長の子どもが小学校に入るか入らないかの「みそっかす」の面倒をみていたし，幼児のなかには幼稚園にも保育所にも通わず地域で過ごしている子どももいた。遊具やおもちゃや公園はあまりなく，子どもたちは工夫して遊び，親が面倒を見たり一緒に遊んだりしなくとも，地域で働く多様な大人が子どもたちを見守っていた。子どもたちはよく身体を動かし，いたずらをしては叱られ，寂しいときや哀しいときは誰かに慰められた。そうして，地域の日常生活のなかで，子どもたちの脳や心身は発達し，感覚統合がなされ，経験のなかでストレングス（強み）を伸ばし，レジリエンス（回復力）を身につけ，次第に社会に適応して大人になっていった。

ところが経済発展に伴って，次第に空き地はビルになり道路は遊べる場ではなくなった。子どもたちは密閉性の高い家に籠ってテレビを見たり，習いごとや塾に通ったり，さらにはどこでも短い時間でも一人でも遊べるゲームに熱中したりするようになっていく。社会全体が時間に追われて余裕がなくなり，さまざまな年代間のコミュニケーションの機会が減少し，子どもたちは社会のルールやマナーを覚える機会も，対人関係を学ぶ機会も，家事手伝いで段取りや気働きを身につける機会も失っていった。つま

り，地域は「親がなくとも子が自然に育つ」場ではなくなったのである。

かつては乳幼児も，兄弟姉妹や従兄弟や地域の人たちに相手をされながら，開放的な家や地域でのびのびと育っていた。しかし，次第に核家族化が進み，働いていない片親が長時間一人で密閉された狭い家のなかで面倒を見るケースが増え，自然や人との関わりが少なくなり，なかなかうまく育たない子どもと共にいることで煮詰まって，子育て不安と呼ばれるストレスを抱えるようになった。イライラが嵩じて虐待する事例も出始め，子育てに意識的な社会的支援が必要になったのは，現代社会の特徴のひとつだと言えるだろう。

2　子が育つ地域コミュニティへ

先進国である日本では，子どもが自然に育つ地域コミュニティが成立しなくなり，「3歳までは家で母親の手で」「子育ては家庭の専権事項」という発想では子が育たない時代を迎えたのである。1990年頃から「このままでは辛すぎる」「ストレスから虐待してしまう」と母親たちが立ち上がり，自助サークルとそのネットワークからNPOへと子育て支援団体を発展させていくようになり，子育ての困難さは社会問題と認識されるようになった。

少子化に対する経済界の危機意識も大きく，これらの動きが自治体や国を動かし，厚生労働省は次々と新しい施策・法律を打ち出すことになる。1994年，政府は「今後の子育て支援のための施策の基本的方向について」（エンゼルプラン）を策定し，同年，文部科学省「今後の家庭教育支援の充実についての懇談会」は報告書「社会の宝として子どもを育てよう」をまとめた。その後，児童福祉法が改正され，「次世代育成支援対策推進法」「児童虐待の防止等に関する法律」「障害者総合支援法」「子ども子育て支援法」など次々と新しい法律が策定され，地域と家庭が共に子どもを育てられる環境の重要性が語られるようになった。その背景には，保育所に預けて働きたい親が増加して待機児童が生じたり，発達障碍の子どもの増加や虐待

件数の増加など見過ごせない問題が頻出してきたということがあった。

　その後，2012年になると「子ども・子育て支援法」などの子ども・子育て関連3法が成立し，それにもとづき「子ども・子育て支援新制度」が実施されることになった。これには消費税率引き上げにともなう財源が充てられ，国に設置される「子ども・子育て会議」でより具体的な検討がすすめられる予定である。また，各市区町村でも当事者の参画による「地域子ども・子育て会議」を設置するなどして，具体的な「地域子ども・子育て支援事業」をスタートさせることとなっている。

　これらの動きと連動して，コミュニティデザイン，コミュニティワークといったことばで，子どもも大人も住みやすい街をつくろうという試みが民間から全国に広がっている。NPOなどが受託する子育てひろばや，保育所における子育て支援センター，一軒家に老若男女が集まる地域の居場所まで，いずれも地域コミュニティで子育てを進めようという流れである。高齢化社会のなかで，子どもの声が聞こえない街が増えてきており，子どもが生まれ育つ地域を再生することが，日本の大きな課題なのである。子が育つ地域コミュニティの環境を，子育て当事者の意見を取り入れながら整えていくことが求められている。

5-7
子育て支援策としての養子縁組
愛知県児童相談所における新生児里親委託の取り組み

萬屋育子

　児童相談所では，生まれる前から18歳まで（場合によっては20歳まで）を対象に，養護相談（児童虐待相談含む），障害相談，育成相談，非行・ぐ犯相談など多岐にわたる相談を受けている。多くの児童相談所が業務の6～7割を虐待相談を含む養護相談の対応に割いている。里親制度の普及・啓発から里親登録のための調査，里親への児童の委託・支援，里親の研修も児童相談所の業務である。里親制度は児童福祉法に，養子縁組は民法に基づいているが，両者には密接な関係がある。とりわけ，1988（昭和63）年に成立した特別養子縁組は，「子の利益のための特別な必要性」について「父母による養子となる者の監護が著しく困難または不適当であることその他特別の事情がある場合において，子の利益のため特に必要があると認めるときにこれを成立させるものとする」としている。したがって児童相談所の養護相談は，保護者のない児童または保護者に監護させることが不適当であると認められる児童の相談であるから，父母の同意などの条件を満たせば，この子どもたちも特別養子縁組の対象となりうる。

　筆者は愛知県内の児童相談所に児童福祉司として勤務し，赤ちゃん縁組・里親委託に関わってきた。乳児院，児童養護施設には保護者の引き取りの見通しのない児童，保護者が行方不明となっている児童も少なからず存在している。そうした子どもたちを養子縁組前提里親に紹介して，新しい家族を誕生させてきた。

　未成年，未婚，婚姻外の子など予定外の妊娠に悩み苦しむ女性から，出産前に相談が寄せられることもある。愛知県内の児童相談所では，生まれ

たばかりの新生児に関して，里親制度に基づき特別養子縁組前提で里親委託を行っている。30年以上の経験の蓄積があり手続きも明文化されている愛知県内の児童相談所では，一般的なケースワークとして行われている。ただし，愛知県以外の児童相談所で行われているところは少ない。赤ちゃん縁組（＝新生児里親委託）の第1の特長は妊娠中から相談に乗ること，出産前にあらかじめ登録している里親のなかから養親候補を選定することである。第2の特長は病院から直接里親家庭へ赤ちゃんが引き取られることである。第3の特長は特別養子縁組を前提に委託することである。多くの場合，養親となる里親の希望で命名がされている。もちろん生みの親の了承を得てのことである。

さて，このような取り組みのいきさつは1973（昭和48）年の「菊田医師事件まで遡る。1973（昭和48）年，宮城県の産婦人科医師・菊田昇氏は「生んで育てられないと妊娠中絶を希望する女性」が生んだ赤ちゃんを「不妊治療を続けても子に恵まれない夫婦」の実子として届けられるよう偽りの出生証明をしてきたことを公表した。日本中で賛否両論，侃々諤々の議論となり，菊田医師は医師法違反などで処罰されたが，民法が改正され，1988（昭和63）年，子どものための養子縁組制度，特別養子縁組ができた。愛知県産婦人科医会は菊田医師の行為には反対したが，1986（昭和61）年から「赤ちゃん縁組無料相談」を始め，生みの親が育てられない赤ちゃんと子どもに恵まれない夫婦の橋渡しをした。この活動は1997（平成9）年まで続き，1,255組の親子を誕生させた。児童福祉司をしていた大先輩の矢満田篤二氏は，愛知県産婦人科医会の手法に子どもの視点を加え，子どもを迎える夫婦に厳しい条件を付けて，1982（昭和57）年初めて児童相談所の業務として，新生児を里親に委託した。名付け親となって，生後間もない時期から養育を開始し，法律的に親子関係をつくるやり方は里親に好評を得た。やがて県内の児童相談所に徐々に広がり，氏が退職されてからも後輩の児童福祉司たちによってすべての児童相談所で赤ちゃん縁組・新生児里親委託が行われている。愛知県の新生児里親委託は2013（平成25）年3月までの31年間で161組の実績がある。年間10件

前後，愛知県内の10カ所の児童相談所で一児童相談所年間1〜2件，他の業務を圧迫するほどの仕事量ではない。

　児童相談所で養子縁組前提での里親委託に取り組む意義について，筆者は次のように考えている。そもそも児童相談所には養育困難の相談が寄せられ，乳児院，養護施設に子どもが入所しており，生後間もなく乳児院に入っている赤ちゃんもいる。引き取りのないまま18歳過ぎまで養護施設で生活している子どもたちも少なからずいるのが実情である。一方で里親登録を希望する人の6〜7割は養子縁組を希望しており，児童相談所のケースワークでは養親として適切な夫婦を里親として登録している。児童相談所は児童，里親の状況を把握しているので，双方のマッチングがしやすいという利点がある。子育て支援では出産前からの支援，関わりが虐待を予防するうえで有効と言われていることにも適合する。事実，虐待の死亡事例で最も多いのは新生児であり，出産後に「養子として出す」という見通しがあることは虐待予防の一助にもなる。

　子どもにとって最大の危機は親が養育しなくなること，親から虐待されることである。特定の安全・安心な大人と親子という恒久的関係を作ることは，子どもの福祉にとって最大の貢献である。子育て支援の究極の手段として，子どもにチャンスを与える手段として，子育てが困難になったときの選択肢のひとつとして，「子の養育を他に託する養子縁組」を考えたい。

5-8
ワークライフバランス

髙橋睦子

　ワークライフバランスは一般に「仕事と生活の調和」を指し，日本でも政府が 2007 年に「ワークライフバランス憲章」を策定し経済界も関心を寄せている。この憲章によれば，ワークライフバランスは，就業による経済的自立，健康で充実した家庭・地域生活，多様なライフスタイルの実現などを目指す。市民生活の充実や就業と家庭の両立などについて，政府や経済界が関心を寄せるようになったのは，グローバル経済の強い影響のもとで，雇用形態の多様化・流動化や大きな改善のみられない少子化問題などから，日本社会そのものの持続性への不安が生じたことが根底にある。経済活動だけでなく，子育てや親の介護を含めた家庭生活や自己啓発や地域活動にも目を向けられるようになったこと自体は，有意義な前進といえる。

　ワークライフバランスは，単なるスローガンに終わらないよう，全体の社会のデザインと個別の施策とが適切に連動しているかどうかの検証を重ねていかなければならない。例えば，少子化については，「1.59 ショック」が指摘されたのは 1989 年のことであった。これにはエンゼルプランなどの対応策が示されてきたが，20 年余を経た今日でも，合計特殊出生率の回復への明確な道筋はみられない。出生率は 2005 年の 1.26 から 2013 年には 1.43 へと持ち直したが，先行きはまだ不透明である。

　合計特殊出生率の推移を比較すれば，先進諸国は 2 つのグループに大別される。つまり，フランスやスウェーデンなどに代表される，共働きを基本としつつ少子化を克服している国々と，イタリアをはじめとする南欧および日本や韓国のように，少子化から抜け出せていない国々である。前者のグループの特徴は，性別にかかわらず就労し経済的自立を果たすことを目指す「共働き」を基本にすると同時に，子どもの育ちについて個別の家

庭任せにするのではなく，労働・家族政策を通じた支援の工夫が重ねられてきていることである。一方，日本では，就労と家事・ケア（子育ておよび高齢者介護）との両立に行き詰まって，やむなく女性が退職する状況には大きな変化がみられない。

ところで，「仕事」とは収入を得るための「就業」だけを指すのだろうか。そのように限定してしまいがちであるが，こうした仕事観そのものが「ワークライフバランス」達成にとっての妨げとも考えられる。暮らしの安定や自立にとって経済的安定は不可欠だが，就労だけが仕事・労働ではない。「ワーク」の枠組みを拡げ，年少，高齢あるいは病弱な家族の世話・ケアの意義を労働として再認識し，さまざまな「ワーク」間のバランスの再調整があってはじめて，健全な「ライフ」への可能性が見出される。高齢人口の比率の上昇に象徴されるように，直接に労働力としてカウントされない人口も決して小さくない。「ワークライフバランス」は労働力人口増加だけのためにあるのではない。

家事とケアをもっぱら家庭（主に女性）に委ねることの問題と限界は，これまでにも生活時間やジェンダーの観点などから議論されてきている。『平成 23 年社会生活基本調査』によれば，末子が 6 歳未満で有業者が家事と家族のケアにかける時間は，女性は 5 時間 31 分，男性は 1 時間 15 分というのが日本の現状である。日本の男性の家事・ケア時間は以前より延びてはいるが，スウェーデン（女性 5 時間 21 分，男性 3 時間 19 分）やフランス（女性 2 時間 22 分，男性 4 時間 48 分）と比べれば，明らかに短い。

日本でも育児休業は徐々に整備され，基本的に子どもが 1 歳になるまでの期間を育児休業期間とし，このうち 1 カ月は雇用保険での育児休業給付金（休業前賃金の約 50％）の対象である。2009 年の育児・介護休業法改正で導入された「パパママ育休プラス」によれば，父親の育休取得によってさらに 2 カ月育児休業を延長できる。実際，男性の育児休業の取得率は，2011 年速報値では民間企業 2.63（国家公務員 1.80）へと上昇し，前年度 2010 年 1.38（国家公務員 0.86）と比べれば改善がみられる。スウェーデンでさえも育児休業の一部を父親に義務付けるパパ・クォータといった思

い切った制度改革をせざるを得なかったほど，父親たちの育児休業取得は普及の速度が遅い。

　ワークライフバランスは大人の議論になりがちでもある。「子ども」の存在が大人たちに対して注意喚起することのひとつに，「時間」が挙げられる。乳幼児の「今・ここで」の時間は，経済活動の時間とは異次元といっても過言ではない。「子ども」を中心に据えれば，「ワークライフバランス」が単に短いタイムスパンでの経済社会の継続性や少子化対策のテコ入れといった表面的なことだけでなく，「今・ここで」が近未来とどうつながっているのか，どのような生育環境や家族・社会関係が人の育ちには望ましいのかを再考するよう，今の大人たちに求めていることがわかる。子どもたちの「今・ここで」の時間の質についての責任を，誰がどのように負うのだろうか。現時点での大人たちの暮らしについての「ワークライフバランス」を考えようとする大人中心の発想に代えて，「子ども中心」に切り替えることが，次世代・次々世代に対して，今の大人たちがビジョンを示し，より長期的な世代間責任を果たすための糸口である。

5-9
貧困と子育て
武田信子

1 貧困の定義と状況

インドの経済学者アマルティア・セン（2002）は，貧困とは「潜在能力の剥奪」であると捉えた。貧困状態に置かれた子どもたちは，自分の能力を伸ばすことができず，自分の生活をコントロールする力を得られない。学力も健康も幸せな生活も手に入れることが難しい。親あるいは社会が子どもに充分な環境を与えることができなければ，その子は社会的に不利なまま成長し，問題行動，虐待，少年事件等につながりかねず，就職もよい家庭をつくることもままならず，貧困は世代間連鎖していく。

ユニセフのレポート（2012）によれば，日本の子どもの相対的貧困率は14.9%，つまり6～7人に1人が相対的な貧困の状態にある。これはOECD先進国35カ国中下から9番目である。相対的貧困率というのは，（世帯の所得から税・社会保険料等を引いた）可処分所得を，世帯人数の平方根で割った値（＝等価可処分所得）が全国民の中央値の半分に達しない国民の割合であり，国の経済格差の状況を示す指標である。

この指標で貧困をとらえると，たとえば国全体が裕福な先進国における貧困家庭の生活状況は，国全体が貧しいとみなされる発展途上国の一般家庭の生活状況よりもいいということがありうる。しかし，ペンやノートが子どもに行き渡らない国で自分も文具を持たない子どもと，皆がキャラクター付きの文具を持っている国で一人だけ何の文具も買ってもらえない子どもは，どちらがより哀しく無力感を持つかと考えたとき，日本で起きて

いる子どもの貧困の問題に気づくことができるだろう。

　同じ能力を持っていても，他の子どもたちが普通に享受していることを与えられなければ，その子どもが力を発揮することは難しい。一日の食事が給食だけで朝晩のご飯が食べられない，お風呂に入れてもらえず不潔といじめられる，病気になっても医者に連れて行ってもらえない，遠足の費用を学校に持って行けない，高校進学が難しい，もちろん塾に行く余裕などない。そのような問題は長らく家族の問題と考えられ，社会的な対策はほとんど取られずにきた。近年になってようやく，子ども・子育て支援に関する社会保障の充実が必要と認識されるようになったが，社会保障給付による再分配は今もなお，ほとんど子どもの貧困の解決策となっていない。税の減免を受け，セーフティネットとしての生活保護や子ども手当，就学援助を受けてもやっとの生活という家庭が少なからずあるのが現状である。子育ての質が家庭の経済状況に左右される社会となっており，その結果，若者が経済的な問題から結婚を躊躇し子を持つことを忌避するという問題も生じて，少子化の一因となっている。

　この状況は，憲法25条の「健康で文化的な最低限度の生活」，憲法26条の「教育を受ける権利」や子どもの権利条約を挙げるまでもなく，改善する必要がある。親が困窮しているとき，子どもたちは自分でお金を稼ぐことも生活改善を訴えることもできないのだから，このような子どもたちが貧困の再生産のループから抜け出し，よりよい人生を生きて社会を担う大人になるためには，社会的な支援がなされる必要がある。また，これはその子どもや家族だけの問題ではない。貧困のなかで育った子どもたちは社会貢献できる大人になれず，経済活動は停滞する。むしろ社会に対して不満を持ち，将来の良き市民として育つことができなくなるから，相対的貧困率の高さは，将来の社会の不安定を招く要因としても，経済的な損失を減らすためにも対応が必要なのである。そのためにも，早期からの対応が社会的問題の予防になる。

2　貧困家庭の子育て支援

　そこで子育て支援の現場においては，このような家族や子どもに，①気づくこと，②具体的に支援すること，③社会に対応を提言すること，という3点が望まれる。

　例えば単親家庭であったり，介護の問題を抱えていたり，アルコール依存症や何らかの心身障害を抱えていたり，外国籍であったりするハイリスクの家庭は，親子の様子を日頃からフォローして，何らかの不足やアンバランスな様子が見られないか，子どもの発達に問題がないか，問題行動が生じていないか注意する必要があるだろう。もちろん親子が警戒しなくてもすむ，分け隔てない温かい受け入れが必要であり，場合によっては家庭訪問のシステムを構築する必要もあるだろう。ソーシャルワークの仕組みや制度を理解して情報提供することや，専門家の助言を必要に応じて受けることも考えたい。そのために地域の専門家が協働するためのネットワーク会議を持ち，行政や社会福祉協議会，学校や民間機関等が連携しながら対応する実効性のある仕組みをつくっておく必要もある。

　また，現金給付を含めた対策が，真に子どもの最善の利益のために使われるように配慮することや，家庭に居場所のない子どもたちのための居場所づくり，家庭的支援や学習支援の提供，親に対する家庭教育支援の工夫なども求められる。子育て支援者は，子育ての社会化を進めることによって，家庭の貧困が直接子どもに影響を与えないようにすることが可能であると理解し，活動していくことが必要だろう。

▼文献

アマルティア・セン［黒崎 卓・山崎幸治＝訳］（2000）貧困と飢饉．岩波書店．
ユニセフ・イノチェンティ研究所（2012）Report Card 10──先進国の子どもの貧困＝ http://www.unicef.or.jp/library/pdf/labo-rc10.pdf

5-10
子育てと社会制度

髙橋睦子

　どのような境遇に生まれるのか，子どもに選択の余地はない。社会変容の荒波のなかで子育てや家族を支える社会制度の方向付けは，各国の焦眉の課題である。近年，OECD は，「乳幼児期の教育とケア」プロジェクトの報告書『OECD 保育白書──人生の始まりこそ力強く』（OECD 2011）を刊行した。家庭の状況のために子どもたちが格差や不平等を被り，その後の人生にも躓きやすくなるリスクを認識し，乳幼児期を支える社会制度について国ごとの改善点を示している。

　このプロジェクトには 20 の OECD メンバー国が参加したが，日本は含まれていない。他方，OECD の「生徒の学習到達度調査 PISA」でのランクには国内でも高い関心が寄せられた。PISA の上位にあるフィンランドは年間授業時間数がもっとも短いグループにあり，学費は就学前教育から大学・生涯学習までほぼ無償，義務教育は「落ちこぼれを出さない」底上げアプローチで知られる。韓国は正反対で，長時間の猛勉強によってトップクラスに上昇し，日本もゆとり教育から方向転換しこれに続こうとしている。

　日本の状況は，乳幼児期の教育とケアは家庭ごとの選択に委ねられ，人生のスタートラインでの格差是正へと積極的にはたらきかけるような実効性のある政策対応はみられない。日本の子どもの相対的貧困率（2009 年 = 15.7%）はフィンランドの約 3 倍の高さであり，貧困の連鎖についての問題意識は日本ではやっと覚醒しはじめたばかりである。

　ところで，乳幼児精神保健の知見によれば，乳児は自分に寄り添ってくれる大人との間主観的なコミュニケーションを通じて周囲との関係性を築く能動的な主体である。「子育て」において，子どもは大人たちの養育・

保護の対象であると同時に,自らの思いや意思・意見をもち表現する主体である。

　乳幼児の泣き声に周囲の大人たちはどのように反応するだろうか。親の気持ちや表情,周囲の雰囲気の一瞬の揺れを乳幼児は察知している。公共の施設・交通機関・空間は,誰を基準に設計されているだろうか。どのような子どもも親も排除されない,受け入れられるという安心感をもって,親子が快適に利用できるような配慮があるだろうか。

　乳幼児は,「今・ここで」要望の充足を求め,親・養育者の生活を律する「大人の時計」の刻む時間の枠組みからしばしばはみ出す異次元の存在ともいえる。子育てと就業のリズムのギャップから,親だけでなく子どもにとっても苦しい不協和音が生じる。しかし,人生の長いタイムスパンからすれば,乳幼児期は数年という短い時間である。乳幼児期の安定的な愛着形成の可否は,健全な次世代に社会を引き継げるかどうかにも影響する。

　人のこころの安全基地としての母子のアタッチメントについては,イギリスのボウルビィを筆頭に,児童精神医学ではすでに60年以上にわたり研究されてきた。しかし,専門領域が異なれば他領域の研究知見の存在すら認識されない。このような専門性の構造的なひずみも,社会制度の根源的な課題である。社会制度が科学的な根拠や検証をもとに構築されているとは限らない。

　乳幼児の繊細な意思表明など考え及ばない大人が,子どもの生活や人生に深く関わる事項について決める専門家・実務家として活動していることも少なくない。大人社会の利害・利権の先行,子どもが親の所有物であるかのような錯覚や誤解,このような雑音によって,子どもの声はかき消されてしまいがちである。

　乳幼児期の意味について大人たちが理解しているかどうかは,産休や育休といった社会制度の整備・利用状況をみれば一目瞭然である。スウェーデンの育児休業制度では,出産10日前から子どもが8歳になるまでの間に両親合わせて480労働日まで取得でき,390日間は休業前の所得の約8割が補償される。25〜34歳の女性でみれば,スウェーデンは約20%が

休業中であるのに対して日本は1%程度である。

　親が乳児の世話に専念するということだけをみれば両国に大差はないが，休業期間の長短や休業中の経済的な支援のレベルから，社会制度の相違が浮き彫りにされる。子どもと一緒に過ごす時間，経済的な手当，幼児教育から高等教育までほぼ無償——このような社会制度があれば，日本の世論調査で指摘されつづけている「子育てについての心配事」の大半が解消できるだろう。子どもと子ども家族のための社会制度の充実は，中長期的なインパクトのある公共投資であって，決して短期的なバラマキとはいえない。

　社会制度における子育ての位置付けは，子どもと大人との双方向的な関係性についての理解，そして，子どもも大人もみな一人ひとり異なるという人間観がどの程度浸透しているかを反映する。子どもを大切にする社会制度は，幼年期だけでなく成人後の健康状態や生活の質にも貢献する。

▼ 文献

OECD＝編［星 三和子＝訳］(2011) OECD保育白書——人生の始まりこそ力強く．明石書店．

5-11
死別という喪失体験

森 省二

　東日本大震災では2万人（行方不明を含む）の死者，その16年前の阪神・淡路大震災では6,500人の死者。半世紀前に5,000人の死者が出た伊勢湾台風を間近で経験した者として，災害死の悲惨さは想像を絶する。

　「人類は自然の同意のもとにこの地球上に住んでいるが，その同意はいつ覆されるかわからない」——東日本大震災を報じた『ニューズ・ウィーク』紙の言葉である。天災に火災，事故などの人災，それに病気が加わると，子ども時代にも縁者や隣人の死に出会うことはある。

　私的な経験に過ぎないが，幼い子どもにとって誰かの死は，たとえば祖父や祖母の長く病床にある姿を身近に見てきても，それほど恐ろしさを実感しない。死は不意に訪れると思う。まだ知識がなく病気のことなどわからないまま，また遊びに夢中だったりして過ごし，臨終の寸前になって枕元に呼ばれたりするからだろうか。

　その後の弔いの儀式でも，大人はそれによって死者からの精神的な離脱をはかる。しかし，子どもはその儀式さえ大人に言われるままに動くだけで，いつの間にか過ぎ去り，気持ちを整えることもできない。後で寡黙や無表情といった態度だけでなく，逆に悪戯など隠れた問題行動として現れることがある。それでも背後には緊張，不安，歪んだ発散が隠れている。戦後の名画「禁じられた遊び」や「汚れなき悪戯」は，そんなストーリーだった。

　死に接して訳のわからなくなっている子どもに対して，大人は傍にいて柔らかな視線で表情や仕草を見て，話に耳を傾けるのが良い。まとまらない断片的な会話でも，聞いているうちに気持ちが伝わってくる。それは，子どもの側からは「受けとめてくれる人」が近くにいることになり，喪失

を乗り越える支え（サポート）になる。

　大人が語り合うのと同じように，子どもは遊ぶことで発散をはかり，離脱をはかる。大人もまた，無邪気な子どもの姿に慰められる。そんな時間を一緒に過ごすことで，子どもも大人も平常心を取り戻していくのである。

　子どもも少し大きくなって状況が掴めるようになると，愛する対象の喪失は「本当？」という確認から始まり，号泣して，意識が絶望の淵をさすらい，次第にその事実を受け止め，やがて諦観する。頭脳だけではなく，身体全体で心は整合されてくるのだろう。

　母を亡くした若者の心のケアが長引いた苦い経験がある。死は夏だった。秋から冬，ほどなく正月という時期でも，診察場面で若者は涙を流した。月日の経過が焦りを生み，早く忘れて新しい対象を探すほうがベターだと説得気味に接したところ，逆に治療が停滞した。若者はひとりっ子だった。現代は核家族，ひとりっ子が少なくない。

　最愛の亡母との思い出をもっとゆっくりと聞くほうが回復は早かったと思う。正月が新しい生まれ変わりの時だという筆者自身の固定観念が邪魔していた。治療者としての共感力の乏しさに尽きる。死には向かい合いたくないというネガティブな感情が背後にあった。

　喪失体験を支えるのは治療者に限らない。亡くなった人の話を十分にしながら，あまり先回りして考えず，その周りの空気を包み込むようにして，悲しさと寂しさの流れのなかで喪失を受け入れていくのだろう。この流れに掉さすと難しくなる。

　　ほんとうに出会った者に別れはこない
　　あなたはまだそこにいる
　　目をみはり私をみつめ　くり返し私に語りかける
　　あなたとの思い出が　私を生かす
　　早すぎた死すら　私を生かす

　谷川俊太郎の詩『あなたはそこに』の一節である（谷川 2003）。死んで

もその存在の意味は残された者の心に残り，残された者を支えるのだろう。残された者は，残されて今あると自覚することが大切である。治療者らしくない発言だが，生きることも死ぬことも，喪の仕事さえ，自然のもとに暮らす人間にとって自然の流れに任せるしかないのだろう。「自然に逆らう」どころか，「自然との共存」という言葉にさえ，人間の傲慢さがあるように思える。

▼文献

谷川俊太郎＝作／田中 渉＝絵（2003）あなたはそこに．マガジンハウス．

あとがき

橋本和明

　人類社会が発展していくためには，人が子孫を残し，文化を継承していくことが必要であろう。そして，その一つの重要な営みとして子育てがある。しかし，その子育てが現代では危機に曝されている。その背景には，親がさまざまな逆境に立たされることが多くなり，子育てそのものが従前のように円滑にいかない状況を生んでしまっているからである。さらに今後はそのような状況が加速化する心配もある。

　ただ，だからといって子育てがお手上げになるかというとそうではない。これまで受け継がれてきた子育ての本質は，これからもきっと変わらないであろう。そして，その一方では時代にあった子育てがどんどん生まれていくはずである。なぜなら，子育ては受け手である子どもに合ったものが自然であるし，そのときの状況に即した臨機応変で柔軟性のあるもののほうが望ましいからである。さらには，にっちもさっちもいかない状況に立たされたときに，とりあえず次の一手が打てるような子育て技術も当然あっていいはずである。

　このような逆境の際に手に取り参考にしたくなる子育て支援をまとめたのが本書である。不安と激動の時代のなかでの子育て，そして発達障害や虐待，非行，いじめ，自己破壊行動などさまざまな問題に直面したり巻き込まれ，逆境にある子育てをいかに支援していくか，それを"技術"として本書は提起している。もちろん，この技術がすべての子育て技術に通じるわけでも，逆境にいる万人に役立つものでもない。しかし，これらのことを一つのヒントにしながら，新たな技術を編み出していくことこそが，

技術たらんとする所以ではなかろうか。

　子育てのあり方には，そこに不適切なところがなければ，正解などないはずである。技術を磨けば，そこには自然に肌のぬくもりが伝わっていくはずである。

　最後に，本書の編集を担当してくださった金剛出版の藤井裕二氏に心よりお礼を申し上げる。氏の企画のアイデアや心強い励ましと支援がなければ，本書は生まれなかったと思う。本当に感謝の気持ちで一杯である。

　　　　　　　　　2014年7月　初夏を迎える京都にて　橋本和明

索引

A-Z

ADHD［▶注意欠如・多動性障害］
AID［▶非配偶者間人工授精］
battered child syndrome［▶殴打された子どもの症候群］
CARE 186
CODA［▶コーダ］
JDDNET［▶日本発達障害ネットワーク］
LD［▶学習障害］
LD 親の会 006, 102, 104-106, 108, 109, 111, 113
maltreatment［▶不適切な関わり］
QOL［▶生活の質］
resilience［▶レジリエンス］
TEACCH 186

あ行

愛着 024, 057, 123, 133, 138, 262
　――行動 035
赤ちゃん縁組 252, 253
アクティング・アウト ....169［▶行動化］
アタッチメント 120, 138, 186, 262
　――行動 120
アロペアレンティング 193
安全基地 120, 143, 262
育児休業 017, 256, 257, 262
イクメンプロジェクト 025, 026
移行支援 084, 085
いじめ 007, 008, 090, 168, 196-204, 206-208, 216, 240, 259, 267
エンゼルプラン 250, 255
殴打された子どもの症候群（battered child syndrome）
....118
親子分離 137, 138
　――体験 007, 137
親支援 005, 008, 045, 050, 051, 054, 223, 225, 226
親の会 048-050, 098, 101, 103, 106, 111, 113, 240
親の虐待
　こだわり頑強タイプの―― 064
　コミュニケーション・共感不全タイプの――
　　062
　柔軟性欠如タイプの―― 063
　非社会性のタイプの―― 061
　見通し不足タイプの―― 065
親の主体性 045, 046
親面接 206, 210, 218, 221, 223-226

か行

外傷体験 138
改正育児・介護休業法 025
回復力 .... 128, 249［▶レジリエンス］
解離 120, 121, 184, 215
　――メカニズム 121
解離性障害 215
加害者 008, 167, 169, 180, 196, 198, 199, 202-207, 231
核家族 019, 020, 123, 147, 193, 250, 265

学習支援.................................051, 108, 182, 260
学習障害（LD）...............034, 052, 059, 060, 101-109
過剰に泣く行動..036
家族支援..................................170, 173, 178
家族の機能不全...............................173
片親疎外症候群.................................162
学校教育法..199
学校教育法施行規則................................104
家庭裁判所..............149, 152, 154, 168, 171, 178
カリスマティック・アダルト.......077, 078, 081
感覚過敏....................................036
キーパーソン............................077, 078, 212, 213
稀薄な関係性..................018, 020, 021, 024, 029
逆説...............008, 169, 180［▶パラドックス］
虐待 006, 007, 020, 023, 025, 033, 040, 057-
　062, 065-067, 069, 070, 072, 073, 075, 077,
　080, 081, 118, 120-125, 127, 128, 130-132, 134,
　136, 149, 170, 182-184, 187, 193, 231, 250,
　252, 254, 258, 267
　　──的な人間関係.................................184
　　性──...184
　　被──児..................................117, 127, 134
逆境....003, 004, 009, 017, 018, 021-027, 029, 267
共同監護..157
公園デビュー................................019, 020
合計特殊出生率............................017, 255
厚生労働省............017, 025, 103, 106, 133-136, 147,
　157, 182, 183, 250
行動化.........119, 121, 125, 126, 169, 170, 179, 180,
　211, 215-217, 225［▶アクティング・アウト］
コーダ（CODA）...........................246-248
コーチング................................026, 027
子育て検定...............................025, 026
子ども手当...259
子どもの権利条約..........................236, 259
個別の指導計画..........................087-089, 097
コモンセンス・ペアレンティング...............186

さ行

作為体験..215
里親制度..........007, 133, 135, 146, 147, 252, 253
　　──運営要綱..133

サロゲートマザー...236
自己殴打..................................214, 227
自己肯定感...............024, 075, 079, 138, 204
自己破壊行動.....007-009, 209-211, 213-217, 223,
　225-228, 267
自殺.......................................215, 216
自傷行為 ....008, 214, 220, 226, 227［▶リスト
　カット］
自助グループ......................................098
施設養育..................................186, 193
自尊心...................120, 122, 128, 210, 213
児童虐待防止法...118
児童相談所......058, 060, 118, 122, 129, 137, 142-
　146, 189, 201, 252-254
児童福祉施設...007, 118, 133, 147, 182-187, 193-
　195
自閉症スペクトラム障害 034, 038-040, 052,
　059
死亡事例の検証..................................131
社会的生活能力.................................052
社会的養護........133, 135, 136, 143, 144, 182, 183
就学援助...259
出生率......................................017, 255
出生前診断...018
巡回相談...046
小1プロブレム.................................053
情愛...................021, 022, 024, 026, 027
障害者基本法.....................................109
障害者虐待防止法.............................109
障害者権利条約.................................108
障害者総合福祉法.............................109
障害者の雇用の促進等に関する法律...........109
障害児療育..049
障害を理由とする差別の解消の推進に関する
　法律...109
小規模住居型児童養育事業.................135
食生活
　　粉食..028
　　孤食..028
　　個食..028
　　固食..028
親権者........................149, 152, 155-157
真実告知..................................141［▶テリング］
診断前支援..042

心的外傷 .... 121 ［▶トラウマ］
睡眠の問題 036
スクールカウンセラー 200, 201
健やか親子 21 .... 033, 040
ステップファミリー 231-233
生活感覚 029
生活の質（QOL） 027, 039, 263
生活保護 078, 259
生殖医療 147, 235-237
精神科臨床 117, 119
セカンドステップ 186
世代間伝達 128
喪失 264
　　──体験 193, 232, 265
　　対象の── 265

た行

退行現象 139, 140, 144
代理懐胎 236, 237
代理母出産 235, 236
大量服薬 209, 214, 216
高機能広汎性発達障害 059, 060, 124
多職種連携 042, 044, 193
ダブルロール 008, 167, 170, 178, 179
試し行動 139, 140, 144
地域コミュニティ 249-251
チーム医療 240, 241
注意欠如・多動性障害（ADHD） 018, 034, 036, 038, 040, 052, 057-060, 065, 101, 104, 105, 107, 127
聴覚口話法 242
聴覚障害 242-245
罪の意識 167
定型発達 034, 036-038, 065, 067, 074
手首自傷 ［▶リストカット］
テリング .... 235, 237 ［▶真実告知］
特別支援教育 094, 095, 101, 104-108
特別支援コーディネーター 005, 083, 200
トップダウンに力点を置いた子育て 096
トラウマ .... 121, 134, 197 ［▶心的外傷］
トリアージ機能 044

な行

日本発達障害ネットワーク（JDDNET） 049, 106
乳児ゆさぶられ症候群 063, 081
乳幼児健診 038, 042-044
脳科学的研究 035

は行

発達障害 004-006, 018, 034-037, 039-042, 044-047, 049-051, 053, 054, 056-067, 069-071, 073, 074, 076-081, 083-086, 090, 091, 093-095, 097, 098, 101-103, 105-109, 111, 113, 122, 124, 127, 212, 215, 267
発達障害者支援センター 039, 040, 105
発達障害者支援法 034, 101, 105, 106
パラドックス .... 167, 169 ［▶逆説］
非行 119, 121, 143, 144, 151, 167, 168, 170, 172, 174, 177, 178, 200, 212, 214, 252, 267
　　──臨床 007, 008, 167, 169, 178-180
非配偶者間人工授精（AID） 235
貧困 003, 191, 258-261
　　相対的──率 258, 259, 261
ファミリーホーム 135
不適応行動 188, 191
不適切な関わり（maltreatment） 118
不妊治療 018, 235, 253
プレイヤー 207
ペアレント・トレーニング 048
ホストマザー 236
ボトムアップを重視した子育て 096
哺乳あるいは哺食困難 036

ま行

慢性疾患 238
見捨てられ感情 007, 137, 138
面会交流 007, 149, 150, 152-163
メンタルヘルス 050
喪の仕事 266
文部科学省 103, 104, 106, 107, 197, 198, 199,

200, 250
　──調査 093

や行

薬物乱用 212, 214
養子縁組 134, 135, 141-143, 237, 252-254

ら行

ライフステージ 036, 043, 050, 086

離婚調停 154
離人 121, 215
　──感 121
リストカット（手首自傷） 125, 209, 212, 215
　［▶自傷行為］
療育相談 048
レジリエンス ... 004, 022-024, 026, 027, 128, 130,
　249［▶回復力］

わ行

ワークライフバランス 255-257

編者略歴

橋本和明 Kazuaki Hashimoto

花園大学社会福祉学部臨床心理学科教授。1959年大阪生まれ。1983年名古屋大学教育学部教育心理学科卒業後，家庭裁判所調査官補として採用。名古屋，大津，福岡，大阪，静岡，和歌山において家庭裁判所調査官を歴任。主任家庭裁判所調査官として大阪家庭裁判所を退職後，2006年より現職。

主著───『虐待と非行臨床』（単著・創元社［2004］），『発達障害と思春期・青年期──生きにくさへの理解と支援』（編著・明石書店［2009］），『非行臨床の技術──実践としての面接・ケース理解・報告』（単著・金剛出版［2011］）ほか。

執筆者一覧（50音順）

相原加苗	東大阪市療育センター
伊藤亜矢子	お茶の水女子大学大学院人間文化創成科学研究科
小川聡太	徳島県立みなと高等学園
神尾陽子	国立精神・神経医療研究センター 精神保健研究所 児童・思春期精神保健研究部
小池眞規子	目白大学人間学部
才村眞理	武庫川女子大学発達臨床心理学研究所 嘱託研究員
澁谷智子	成蹊大学文学部現代社会学科
高橋睦子	吉備国際大学保健医療福祉学部社会福祉学科
筳 倫子	お茶の水女子大学大学院人間文化創成科学研究科
武田信子	武蔵大学人文学部
津崎哲郎	花園大学社会福祉学部
冨樫敏彦	徳島県教育委員会
内藤孝子	NPO法人 全国LD親の会
永石 晃	東京都立立川ろう学校
楢原真也	子どもの虹情報研修センター
橋本和明	［編者略歴に記載］
村尾泰弘	立正大学社会福祉学部
森 省二	精神科医
萬屋育子	愛知教育大学教育実践研究科（教職大学院）

子育て支援ガイドブック
「逆境を乗り越える」子育て技術

印　刷	2014 年 8 月 10 日
発　行	2014 年 8 月 20 日
編　者	橋本和明
発行者	立石正信
発行所	株式会社 金剛出版（〒 112-0005 東京都文京区水道 1-5-16） 電話 03-3815-6661　振替 00120-6-34848
装　幀	岩淵まどか
組　版	藍原慎一郎
印刷・製本	シナノ印刷

ISBN978-4-7724-1384-8　C3011　Ⓒ2014　Printed in Japan

子どもから大人への発達精神医学
自閉症スペクトラム・ADHD・知的障害の基礎と実践

[編] 本田秀夫

●A5判 ●上製 ●190頁 ●定価 **3,200**円+税
●ISBN978-4-7724-1331-2 C3011

乳幼児期から成人期までを縦断的に捉えた「発達精神医学」の視点から，DSM-5での変更点も含めて発達障害の基本的知識と実践の考え方が示される。発達障害に関わるすべての臨床現場に必携の一冊。

児童生活臨床と社会的養護
児童自立支援施設で生活するということ

[編] 田中康雄

●四六判 ●並製 ●280頁 ●定価 **2,800**円+税
●ISBN978-4-7724-1261-2 C3011

実親代わりに養育を担う児童自立支援施設が，子どもの「学びなおしと育ちなおし」に寄り添い支えるための，対人援助者に求められる条件を問う。

発達障害支援必携ガイドブック
問題の柔軟な理解と的確な支援のために

[編] 下山晴彦, 村瀬嘉代子

●A5判 ●並製 ●520頁 ●定価 **5,800**円+税
●ISBN978-4-7724-1280-3 C3011

診断とアセスメントで発達障害を理解し，発達障害者が生きる世界に近づき，支援家族生活・学校生活・社会生活支援へつなぐための，当事者ニーズ中心の支援者必携ガイドブック決定版！